A juventude vai ao cinema

Organizadores

Inês Assunção de Castro Teixeira
José de Sousa Miguel Lopes
Juarez Dayrell

A JUVENTUDE VAI AO CINEMA

autêntica

Copyright © 2009 Os autores

COORDENADORES DA COLEÇÃO CINEMA, CULTURA E EDUCAÇÃO
Inês Assunção de Castro Teixeira
José de Sousa Miguel Lopes

CONSELHO EDITORIAL DA COLEÇÃO CINEMA, CULTURA E EDUCAÇÃO
Afrânio Mendes Catani (USP); *Alfredo Veiga-Neto* (URGS); *Célia Linhares Universidade Federal Fluminense (UFF); Inês Assunção de Castro Teixeira* (UFMG); *Inés Dussel* (Faculdade Latinoamericana de Ciências Sociais/Argentina); *Jorge Larrosa Bondía* (Universidade de Barcelona / Espanha); *José de Sousa Miguel Lopes* (UEMG); *Milton José de Almeida* (UNICAMP).

PROJETO GRÁFICO DA CAPA
Patrícia De Michelis
(sobre grafite e foto de Warlei Bombi)

EDITORAÇÃO ELETRÔNICA
Tales Leon de Marco

REVISÃO
Ana Carolina Andrade Aderaldo

Revisado conforme o Novo Acordo Ortográfico.

Todos os direitos reservados pela Autêntica Editora. Nenhuma parte desta publicação poderá ser reproduzida, seja por meios mecânicos, eletrônicos, seja via cópia xerográfica, sem a autorização prévia da Editora.

AUTÊNTICA EDITORA LTDA

Rua Aimorés, 981, 8º andar . Funcionários
30140-071 . Belo Horizonte . MG
Tel.: (55 31) 3222 68 19
Televendas: 0800 283 13 22
www.autenticaeditora.com.br

Dados Internacionais de Catalogação na Publicação (CIP)
(Câmara Brasileira do Livro, SP, Brasil)

A juventude vai ao cinema / organizadores Inês Assunção de Castro Teixeira, José de Sousa Miguel Lopes, Juarez Dayrell. – Belo Horizonte : Autêntica Editora, 2009. – (Cinema, Cultura e Educação)

Vários autores.
ISBN 978-85-7526-443-0

1. Cinema 2. Educação 3. Filmes cinematográficos 4. Jovens 5. Juventude 6. Sociologia educacional I. Teixeira, Inês Assunção de Castro. II. Lopes, José de Sousa Miguel. III. Dayrell, Juarez IV. Série.

09-11295 CDD-306.4

Índices para catálogo sistemático:
1. Culturas juvenis e cinema : Sociologia educacional 306.4

*Para Nilton Fischer, grande companheiro de todas as horas,
que via o mundo com os olhos inquietos da juventude.*

Sumário

PREFÁCIO
Marilia Pontes Sposito 9

APRESENTAÇÃO
Inês Assunção de Castro Teixeira, José de Sousa Miguel Lopes e
Juarez Dayrell 15

PRIMEIRA PARTE:

CULTURAS JUVENIS

"Assassinos adolescentes, assassinados": *Os esquecidos***, de Luis Buñuel**
Carles Feixa 25

*Maria cheia de graça***: um corpo "mula", um corpo prenhe**
Glória Diógenes 51

"Eu sou todos eles": decolagem, trocas e ausências em
Albergue espanhol
Carlos André Teixeira Gomes, Inês Assunção de Castro Teixeira
e Karla Cunha Pádua 63

*Zona J***: de uma estética do consumo a uma estética do crime**
Gisela Ramos Rosa (em colaboração com José Machado Pais) 87

*Proibido proibir***: jovens universitários entre o** *campus* **e a cidade**
Paulo Carrano 105

Por um tempo da delicadeza
Paulo Henrique de Queiroz Nogueira 117

Elefante **e o universo juvenil na obra de Gus Van Sant**
Geraldo Leão 131

SEGUNDA PARTE:

REBELDES JUVENTUDES

Antes da revolução:
uma moderna e dolorosa educação política e sentimental
José de Sousa Miguel Lopes 145

Edukators: **novas visibilidades da**
juventude contemporânea
Juarez Dayrell e Rodrigo Ednilson 165

Na motocicleta, sem perder a ternura
Antonio Julio de Menezes Neto 179

Batismo de sangue **e o que é que eu tenho a ver com isso, hoje?**
Nilton Bueno Fischer 189

Juventude: a rebeldia em cena ou a utopia do poder
Sandra Pereira Tosta e Thiago Pereira 205

FICHAS TÉCNICAS DOS FILMES 217

OS AUTORES E AS AUTORAS 221

Prefácio

Marilia Pontes Sposito

> *Creio ter mantido, ao longo deste livro, a interrogação, isto é, o espanto, a surpresa, o fascínio: não cedi à tentação de achar o cinema evidente, normal, banal, funcional... Pelo contrário, senti até ao fim o que sentiram os espectadores dos primeiros espetáculos dos Lumière, dos primeiros filmes de Méliès. E não é só com a maravilhosa máquina de captar e projetar imagens que eu me espanto; é também com esse grande mistério, com esse continente desconhecido da nossa ciência, que é a nossa fabulosa máquina mental.*
> EDGARD MORIN

> *[...] a imagem existe em si, ela existe essencialmente no espírito, ela é um ponto de referência na cultura e não um ponto de referência na realidade.*
> FRANCASTEL

Senti-me honrada pelo convite e, ao mesmo tempo, fui tomada por um temor desconhecido ao aceitar escrever o prefácio de um livro que se ocupa das interações entre cinema e juventude. O desafio proposto certamente decorreu de minha inserção nos assuntos da juventude: pesquisa, docência, apoio a grupos de jovens e ONGs. Enfim, contabilizo quase duas décadas de investigações sobre o tema da juventude, empreitada coletiva realizada com professores de outras universidades, mestrandos, doutorandos e alunos da graduação.

Mas, confesso: gosto de ir ao cinema, prefiro sempre a "tela grande", a escuridão das salas de exibição, raramente vejo filmes em casa. Meus sentimentos são ambíguos. Sinto muita nostalgia ao lembrar dos tempos em que as salas estavam nos bairros ou no centro da cidade – o cinema de rua – com o carrinho do pipoqueiro estacionado à porta. Reconheço, contudo, o conforto dos novos espaços nos *shoppings centers*. Não sou especialista e muito menos crítica, apenas gosto, sou cinéfila, enfim, sou parte do público que o cinema incorporou. Permaneço nas fronteiras do entretenimento, do lazer, das possibilidades de conhecer os produtos da cultura imagética e dos múltiplos espaços da experiência que fazem de cada filme assistido uma possibilidade de reflexão sobre a existência humana.

Ao pensar as relações entre juventude e cinema, não posso deixar de concordar com Esther Hamburger. Para essa pesquisadora, o universo cinematográfico intensificou e estimulou a disputa pelo controle da visualidade, pela definição de que assuntos e personagens ganharão expressão audiovisual. Essa disputa define como e onde serão escolhidos os objetos, constituindo, assim, elemento estratégico na definição da ordem e/ou da desordem cultural contemporânea (Hambúrguer, 2007). Desse modo, o cinema, ao eleger seu foco sobre os jovens, constrói mais uma dentre outras figurações sobre seu lugar na sociedade, figurações que disputam legitimidade ao serem disseminadas. Assim, interações "inusitadas entre filmes, realizadores, críticos e espectadores" incidem sobre o que a autora denomina de o controle da produção da representação (Hambúrguer, 2007, p. 124).

Se além de uma condição, a "juventude" é também uma construção simbólica inscrita nas práticas sociais, certamente o cinema nos últimos 50 anos constitui um momento importante na constituição dessa arquitetura. Ele tanto é produto dessas representações como produtor de novas formas de percepção desses segmentos.

No entanto, poderíamos talvez julgar, apressadamente, que alguns filmes seriam menos verdadeiros porque ficcionais, outros mais consistentes porque baseados em fatos reais, constituindo o campo dos documentários de feitio sociológico ou antropológico.

Paulo Menezes (2003) discute a ambiguidade inerente à imagem e compartilha com vários autores a crítica à pretensa visão positivista do real. Pelo fato de este ser tratado como um "dado", bastaria às imagens apenas mostrá-lo, sem distorções. Pergunta o autor:

Como, nesse contexto, relacionar-se-iam com isso os 'gêneros' que tentam dar conta e 'classificar' as diferenças possíveis das relações entre Imagem e Real? Invertendo-se a pergunta: quais seriam os elementos diferenciadores entre filmes que se propõem ou são vistos como etnográficos, antropológicos, sociográficos, sociológicos [daqueles que se situam no campo da ficção?] (p. 90-91).

Para este pesquisador,

> um filme não é uma representação do real, pois a representação não se confunde com o próprio real. Não é um duplo do real, pois não tem a função ritual de unir dois mundos distintos. Não é reprodução, pois não copia, não 'xeroca' um mundo pretensamente 'externo' sem mediações. (p. 94)

Para que se entenda a relação entre o cinema, o real e o espectador, Menezes a considera

> [...] como uma **representificação**, como algo que não apenas torna presente, mas que também nos coloca em presença **de**, relação que busca recuperar o filme em sua relação com o espectador. O filme, visto aqui como filme em projeção, é percebido como uma unidade de contrários que permite a construção de sentidos. Sentidos estes que estão na relação, e não no filme em si mesmo. O conceito de representificação realça o caráter construtivo do filme, pois nos coloca em presença de relações mais do que na presença de fatos e coisas. Relações constituídas pela história do filme, entre o que ele mostra e o que ele esconde [...], articulação de espaços e tempos, articulação de imagens, sons, diálogos e ruídos. (p. 94)

Os filmes objeto de análise nesta coletânea são exemplos dessa multiplicidade de situações. A coletânea inclui, também, a perspectiva dos organizadores e autores que realizaram seleções e elegeram algumas obras. Assim, outras permaneceram na sombra – e, não por essa razão, seriam menos relevantes. A seleção levou a leituras e narrativas que consagram modos de ver e instigam a reflexão porque apresentam novos olhares.

As análises são diversificadas e, antes de tudo, convidam o leitor a criar a sua própria compreensão dos filmes. Não se trata de um manual pedagógico ou didático com roteiro a ser seguido pelos leitores, com um *script* construído a partir de uma pretensão de eleger a verdadeira ou a correta interpretação.

Após a leitura dos artigos, entendi que se tratava de um convite para que cada leitor fosse estimulado a criar sua própria interpretação, a discordar, a se identificar e a confrontar pontos de vista. Talvez, também, um convite para que o leitor se torne autor e seja desafiado a ir em busca de outras películas que não constituíram essa seleção inicial para, assim, de algum modo, superá-la. Nesse movimento de superação, estaria cumprida a meta dos organizadores: despertar o interesse, estimular a reflexão e os contatos com a cultura imagética que constitui nossa sociabilidade contemporânea. Enfim, fomentar novos públicos reflexivos que articulariam compreensões múltiplas sobre os jovens e a produção cultural contemporânea, neste caso específico, o cinema.

Mais do que a dicotomia entre arte e indústria cultural, talvez seja adequado pensarmos, como afirma Silva (1999), a relação entre certo cinema, que é arte autônoma, e a indústria cultural não como uma exclusão recíproca, mas como uma tensão constitutiva. O melhor cinema nunca deixa de fazer parte da indústria cultural e nunca deixa de tensioná-la e de forçar os seus limites .

Assim, as virtualidades de um livro como este se situam, sobretudo, no eixo do convite. Esse convite pode suscitar em cada um de nós o *studium* e o *puctum* tratados por Barthes (1980) em seus estudos sobre a fotografia e retomados por Tânia Rivera no excelente artigo *Cinema e pulsão* (Rivera, 2006).

Ao examinar as relações entre cinema e lembranças encobridoras – tema caro à psicanálise –, Tânia Rivera indica no pensamento de Barthes a proposta de duas vias que estariam permeando nosso reconhecimento da imagem. A primeira nos levaria a "submeter seu espetáculo ao código civilizado das ilusões perfeitas", e a segunda "nos afrontaria com o despertar da intratável realidade" (Rivera, 2006, p. 73). O primeiro caminho – designado como *studium* – comportaria uma dimensão voltada para a análise, para os comentários *"sábios, sociológicos ou classificatórios"* que são produzidos a partir da imagem. O segundo, talvez mais perturbador e essencial ao olhar fotográfico, trataria daquele "ponto fugidio, de localização lábil, que nos obriga a fechar os olhos, diante da imagem, pois ele é pontiagudo, capaz de atingir, furar (os olhos): o *punctum*. Este é de localização estritamente subjetiva, justamente porque corresponde ao ponto em que a foto toca e põe em movimento pulsional o sujeito (RIVERA, 2006, p. 73).

O livro *A juventude vai ao cinema* reúne, de modo criativo, possibilidades múltiplas de contato com as duas vias propostas por Barthes: *studium* e *punctum*. Vale a pena experimentar! Fica feito o convite.

Referências

BARTHES, R. *A câmara clara*. Rio de Janeiro: Nova Fronteira, 1980.

HAMBURGUER, E. Violência e pobreza no cinema brasileiro recente. Reflexões sobre a idéia de espetáculo. *Novos Estudos CEBRAP,* São Paulo: CEBRAP, n. 78, jul. 2007.

MENEZES, P. Representificação. As relações (im)possíveis entre cinema documental e conhecimento. *Revista Brasileira de Ciências Sociais,* São Paulo: ANPOCS, v. 18, n. 51, fev. 2003.

RIVERA, T. Cinema e pulsão: sobre "Irreversível", o trauma e a imagem. *Revista do Departamento de Psicologia - UFF*, v. 18, n. 1, p. 71-76, jan./jun. 2006

SILVA, M. A. Adorno e o cinema: um início de conversa. *Novos Estudos CEBRAP*, São Paulo: CEBRAP, n. 58, jul. 1999.

Apresentação

Inês Assunção de Castro Teixeira
José de Sousa Miguel Lopes
Juarez Dayrell

No curso das comemorações dos quarenta anos de Maio de 1968, de memorável lembrança, oferecemos aos leitores/as e aos educadores/as, em especial, o quinto volume da Coleção "Educação, Cultura e Cinema".[1]

Compartilhando as inquietações, indignações e esperanças que moveram centenas de jovens em várias partes do mundo nos idos de 1968 em torno da invenção de uma sociedade outra, a partir da crítica de todas as formas de alienação, sejam elas material, estética ou moral, buscamos a juventude nas telas dos cinemas. Contudo, para melhor contemplar e pensar essa idade da vida, procuramos na cinematografia não apenas a produção sobre Maio de 68, mas filmes sobre juventude de um modo geral. Sejam, eles e elas jovens, trazidos das barricadas, das ruas e praças, das famílias, das motocicletas, dos albergues, das prisões às telas do cinema, sejam aqueles vindos de outros tantos territórios habitados por jovens e culturas juvenis igualmente focalizados pelas câmeras.[2]

---

[1] Lembramos que os quatro números anteriores da coleção Educação, Cultura e Cinema, organizada por Inês A. C. Teixeira e José S. Miguel Lopes e publicados pela Autêntica Editora (Belo Horizonte-MG), são: *A criança vai ao cinema* (2003); *A mulher vai ao cinema* (2005); *A diversidade cultural vai ao cinema* (2006) e *A infância vai ao cinema* (2006), este com a participação de Jorge Larossa Bondía como coorganizador.

[2] Acerca de Maio de 1968 há filmes muito importantes. Entre eles estão *A chinesa* (Jean-Luc

Aqui estão, portanto, as mais diversas formas de ser, de estar e de se viver a juventude, juventudes muitas, sob o olhar de vários cineastas, de diferentes países e épocas. Aqui estão juventudes – do passado e do presente. Porque do futuro não se sabe, são horizontes de possíveis para os jovens, podendo erigir-se em devires doces e amargos, largos e estreitos, sombrios e luminosos, férteis e fracos. Neles poderão se realizar as promessas da vida que pulsa e se revigora em cada jovem, como também poderemos assistir, tal como vemos hoje, a negação dessa promessa. Poderão estar, se não alterarmos as bases das sociedades atuais, uma juventude da qual teremos roubado o tempo juvenil, em vidas violentadas e deformadas pelos problemas sociais da desigualdade, da discriminação e do preconceito, do tráfico de drogas, da violência urbana e doméstica, das injustiças sociais, dos *apartheids,* das prisões, do deus-mercado, do dinheiro, do consumismo, do individualismo, do adoecimento e outros graves males de ontem e de hoje, como as guerras que assaltam nossos jovens mundialmente. No futuro, como no presente, podem estar prematuras mortes de jovens, como se observa hoje no Brasil, quando nos defrontamos com os altos índices de mortalidade de nossa população juvenil, sobretudo em seu segmento pobre e negro, entre 14 e 27 anos.

A coletânea contém vários olhares e sensibilidades, várias questões e reflexões de grandes diretores do cinema mundial, que buscaram observar, escutar, sentir, pensar, dialogar com as juventudes, tentando compreendê-las, dar-lhes visibilidade e registrá-las com suas câmeras.

E assim como os diretores das obras cinematográficas escolhidas para comporem a coletânea, os autores/as dos textos, nossos convidados/as, pesquisadores do campo da educação e/ou da juventude, oferecem-nos diferentes planos e prismas, ideias e palavras, perspectivas teórico-analíticas e narrativas em seus trabalhos sobre os filmes, compondo, a partir do elenco dos filmes escolhidos, um caleidoscópio de figurações, imagens, luzes e sombras, no qual a juventude é o centro. Vindos de Portugal, da Espanha e também de diversas instituições universitárias, centros e núcleos de investigação

---

Godard, França. 1967); *Amantes Constantes* (Plilippe Garrel, França. 2005); *Maio de 1968, a bela obra* (Jena-Luc Magneron, França. 1968). Ver, também, a Mostra de Cinema sobre Maio de 1968 realizada pela Cinematheque Française em 2008, em Paris.

e estudos brasileiros, esses colegas, a quem agradecemos de público, cederam-nos esses seus trabalhos, generosamente, reafirmando sua sensibilidade e preocupação não somente intelectual, mas política e educativa, com os destinos de nossas juventudes. A cada um deles e delas o nosso sincero agradecimento, pois, sem sua efetiva colaboração, esta coletânea não poderia existir.

Destacamos, ainda, que na montagem deste quarto volume da coleção Educação, Cultura e Cinema, mantivemos a responsabilidade e cuidado na escolha não somente dos autores, mas dos filmes a serem discutidos, tal como fizemos nos quatro volumes anteriores. Por um lado, partimos dos princípios gerais da Coleção, destinada prioritariamente a educadores/as, entendendo o cinema como arte e pensando largo sobre suas possibilidades na educação e na escola. Nesse sentido, propomos que nelas o cinema esteja presente não apenas como passatempo ou ocupação de tempo, não somente como uma linguagem e não somente como recurso pedagógico e instrumentalização didática.

Para muito além disso, concordando com Alain Bergala (2008) em seu "pequeno tratado de transmissão do cinema dentro e fora da escola", pensando na "hipótese- cinema", não podemos esquecer que o cinema é, antes de tudo, uma arte que nos faculta o encontro com a alteridade. A arte, nos termos do autor, entendida, *como fermento de anarquia, de escândalo, de desordem*. Arte, entendida por definição, como um elemento perturbador. E assim sendo, a arte na escola, o cinema na escola, em nosso caso, não deve ser propriedade de nenhuma área ou professor, porque é responsabilidade de todos. Ao lado do desenvolvimento cognitivo, do pensamento lógico e da formação ético-moral, os educadores e educadoras deverão ocupar-se com a formação estético-expressiva de si mesmos e das crianças, adolescentes, jovens e adultos com os quais trabalham. E, mais ainda, conforme Bergala, a abordagem do cinema como arte exige "aprender a tornar-se um espectador que vivencia as emoções da própria criação".[3]

---

[3] Esta discussão de Alain Bergala encontra-se em seu livro *A hipótese-cinema: transmissão do cinema dentro e fora da escola*, traduzido do francês por Mônica Costa Netto e Silvia Pimenta. A obra foi publicada no Rio de Janeiro, em 2008, pela Booklink, em parceria com o Projeto de Pesquisa e Extensão Cinema para Aprender e Desaprender (CINEAD), com o Laboratório de Imaginário Social e Educação (LISE) e com o Programa de Pós-Graduação em Educação da Universidade Federal do Rio de Janeiro.

De outro lado, na montagem da coletânea, buscamos contemplar as várias juventudes e questões postas nessa idade da vida, uma vez que os jovens e as formas de viver a juventude não são homogêneas, por razões várias. Entre elas, pelo fato de que os jovens e as jovens estão posicionados em outras clivagens do tecido social e dos grupos sociais que extrapolam as temporalidades e gerações humanas. Por isso, falamos de juventudes, e elas aqui estão em suas múltiplas faces e desenhos, em suas várias figurações e configurações, em suas diversas origens de classe, pertencimentos étnico-raciais e outras nuances que diversificam os jovens entre si, constituindo desigualdades e não somente diversidade. E demarcando diferenças dentro da diferença.

Por certo que não esgotamos todo o universo e formas do caleidoscópio, pois há jovens e jovens, tanto quanto culturas e rebeldias juvenis, que aqui não estão, como também há grandes obras da cinematografia e grandes diretores ausentes no repertório dos filmes. Não seria possível um quadro mais completo nos limites de um único livro, de uma única coletânea. Contudo, pensamos que o que está ausente poderá ser buscado, preenchido, continuado em outros livros, em outras páginas, em outros trabalhos que reúnam educação, juventude e cinema. Nesse sentido, este projeto, esta proposta não acabam aqui, podem e devem ser continuados, das mais diferentes formas, tal como esperamos e desejamos que aconteça.

Mediante tais referenciais, a escolha dos filmes para a Coletânea obedeceu a critérios temáticos e estéticos, prioritariamente. Fomos em busca do cinema como arte. E de diretores importantes de variados países e épocas. Assim sendo, aqui estão filmes da cinematografia internacional como Luis Buñel (México); Bernardo Bertolucci (Itália); Gus Van Sant (EUA) Leonel Vilela (Portugal) e de diretores brasileiros como o mineiro Walter Sales e Helvécio Ratton, entre outros.

Para discutir essas obras, escolhemos colegas pesquisadores do campo da educação e da juventude, merecedores de nossa confiança e admiração não apenas pela sua produção intelectual, mas pela sua visão e inserção no mundo; não apenas no mundo acadêmico, da pesquisa e da educação, mas na vida social de um modo mais geral. Nesse sentido, aqui estão colegas exemplares pelos seus mais elevados compromissos com as juventudes e com um outro mundo, em que jovens, crianças, adultos e idosos possam viver plenamente todas as idades de suas vidas.

Procurando uma adequada apresentação dos filmes e seus respectivos artigos na Coletânea, mesmo correndo o risco de fazer classificações inadequadas, tendo em vista as fronteiras pouco definidas ou as misturas entre as questões e temáticas neles apresentadas, eles foram ordenamos em dois grandes blocos.

O primeiro deles, intitulado **Culturas juvenis**, compõem-se de sete trabalhos, cada um discutindo um filme, apresentados na seguinte ordem: o texto inicial, de *Carles Feixa, é* **"Assassinos adolescentes, assassinados":** *Os esquecidos,* **de Luis Buñuel**. Trata-se de um olhar desencantado e poético sobre a vida dos jovens de rua, um tipo de filme comprometido em retratar a face oculta do sonho urbano, a vida desses sujeitos que Buñuel qualifica de "esquecidos".

No segundo artigo, *Maria cheia de graça:* **um corpo "mula", um corpo prenhe**, Glória Diógenes registra que o diretor aborda no filme, de uma forma quase documental, o recrutamento e os procedimentos de Maria, uma jovem colombiana que serve de "mula" (indivíduo que utiliza partes internas do corpo, como o intestino e órgão genitais, para o tráfico de drogas), e sua travessia da droga entre Bogotá e New York.

O texto **"Eu sou todos eles": decolagem, trocas e ausências em** *Albergue espanhol* resultou de um trabalho conjunto de Carlos André, Inês Teixeira e Karla de Pádua. Os autores debruçam-se sobre o que ocorre num albergue de Barcelona "onde se encontram, vivem e se conhecem Xavieres e outros tantos jovens, de uma Europa que procura erigir-se como Comunidade, uma das razões pelas quais facilita o trânsito e o intercâmbio entre seus jovens universitários através das bolsas do Programa Erasmus".

Gisela Ramos Rosa e José Machado Pais são autores do artigo que segue, *Zona J:* **de uma estética do consumo a uma estética do crime**. Eles nos revelam que o diretor de *Zona J*, antigo nome do actual bairro da Quinta do Condado, ficciona um dos bairros problemáticos da periferia de Lisboa. Segundo os autores, o filme mostra as vivências juvenis representadas na sua maioria por jovens afrodescendentes, a sua interacção com outros jovens socialmente desfavorecidos e a suas relações com os espaços públicos, o mercado de trabalho, as margens, o crime.

O texto *Proibido proibir:* **jovens universitários entre o *campus* e a cidade,** de Paulo Carrano, salienta que esta obra fílmica mostra-nos a experiência de vida num *campus* universitário, como prefácio para o núcleo central de ação do filme que se dá no envolvimento dos universitários protagonistas com os pobres da cidade. Demonstram que os jovens de hoje também são capazes de se mobilizar, agir com solidariedade e tomar decisões baseadas em compromissos éticos.

Paulo Henrique de Queiroz Nogueira elaborou seu texto **Por um tempo da delicadeza** sobre o filme de Hettie McDonald mostrando a vida de três jovens: Jamie e Ste, dois rapazes que ocupam a centralidade da narrativa, e Leah, uma jovem negra. Instala-se, pouco a pouco, entre os dois rapazes, uma intimidade que pode ser tanto um ato homoerótico quanto um ato homossexual. É isso que eles e os expectadores terão de elucidar. Segundo Nogueira, é essa elucidação que realiza o convite de se entrar num tempo da delicadeza, em que tudo pode se refazer.

O artigo *Elefante* **e o universo juvenil na obra de Gus Van Sant**, de Geraldo Leão, analisa o fato que deu origem ao filme e que ocorreu em 1999, numa prestigiada escola de Ensino Médio em Columbine (Colorado, EUA), quando dois estudantes mataram 12 colegas e um professor. Em seguida, cometeram suicídio. Em sua reflexão, o autor procura superar a lógica intervencionista que pretende moldar os jovens segundo um ideal de adulto.

O segundo bloco, intitulado **Rebeldes juventudes,** contém cinco artigos, discutindo cada um deles um filme, como na parte anterior.

O primeiro artigo é de José de Sousa Miguel Lopes, que elaborou seu texto *Antes da revolução:* **uma moderna e dolorosa educação política e sentimental** revelando-nos que se trata de um filme emblemático sobre a juventude revolucionária dos anos 60. O autor destaca que, através de relato em primeira pessoa com patéticos acentos autobiográficos, Bertolucci efetua o processo implacável de conceitos como a pureza da abstração revolucionária, que conduz o jovem protagonista a uma dupla derrota: do sentimental e do ideal mítico da revolução.

O texto *Edukators:* **novas visibilidades da juventude contemporânea** de Juarez Dyrell e Rodrigo Ednilson, mostra-nos três jovens idealistas que realizam protestos pacíficos, invadindo a casa de pessoas ricas para trocar os móveis de lugar e deixar mensagens de protesto. De forma própria, com novos modos de ser e agir, os jovens estão nos dizendo que é possível sonhar com um mundo diferente, é possível reatualizar as utopias, nem que seja para que estas nos estimulem a caminhar, conforme os autores destacam.

Antonio Julio de Menezes Neto elabora seu texto **Na motocicleta, sem perder a ternura**, deslocando-se para o ano de 1952, no qual Ernesto Guevara, um jovem argentino de 23 anos, estudante de medicina, empreende uma aventura pela costa ocidental da América Latina junto com outro companheiro. Eles conhecerão a vida de gente comum, como mineiros andinos, indígenas comunistas e hansenianos marginalizados. Descobrirão um sistema que exclui, explora e oprime.

***Batismo de sangue* e o que é que eu tenho a ver com isso, hoje?**, de Newton Fischer, mostra-nos que o filme revela às novas gerações o que foram, "de fato", as situações de tortura física e psíquica sofridas por jovens freis dominicanos e também a denúncia das condições sociais, econômicas e políticas do Brasil e da suas populações mais pobres, dos operários, dos movimentos sindicais e sociais durante a ditadura militar.

Sandra Pereira Tosta e Thiago Pereira "trabalham" o texto **Juventude: a rebeldia em cena ou a utopia do poder** acerca do filme *Juventude transviada*. São três histórias com tudo em comum e que, ao se entrecruzarem nos encontros e desencontros de suas personagens, comporão a triste trama de rebeldes sem causa. Jovens que não se encontram também em tempo, espaço ou lugar, jovens cujos conflitos familiares se materializam de forma mais nítida nos símbolos da transgressão vigentes nos anos 50 norte-americanos.

Por fim, esperamos não somente que esta Coletânea nos ofereça elementos para melhor pensarmos e vivermos as relações entre a educação e o cinema, mas que possa, sobretudo, nos aproximar das nossas juventudes e das questões que as afligem, compreendendo-as mais e melhor, aprendendo a observá-las e escutá-las em suas alegrias e dores, em seus limites e possibilidades, inquietações, indignações, projetos esperanças e desesperanças, com um olhar sensível e atento. Com uma delicada e cuidadosa escuta. Com generosidade e compaixão.

Assim, talvez os educadores possamos contribuir para que esses preciosos tempos da vida sejam vividos por todos os jovens em todo o mundo, não somente como pleno direito de bem viverem esse belo ciclo do transcurso de suas existências, mas como fecundos processos de subjetivação e de inserção na sociedade e na história, de que são herdeiros e protagonistas.

Quiçá possa contribuir para que o novo de que os jovens são portadores, floresça em outros Maios. Esperamos que novos desses Maios estejam por vir, reverberando-se em quarenta e tantos anos mais de movimentos juvenis que nos aproximem de nossos sonhos de vivermos em uma outra sociedade. Tal como imaginada naquelas *tardes de maio,* quando se falava de um *"cosmopolitismo apátrida"* em que as pessoas buscavam novos motivos para viverem juntas, ancoradas em laços de solidariedade, fraternidade e amizade.

Almejamos que essas tantas juventudes, trazidas do cinema para esse livro, refaçam nossas esperanças em um tempo e um mundo outros, *possíveis,* nos quais todo jovem e toda jovem possa viver com dignidade e alegria.

Desejamos, enfim, que a leitura da Coletânea revigore nossas motivações e compromissos de educadores e educadoras. E que renove responsabilidades e sensibilidades para seguirmos com os jovens, reinventando os idos de 68: momento "em que a luta política coincide com um estado de alegria e de exuberância; momento no qual lutar é sinônimo de felicidade".[4]

---

[4] Essas e outras reflexões de Olgária Matos citadas nesses três últimos parágrafos, encontram-se em *Tardes de Maio,* um dos capítulos de seu livro *Discretas esperanças:* reflexões filosóficas sobre o mundo contemporâneo (São Paulo: Nova Alexandria, 2006). Como lembrava a autora nesse seu trabalho, remetendo-se a pensadores que mesclavam "uma concepção insurrecional da Utopia a uma concepção utópica da insurreição", nas trilhas retomadas de Marx para quem, segundo Olgária, "nada mais belo do que uma revolução em seu começo, quando tão de perto se assemelha a um enamoramento".

PRIMEIRA PARTE
Culturas juvenis

"Assassinos adolescentes, assassinados": *Os esquecidos*, de Luis Buñuel

Carles Feixa

> *Os esquecidos*
> *meninos amorosos*
> *e não amados*
> *assassinos adolescentes*
> *assassinados*
> Jacques Prévert, poema "Os esquecidos", 1951

Estreado em 1950, *Os esquecidos* (*Los olvidados*) é um dos primeiros filmes da fase mexicana de Luis Buñuel. Poderia ter sido um de tantos outros filmes sobre jovens marginalizados e delinquentes, tão em voga nesses anos, mas se converteu em algo muito diferente: um olhar cru e poético sobre a vida dos jovens da rua, uma referência de um tipo de cinema comprometido com retratar a face oculta do sonho urbano, a vida desses sujeitos que qualifica como "esquecidos". Esquecidos por quem?, caberia perguntar. Esquecidos por suas famílias, pela sociedade, pelo poder, pelas instituições educativas, pelos meios de comunicação, pelas ciências sociais e pelo próprio meio cinematográfico. Após minha estada na cidade do México em 1991, depois de passear pelos cenários do centro histórico próximos de onde se rodou o filme e de conhecer seus seguidores contemporâneos nas novas "cidades perdidas" da periferia metropolitana, vi o filme uma infinidade de vezes – com meus alunos e com meus informantes, *chavos banda*[1] de outra geração que, apesar disso, se sentem retratados no filme. E sempre há alguém que se sente hipnotizado e vê algo novo na película, que se apresenta como um recurso pedagógico para jovens de diferentes origens, idades e condição. *Os esquecidos* é uma caixa de Pandora que nos permite refletir sobre muitas questões apaixonantes: sobre o próprio conceito de infância e juventude, sobre a metamorfose da vida urbana, sobre a marginalização e a violência, sobre a cultura dominante e as culturas subalternas, sobre as instituições totais, sobre o real e o surreal, sobre o desejo de dominar e o de submeter-se, sobre os líderes naturais e os líderes culturais, sobre as relações entre rapazes e moças, sobre o amor de mãe e o amor de filho, sobre as potencialidades e os perigos da rua e sobre como os jovens de ambientes subalternos podem construir o relato de sua vida e de sua morte em cima de, debaixo de, a partir de, junto, com, contra, todos esses condicionantes.

O contexto

> As grandes cidades modernas, Nova York, Paris, Londres, escondem atrás de seus magníficos edifícios lares de miséria, que abrigam meninos malnutridos, sem higiene, sem escola, viveiros de futuros delinquentes. A sociedade trata de corrigir esse mal, porém o êxito de seus esforços é muito limitado. Só em um futuro próximo poderão ser reivindicados os direitos da criança e do adolescente, para que sejam úteis à sociedade. México, a grande cidade moderna, não é exceção a essa regra universal, por isso esse filme baseado em fatos da vida real não é otimista, e deixa a solução do problema para as forças progressivas da sociedade.
>
> (Prólogo do filme, voz em *off*; Buñuel, 1980, p. 5)

> *Stock Shot*: Uma vista de Nova Iorque; sobre ela, muito pequeno e avançando ao primeiro plano com rapidez, o seguinte título: "Em nosso mundo as grandes cidades crescem vertiginosamente e sua vida oprime, cada dia, milhares de seres em todas as latitudes…".

> *Stock Shot*: Outra vista de bairros pobres de Nova Iorque. Sobre ela, o seguinte título: "Sua miséria descompõe a família e suas primeiras vítimas são as crianças e os adolescentes…".

> *Stock Shot*: Vista característica de Paris; título: "Os governos lutam contra esse terrível câncer que uma sociedade mais justa acabará por extirpar…".

---

[1] No México, a expressão *"chavos banda"* corresponde a "gangue de jovens". (N. T.).

Exterior avenida de Bellas Artes e Juárez; título: "Os esquecidos, os párias sociais criam, a seu modo, um lar na rua".

(*Os esquecidos*, Roteiro original, 1950; em VV.AA, 2004, p. 97)

Conta o diretor que, em seus primeiros tempos de folga na cidade do México, dedicou-se a passear pelos setores marginais da cidade, presenciando o fenômeno da proliferação de gangues de rua, um mundo de privações e desamor que inspirou seu filme. Para o filme, baseou-se nos arquivos de um reformatório e escolheu atores não profissionais. Ao contrário de outros filmes que haviam se ocupado da juventude marginal, *Os esquecidos* soube fugir do inevitável tom moralizador reinante, envolvendo o expectador em um trágico afresco do subúrbio. Acontece que não era habitual ver retratados no cinema os cenários contrastantes da pobreza urbana, que traziam a público o custo humano do processo acelerado de migração rural-urbana e de crescimento suburbano que viveu a cidade do México a partir dos anos 40.

Os jovens membros das gangues eram, pois, a face oculta do sonho mexicano. Como "cachorros sem coleira", andavam perdidos e esquecidos. Esquecimento culpado das instituições e das agências oficiais. Esquecimento cúmplice da literatura e das ciências humanas (apenas a polícia e a imprensa sensacionalista se "recordavam" periodicamente deles). Buñuel consegue resgatar os códigos ocultos por trás desse esquecimento: formas de sociabilidade geracional substitutivas da família, linguagem própria (o "calô"), vestuário característico, apropriação do espaço urbano, liderança consensual, usos do tempo livre, integração através do conflito, etc.; códigos semelhantes aos analisados pelos autores da escola de Chicago que haviam se ocupado das *street gangs* (gangues de rua) das cidades norte-americanas algumas décadas atrás (o poeta Jacques Prévert, em um apaixonado elogio ao filme, definia os protagonistas como "pequenas plantas errantes dos subúrbios da cidade do México, prematuramente arrancadas do ventre de sua mãe, do ventre da terra e da miséria"). Mas, ao centrar-se na truculenta psicologia de rapazes como Jaibo, o cineasta tendeu a ignorar as relações que os "esquecidos" mantinham com as instituições e com o poder, que em grande medida explicavam sua situação na sociedade urbana mexicana.

O retrato feito por Buñuel guarda notáveis paralelismos com os trabalhos que Oscar Lewis desenvolveria poucos anos depois nos mesmos cenários e que desembocariam em seu célebre conceito de "cultura da pobreza". Também Lewis pretendia fazer uma obra de denúncia social, resgatando do esquecimento acadêmico a vida dos pobres da cidade grande, expondo com tons realistas seus dramas pessoais e sociais. E também Lewis tendeu a explicar sua situação em termos psicológicos e culturais. Interessa-me assinalar, sem dúvida, que o autor se fixou, desde o início, na persistência das gangues entre os pobres. De fato, a existência de *palomillas* (nome com que se conhecem, no México, as gangues de rua) era uma das características concomitantes da "cultura da pobreza": "a existência de gangues da vizinhança, que ultrapassam os limites do bairro", é assinalada como um dos raros sinais de auto-organização dos pobres, além da família (Lewis, 1986, p. 112-113). Descrevendo o ambiente das vizinhanças do centro da cidade do México em meados dos anos 1950, o antropólogo norte-americano observava:

> Os jovens frequentam as mesmas escolas e pertencem à "palomilla" da Casa Grande, mantêm uma amizade de vida inteira e são leais entre si. Nos domingos à noite, em alguns dos pátios, costuma haver bailes organizados pelos jovens e aos quais vão pessoas de todas as idades... São relativamente frequentes as brigas de rua entre as "palomillas". (p. 567-578)

De certa maneira, Luis Buñuel, que percorreu as vizinhanças e cidades perdidas do centro da capital poucos anos antes do que fizera Lewis, atua também como "antropólogo espontâneo", pois se esforça para descrever, sem julgá-la, a cultura que surge da marginalidade. No famoso prólogo ao filme, uma voz em *off* situa a problemática na dimensão exata: como um problema "global" com diferentes expressões "locais". É interessante contrastar a versão final desse prólogo com a do roteiro original, mais sucinta (recuperada em VV.AA., 2004). Enquanto a versão definitiva termina com uma frase que pode ser interpretada como pessimista e até certamente antecipadora das teorias de Lewis sobre o caráter fatalista da cultura da pobreza ("esse filme baseado em fatos da vida real não é otimista, e deixa a solução do problema para as forças progressistas da sociedade"), no roteiro original o discurso é mais diretamente político ("Os governos lutam contra esse terrível câncer que uma sociedade mais justa acabará de extirpar"). Também se acrescenta uma frase de introdução à cultura da *palomilla* que desaparece da versão cinematográfica ("Os esquecidos [...] criam, a seu modo, um lar na rua"), realizando novamente uma avaliação da cultura da pobreza como uma adaptação funcional ao ecossistema, que evita as visões condenatórias e moralizantes predominantes na época, sem cair na idealização sobre os jovens da rua e as gangues juvenis posterior a 1968. Isso está resumido no belíssimo poema de Jacques Prévert: são "amorosos" não obstante serem "meninos não amados", são "meninos assassinos" porque antes são "meninos assassinados".

O diretor

> Também recordo meus primeiros encontros com a morte, que junto com uma profunda fé religiosa e com o despertar do instinto sexual, se destacou no marco existencial de minha adolescência.
>
> (Luis Buñuel, "Recuerdos medievales del Bajo Aragón", 1976; em VVAA, 2004, p. 80).

Luis Buñuel Portolés nasceu em 1900 em Calanda (Teruel, Aragão, Espanha). Foi um diretor de cinema espanhol naturalizado mexicano, considerado um dos mais importantes e originais da história do cinema mundial.[2] Em seus textos autobiográficos o cineasta comenta a transcendência de suas experiências infantis e juvenis em seu país de origem: passou a infância em seu povoado do Bajo Aragón, marcado por uma forte religiosidade popular, que se expressa no som dos famosos tambores de Semana Santa, e pela experiência sexual de um entorno rural. A educação primária e secundária aconteceu na cidade de Zaragoza, principalmente com os jesuítas, até que concluiu o bacharelado aos 17 anos, quando partiu para Madri a fim de cursar os estudos universitários. Ali se alojaria na *Residencia de Estudiantes* (Residência de Estudantes), fundada pela *Institución Libre de Enseñanza* (Instituição Livre de Ensino), na qual permaneceu por sete anos. Lá travou amizade com Salvador Dalí, Federico García Lorca, Rafael Alberti, Juan Ramón Jiménez, entre outros. Com seus companheiros da Residência fez seus

---

[2] Essa breve biografia de Buñuel se baseia na informação contida na Wikipédia (2008), contrastada com a incluída nas monografias usada atualmente (BERGALA, 2008; ROS; CRESPO, 2002).

primeiros ensaios de encenação, com versões delirantes do *Don Juan Tenorio* nas quais atuavam Lorca, Dalí e outros companheiros. Também tomou conhecimento das mais importantes tendências internacionais do pensamento e da arte e mostrou seu interesse pelo dadaísmo e pelo surrealismo. O fato de assistir à conferência sobre o surrealismo que Louis Aragon proferiu na Residência, aliado ao falecimento de seu pai, animou-o a mudar-se para Paris em 1925, a fim de conhecer a cidade que, nesse momento, era a capital cultural do mundo.

Conheceu o cinema muito jovem, quando ainda era um espetáculo de feira. Porém foi somente quando se estabeleceu em Paris que começou a frequentá-lo intensivamente, em cinemas de bairro, ao mesmo tempo em que colaborava como crítico em vários publicações, como *Cahiers d'Art*. Sua conversão ao cinema se deu após assistir ao filme *Las tres luces* (*As três luzes*), de Fritz Lang, quando foi a uma locação de filmagem do conhecido diretor Jean Epstein e se ofereceu para trabalhar em qualquer atividade, em troca de aprender tudo o que pudesse acerca do cinema. Epstein acabou permitindo que Buñuel desempenhasse a função de ajudante de direção na filmagem de seus filmes mudos em 1928. Essa bagagem familiarizou-o com o ofício e lhe permitiu conhecer profissionais e atores que depois haveriam de colaborar com ele. Interessado pelo grupo surrealista de André Breton, transmite aos seus companheiros da *Residencia de Estudiantes* as novidades dessa tendência, escrevendo poemas de um surrealismo ortodoxo e incitando Dalí a mudar-se com ele para Paris. Em 1929, Buñuel e Dalí concluem o roteiro de *Un perro andaluz* (*Um cão andaluz*). O filme foi rodado em abril do mesmo ano e estreou em um cineclube parisiense, alcançando um clamoroso sucesso entre a intelectualidade francesa, sendo reconhecido pelo grupo surrealista que se reúne diariamente em um café para ler artigos, discutir sobre política e escrever manifestos. Ali Buñuel estabelece amizade com Max Ernst, André Bretón, Paul Éluard, Tristan Tzara, Louis Aragon, entre outros.

No final do mesmo ano, volta a se reunir como pintor catalão para escreverem juntos o roteiro do que seria mais tarde *La edad de oro* (*A idade de ouro*), mas a colaboração já não é tão frutífera, pois entre os dois se interpõe o grande amor de Dalí, Gala Eluard. Buñuel começa a rodar o filme em abril de 1930; quando Dalí descobre que

Buñuel já havia acabado o filme, sente-se excluído do projeto e traído por seu amigo, o que originaria um distanciamento que aumentaria no futuro. Em 1930, Buñuel viajou para Hollywood, contratado pela Metro Goldwyn Mayer como "observador", com o intuito de se familiarizar com o sistema de produção estadunidense. Conheceu Charles Chaplin e Serguéi Eisenstein. Em 1933, financiado por seu amigo Ramón Acín, filmou *Las Hurdes, tiera sin pan* (*As Hurdes*), um documentário sobre a comarca da Extremadura. A direita e a Falange espanhola começavam a se rebelar na Espanha, e o filme foi censurado pela jovem e débil República. Em 1936, o golpe de Estado franquista surpreendeu-o em Madri. Assim como Dalí se alinhou com Franco, Buñuel sempre permaneceu fiel à República; mas não deixou de ajudar seus amigos do bando franquista quando estes estiveram em perigo de morte. Em setembro de 1936, saiu de Madri em um trem abarrotado rumo a Genebra, via Barcelona. Em 1938, visitou Hollywood pela segunda vez; no exílio, o governo republicano espanhol encarregou-o da supervisão de dois filmes acerca da Guerra Civil Espanhola, mas, em 1941, a associação geral de produtores estadunidenses proibiu qualquer filme contra Franco, o que significou o fim do projeto. Sem trabalho, e com pouco dinheiro, aceitou a incumbência que lhe ofereceu o Museu de Arte Moderna (MOMA) de Nova York de dirigir a seleção de filmes antinazistas. Em 1943, foi despedido do Museu por causa da publicação do livro *La vida secreta de Salvador Dalí*, no qual o pintor tachava Buñuel de ateu e esquerdista. Voltou a Hollywood e começou a trabalhar para a Warner Brothers como chefe de dublagem de versões espanholas para a América Latina.

Em 1946, Buñuel se muda para o México. O produtor Oscar Dacingers convidou-o a produzir um filme comercial com o conhecido cantor mexicano Jorge Negrete. O primeiro filme de sua fase mexicana, *Gran Casino*, é um absoluto fracasso e lhe custará três anos de inatividade. Em 1949, a ponto de abandonar o cinema, Dacingers pediu-lhe que se encarregasse da direção de *El gran calavera*. O êxito desse filme e a concessão da nacionalidade mexicana animaram Buñuel a delinear um novo projeto, mais na linha do que ele queria: por que não produzir uma história sobre os meninos pobres mexicanos? Em 1950, Buñuel produziu *Los olvidados* (*Os esquecidos*), filme com fortes vínculos com *Las Hurdes, tiera sin pan* (*As Hurdes*), que não agradou aos mexicanos ultranacionalistas (Jorge Negrete, o primeiro), já que retratava a realidade de pobreza e miséria suburbana que a cultura dominante não queria reconhecer. Mas o prêmio de melhor diretor que lhe outorgou o Festival de Cannes de 1951 teve como consequência seu reconhecimento internacional e sua reabilitação por parte da sociedade mexicana. Outras destacadas produções de sua fase mexicana foram *Él* (*O alucinado*, 1953), *Nazarín* (1958) e *El ángel exterminador* (*O anjo exterminador*, 1962), um de seus filmes mais importantes e pessoais. Em 1960 volta à Espanha para dirigir *Viridiana*, que obteve a palma de ouro do Festival de Cannes. A partir de meados dos anos 1960, realizará uma série de filmes na França, como *Belle de jour* (*A bela da tarde*, 1966) e *Le charme discret de la bourgeoisie* (*O discreto charme da burguesia*, 1972), que reforçam seu prestígio internacional e a admiração dos mais relevantes diretores da *Nouvelle Vague* francesa, como Trouffaut e Godard. Em 1977, realiza seu último filme, *Cet obscur objet du désir* (*Esse obscuro objeto do desejo*). Luis Buñuel faleceu em 29 de julho de 1983, na Cidade do México.

O filme

> *Pedro*: Mamãe, tenho fome.
>
> *Marta*: Já te disse que enquanto andasses como vagabundo pelas ruas, aqui não voltarias a comer. Tenho lavado os chãos como uma besta para dar de comer a meus filhos.
>
> *Pedro*: Mas eu tenho fome.
>
> *Marta*: Pois que te deem de comer os vagabundos com quem andas, descarado!

A trama de *Os esquecidos* é simples e cumpre todos os requisitos do gênero, com uma longa apresentação dos protagonistas e de seu contexto: um clímax no qual se desencadeia o fato dramático (a morte de Julián) e um rápido e trágico desenlace (as mortes de Pedro e de Jaibo). Cada parte contém uma série de cenas ambientadas em lugares interiores (a casa, o estábulo, a cutelaria), exteriores (ruas e praças, o mercado, o ferro-velho, a Feira) e institucionais (o Tribunal de Menores, a fazenda-escola), que se dividem em uma série de planos curtos e panorâmicos (Quadro 1).

Quadro 1 - A trama de *Os esquecidos*[3]

Apresentação: *Os esquecidos* e a miséria

Prólogo

Volta de Jaibo

Ataque ao cego

Pedro volta para casa

Ataque a Julián

O guia

Ataque ao aleijado

Anúncio da morte de Julián

Clímax: O pacto de silêncio e a redenção impossível

O sonho de Pedro

Pedro procura trabalho

Jaibo é descoberto no estábulo

Jaibo se muda

A luta de galos

O roubo da faca

Pedro é suspeito do roubo

Pedro e o pederasta

Pedro na feira

Jaibo e Marta: a sedução

Pedro abandona a feira

Tribunal de Menores

Jaibo e Marta: o desprezo

Pedro na Fazenda-escola

Pedro delata Jaibo

A vingança de seu Carmelo

Desfecho: A delação e a morte

Na casa de seu Carmelo

Morte de Pedro

Morte de Jaibo

O corpo de Pedro

---

[3] Baseio-me em um completo *Guía para ver y analizar Los Olvidados* (ROS; CRESPO, 2002).

A *apresentação* se inicia com o prólogo do narrador, que percorre cenários das grandes metrópoles do planeta – Nova York, Paris, Londres –, para aterrissar em México DF e, mais concretamente, nos bairros próximos ao centro histórico, com suas moradias comunitárias (*vecindades*), mercados públicos (*tianguis*) e cidades perdidas (as *favelas* mexicanas). Em seguida, aparecem os protagonistas principais, a *palomilla* do Jaibo (um jovem que acaba de sair da prisão), composta por Germán, sua irmã Meche, Pedro (o adolescente que representa o "bom" do filme), Pelón e Ojitos (um *fuereño* a quem seu pai indígena acaba de abandonar). Por último, vão aparecendo os personagens secundários da ação, os adultos que formam o entorno social da *palomilla*: a mãe de Pedro, o resto dos pais e avós, os patrões, a polícia, o cego. A surra que os rapazes dão nesse último – que lembra o *Lazarilho de Tormes* – pode ser considerada o fecho desta parte.

O *clímax* do filme se desencadeia com o assassinato de Julián, um ex-membro da gangue que agora trabalha como *macuarro* – peão de construção – e a quem Jaibo considera responsável por sua prisão, por tê-lo delatado. Vai atrás de Julián na obra onde ele trabalha e o mata com uma pedra. Depois de ocultar-se em uma das cidades perdidas, utiliza Pedro como álibi. Vai procurá-lo na oficina de forja onde ele trabalha e lá rouba uma faca. O patrão acusa injustamente Pedro, que é detido e levado ao reformatório, de onde escapa de maneira acidental.

O *desenlace*, finalmente, centra-se na morte dos protagonistas. Inicia-se na casa de seu Carmelo, o cego, onde Pedro se despede de Ojitos e de Meche. Jaibo o encontra enquanto foge e o mata como traidor. A polícia persegue Jaibo e atira nele. O filme acaba com uma imagem do corpo de Pedro sobre um burro, sendo levado para ser enterrado em um depósito de lixo. Em 1996, descobriu-se um final alternativo (Jaibo cai no precipício enquanto luta com Pedro e morre, Pedro devolve o dinheiro roubado e volta à fazenda-escola e...), que Buñuel havia rodado prevendo que a censura não autorizaria o original. Trata-se de um clássico *happy end* que não foi preciso montar.

O método

> Durante os anos em que estive sem trabalhar (1947-1949), pude percorrer, de um extremo a outro, a cidade do México, e a miséria de muitos de seus habitantes me impressionou. Decidi centrar *Os esquecidos* sobre a vida dos meninos abandonados, e, para me documentar, consultei pacientemente os arquivos de um reformatório. Isto é, minha história se baseou em fatos reais. Tratei de denunciar a triste condição dos humildes sem embelezá-los, porque odeio a dulcificação do caráter dos pobres (Declarações de Luis Buñuel à revista *Nuevo Cine*, 1961, citado em AVIÑA, 2004, p. 291).

Alguns autores consideraram *Os esquecidos* como uma mistura de filme neorrealista e documentário etnográfico pós-moderno. A maneira de trabalhar de Buñuel, efetivamente, não é muito diferente do método do antropólogo dos bandos juvenis. O próprio autor confessou em diversas entrevistas e textos autobiográficos que começou a documentar-se sobre o filme fazendo "observação participante" nos bairros onde se passava a ação, mais concretamente em Nonoalco, uma cidade perdida, próxima ao centro histórico, que desapareceu nos anos 1960 engolida pelo crescimento metropolitano (em seu lugar se construiu uma unidade habitacional – nome que recebem, no México, os edifícios de apartamentos de classe média)[4]. A fase seguinte consistiu em pesquisa documental, realizada nos arquivos de um reformatório, a partir da consulta de registros dos assistentes sociais dos quais colheu estudos de caso em que baseou seus personagens. A partir deles, constrói esboços de "histórias de vida", nas quais o objetivo se mescla com a subjetividade (presente, por exemplo, nos sonhos). Para dar uma impressão mais realista, procurou alguns de seus atores entre adolescentes pobres, misturando atores profissionais (como o diretor do reformatório e a mãe), semiprofissionais (como Jaibo, que havia tido papéis secundários) e novatos (como o resto da gangue, alguns dos quais decidiram tentar sua própria carreira depois dessa experiência).

---

[4] Um recente e magnífico livro comemorativo, que inclui magníficas fotografias e fotogramas (VV.AA., 2004), reúne algumas imagens anteriores à filmagem, tomadas *in situ* por Buñuel e seus ajudantes, como Gabriel Figueroa, diretor de fotografia, algumas das quais guardam surpreendentes paralelismos com a ficção (como as do cego com seu acordeão, em que se inspirou para a figura de seu Marcelo).

Na fase de montagem, Buñuel atua também como um "etnógrafo espontâneo": no prólogo, situa a problemática em uma perspectiva transcultural (que vai do centro à periferia); na primeira parte do filme, descreve o contexto do bairro e da *palomilla*, sem ignorar as relações do grupo com a sociedade mais ampla. O autor se detém na linguagem, que pretende refletir o linguajar popular autêntico (para isso contou com a colaboração de um dialogista mexicano conhecedor do jargão popular). Todavia, o método de Buñuel tem uma diferença fundamental em relação ao "realismo etnográfico" dominante na antropologia (GEERTZ, 1989). Como já acontecia em *As Hurdes* (não obstante ser esse um filme teoricamente documental e objetivo), não é o discurso que se adapta à realidade social, é a realidade social que se descreve em função do discurso que se pretende transmitir, razão pela qual poderíamos falar de um "surrealismo etnográfico" que prefigura algumas tendências da antropologia pós-moderna e da antropologia visual contemporâneas (ROS; CRESPO, 2002).

Os esquecidos e o conceito de juventude

> *Diretor do reformatório:* Às vezes deveríamos castigar vocês em vez de seus filhos (dirigindo-se à mãe de Pedro).
>
> *Seu Carmelo (o cego):* Já irão caindo um a um! Oxalá matarão todos antes de nascer!

O filme suscita múltiplas leituras do ponto de vista da representação cultural da juventude. De saída, a própria noção de juventude é problemática: pouco tem a ver com o modelo de transição para a vida adulta dominante no mundo urbano ocidental de hoje, o de uma juventude domesticada, protegida (muitas vezes superprotegida) pela família, dedicada à formação e ao lazer, inserida na cultura de consumo, pontualmente rebelde mas habitualmente integrada, que retarda – enquanto lhe é permitido – sua incorporação à sociedade adulta. A juventude de *Os esquecidos* vive, em compensação, um amadurecimento precoce, forçado, um desamparo do mundo familiar (marcado por um pai frequentemente ausente e uma mãe pouco "maternal"), sem formação escolar nem lazer comercial, que tem na rua e na *pandilla* seu único refúgio e, que por vontade própria, ou forçosamente, adianta precocemente sua incorporação à sociedade adulta.

Se nos limitamos às classes subalternas e aos marginais urbanos, há, inclusive, uma ausência institucional e dos poderes públicos que contrasta com a juventude do Estado do bem-estar social mais ou menos consolidado. Surpreende, nesse sentido, a total ausência da instituição escolar (com exceção da educação "prática" que recebem na idílica fazenda-escola) e a constante presença do mundo do trabalho: todos os meninos e adolescentes do filme trabalham na economia formal (construção, cutelaria), informal (a feira, a economia criminal) ou familiar (a ajuda nas tarefas domésticas ou com os animais), em que são explorados por patrões sem escrúpulos ou por outros marginalizados como eles (como o cego). Na realidade, os únicos jovens propriamente ditos em sentido cronológico são Jaibo e Julián (que representam respectivamente o jovem desencaminhado, bucha de canhão, e o jovem reabilitado, promessa de futuro). Os outros são meninos que não superam os 14 anos, embora tenham tido de viver experiências de precocidade ocupacional e familiar que os convertem prematuramente em adultos. Esse modelo de juventude corresponde, pois, a uma fase da urbanização na qual se desfez o modelo tradicional de socialização, centrado na família e no grupo primário, vigente na comunidade indígena ou rural, sem que se tenha visto ser ele substituído por um novo modelo centrado na vizinhança e nas instituições educativas e de lazer do mundo urbano.

Tal modelo de juventude pode ser analisado sob três pontos de vista complementares: o mundo interior das emoções e as relações com os progenitores, o mundo intermediário do grupo e as relações com a *pandilla*; e o mundo exterior da sociedade e as relações com as instituições. Tais pontos de vista correspondem, por sua vez, a outras tantas teorias sobre a juventude (a teoria psicobiológica da crise edipiana, a teoria eco-sociológica da desorganização social, e a teoria sociocultural da subalternidade e da resistência (Figura 1).

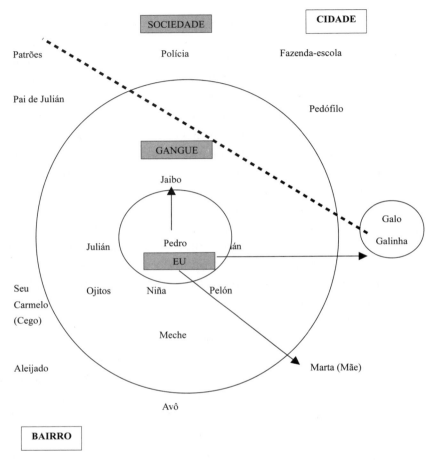

Figura 1 - O mundo de *Os esquecidos*[5]

Os esquecidos e o eu interior: o conflito edipiano da puberdade

Jaibo: Que bom deve ser você ter sua mãe. Agora que vejo você, tenho uma inveja de Pedro... Olhe que eu nem sequer sei meu nome. Meu pai, nunca soube quem foi. Minha mãe, creio que morreu quando eu era uma criança.

Pedro: Por que nunca me beija? Mamãe, agora se vou me comportar bem, procurarei trabalho e você poderá descansar.

A primeira chave da leitura se concentra no mundo interior do adolescente, em suas atribulações internas, em seu mundo emocional

---

[5] Elaboração própria.

e afetivo, nas formas de resolução do conflito edipiano que se projetam no mundo onírico. O filme é atravessado por imagens de Jaibo e de Pedro lutando contra seus fantasmas: o pai desconhecido e ausente, a mãe que provoca amor e desamor, que atrai e repele ao mesmo tempo. Foi o psicólogo norte-americano Stanley G. Hall (1906) quem definiu a adolescência como uma fase de *sturm und drang*, de tempestade e ímpeto, de turbulências emocionais e crises de identidade. As patologias pessoais expressadas em comportamentos neuróticos, automutilações, tatuagens, toxicomanias e suicídios corresponderiam a patologias sociais expressas em comportamentos agressivos, gangues, brigas e delinquência. Desse modo, não só a juventude se naturalizou, mas também a violência (que se revelaria o resultado lógico e inevitável de determinados contextos psicológicos, ecológicos e sociais).

Posteriormente, Sigmund Freud (1973) considerou o complexo de Édipo (o desejo inconsciente de matar o pai e deitar-se com a mãe) como um dos fundamentos da civilização: os adolescentes devem se livrar da dependência dos pais para estabelecerem relações maduras com outros adultos. Sua filha, Anna Freud, ponderou que na adolescência se disparava a libido, o que se refletia em um medo da castração por parte dos meninos, que recorriam a diversos mecanismos de defesa: "A filosofia de vida que elaboram (talvez sua exigência de que se leve a cabo uma revolução do mundo exterior) é, na realidade, uma reação ante a percepção das novas demandas instintivas de seu próprio eu, que ameaçam revolucionar a totalidade de suas vidas" (FREUD, 1946, p. 178). O problema é que, em *Os esquecidos,* o conflito edipiano é de difícil resolução porque o pai está ausente: Jaibo não conheceu seu pai e logo ficou órfão de mãe; busca em Marta alguém que seja, ao mesmo tempo, mãe e amante. Quanto a Pedro, sua rebelião edipiana se projeta não em direção ao pai que não conhece (ainda que o diretor da fazenda-escola represente, às vezes, o progenitor protetor e bondoso), mas em direção ao companheiro que dorme com sua mãe e lhe rouba o afeto dela: só matando-o poderá recuperar o amor da mãe, apesar de ser Jaibo quem termina por matá-lo. Como já intuiu o próprio Freud, esse mundo interior se projeta nos sonhos: o mundo onírico de *Os esquecidos* é rico em metáforas surrealistas e está protagonizado por animais, como galos e galinhas, sobre quem os meninos manifestam suas frustrações e esperanças. O sonho de Pedro, que é analisado no final, resume de maneira brilhante esses dilemas. O mundo animal pode ser entendido como uma representação das pulsões instintivas, latentes ou vigentes, mas também como uma alegoria das figuras ausentes: o pai bondoso, a mãe protetora, o rebelde com causa, o amigo fiel, a justiça social.

Os esquecidos e o grupo: a cultura da palomilla

> *Rapazes*: É verdade que te encanaram por culpa do Julián?
>
> *Jaibo*: Sim, maldito dedo-duro. Quem tem um cigarro?
>
> *Pelón*: Eu não.
>
> *Pedro*: Agora andamos totalmente duros.
>
> *Cacarizo*: Nem cigarros, nem grana, mano.
>
> *Jaibo:* Puxa! Bem se vê que eu estava em cana. Mas agora vão ver. Aprendi muito lá, e se fizerem o que eu digo, ninguém ficará sem grana.

A segunda chave de leitura se concentra no grupo. A *palomilla* parece estar inspirada em qualquer das etnografias sobre gangues juvenis que haviam proliferado a partir dos anos 1920, como o clássico *The Gang*, de F. Thrascher. Segundo sua definição de gangue – que se tornaria clássica –, todos esses grupos compartilhavam uma mesma origem (integração através do conflito e territorialidade), certos tipos de comportamentos (relação cara a cara e ritos de entrada) e certas consequências culturais (consciência de grupo e solidariedade moral). Em consonância com as teorias da escola de Chicago, para Thrasher as gangues estavam vinculadas a um determinado *habitat*: as chamadas "áreas intersticiais" da cidade, aquelas zonas de filtro entre duas seções (por exemplo, entre o centro comercial e os bairros operários), como a que aparece no filme:

> A gangue é um grupo intersticial que na origem se formou espontaneamente e depois se integrou através do conflito. Caracteriza-se pelos seguintes tipos de comportamento: encontro cara a cara, guerras, movimento através do espaço como se fosse uma unidade, conflitos e planejamento. O resultado desse comportamento coletivo é o desenvolvimento de uma tradição, uma estrutura interna irreflexiva, *esprit de corps*, solidariedade moral, consciência de grupo e vínculo a um território local. (THRASHER, 1926)

Se tentamos aplicar ao filme o modelo do relógio de areia que desenvolvi em outro lugar (FEIXA, 1998), dispomos de muita informação em torno da dimensão estrutural da *palomilla* (as condições sociais de seus membros) e da sua dimensão simbólica (as imagens culturais que desenvolve). Do ponto de vista das "condições sociais", a *palomilla* é composta por adolescentes dos setores urbano-populares (não apenas do *lumpenproletariat*, também estão representadas a classe operária tradicional e o mundo indígena), em sua maioria homens (com um exacerbado sentido da masculinidade), de uma geração determinada (a pós-revolucionária), de uma etnicidade mestiça (*"índios desindiani-zados"*); quanto ao aspecto territorial, seu meio ecológico está muito bem descrito e se circunscreve à "cultura da esquina" (fora do bairro sentem-se perdidos). Do ponto de vista das "imagens culturais", a *palomilla* desenvolve uma linguagem de jargão verbal e não verbal, uma estética corporal anterior às modas e atividades focais centradas na vida de rua. Em compensação, não há especificidade em sua música nem em suas produções culturais (não há *graffiti* nem nada que se assemelhe a isso), o que deixa claro que o filme aparece na época imediatamente anterior ao surgimento da cultura juvenil de massas (REGUILLO, 1991). E, algo muito importante: a gangue não tem nome nem símbolos distintivos.

Os esquecidos e a sociedade: instituições totais *versus* instituições ausentes

> Diretor do reformatório: Se em vez desses meninos pudéssemos prender para sempre a miséria! (dirigindo-se a um vigilante).

A terceira e última chave de leitura do filme centra-se nas relações dos membros da *palomilla* com as instituições e com o entorno social. Trata-se de um mundo de relações estruturais que muitas vezes têm um papel secundário nos estudos sobre a juventude (e também em muitos filmes sobre jovens delinquentes que não vão além de retratar seu mundo interno e autorreferente, como se esse tivesse uma coerência exclusivamente interna). Na história das teorias sobre a juventude, tal perspectiva pode ser elucidada nas aproximações conflituosas que, a partir dos anos 1960, têm tentado analisar as relações de hegemonia e de resistência entre os jovens e o mundo adulto (em particular, com os representantes do poder e da autoridade). Cabe citar, nesse sentido, as contribuições da escola de Birmingham, que analisam as subculturas juvenis como metáforas da mudança social. Tais subculturas são consideradas como tentativas simbólicas elaboradas pelos jovens das classes subalternas para abordar as contradições não resolvidas na cultura parental, assim como formas de "resistência ritual" frente aos sistemas de controle cultural impostos pelos grupos que estão no poder. Esses autores tenderam a estabelecer claras diferenças entre as subculturas juvenis operárias e as contraculturas dos jovens de classe média: enquanto as primeiras são estruturas coletivas compactas que assumem a forma de "bando", as segundas são meios difusos mais individualizados; umas foram vistas como variações da tradicional baderna, outras foram analisadas como formas mais articuladas de dissidência (HALL; JEFFERSON, 1983).

No filme, são confrontadas as instituições visíveis (em geral, de caráter repressivo ou corretivo, simbolizadas pelas figuras da polícia e do diretor da fazenda-escola) com as instituições ausentes (principalmente a escola e um tipo de família "estruturada"). A imagem da "instituição total" (que se apresenta fechada ao exterior, com algumas normas e rotinas autorreferentes), a fazenda-escola, é ambivalente: parece um oásis em meio do caos e da violência reinante, o que contrasta com a realidade histórica das políticas correcionais no México (AZAOLA, 1990). Isso fez com que durante certo tempo Buñuel fosse estigmatizado pelo Partido Comunista, com o qual havia simpatizado por retratar uma visão supostamente adocicada da cultura burguesa. O diretor, no entanto, não deixa de expor no prólogo a sua visão progressista e também retrata o burguês explorador (representado pela figura do pederasta que tenta se aproveitar de Pedro quando o vê ante o desejo irrealizado da vitrine). A princípio, a própria crítica mexicana ortodoxa interpretou-o dessa maneira, estigmatizando o filme como uma visão excessivamente crua da realidade. Isso condiz com um debate já clássico sobre a cultura da pobreza que, naquela época, também suscitou o aparecimento do livro *Os filhos de Sánchez*, de Oscar Lewis (1980).

O sonho de Pedro

> *Os esquecidos* é um dos filmes mais realistas de Buñuel. Mas, em compensação, é também um dos filmes em que aparecem e circulam o maior número de imagens inesquecíveis, que obedecem à lógica do sonho (BERGALA, 2008, p. 36).

Os esquecidos é, por sua temática e pela naturalidade de seus atores, um filme falsamente realista. Filmado durante o apogeu da corrente neorrealista – que propugnava por um cinema quase documental em que os autores fossem gente comum e os cenários fossem reais –, *Os esquecidos* foi entendido, equivocadamente, como uma película semelhante a *Roma cidade aberta* (1945), de Roberto Rossellini, ou *Ladrões de bicicletas* (1947), de Vittorio de Sica. O filme de Buñuel, no entanto, mantém muitos dos elementos que o converteram no cineasta surrealista por excelência. É um filme sobre o absurdo e o irracional da própria vida: os desejos ocultos, os sonhos e as paixões são elementos que mantêm vivos os personagens da fita (Itesm, 2008). O filme abunda em imagens carregadas de metáforas e personagens que contam com um grande peso simbólico, como a cena em que Pedro trabalha fazendo girar o carrossel em que se divertem os meninos da classe alta, o nome que dá ao menino que se converte metaforicamente nos próprios olhos do cego, etc. (*Cinema Paradiso*, 2006). Muitas vezes, essas imagens e metáforas estão representadas por animais (principalmente galos e galinhas), que parecem ser projeções dos sonhos e pesadelos do protagonista. É, sobretudo, o sonho de Pedro a cena mais rica do ponto de vista interpretativo. Vejamos, a seguir, dois comentários distintos, e até certo ponto complementares, sobre a referida cena:

> Por meio de outro encadeamento (que assinala uma elipse temporal), passamos a um plano mais fechado de Pedro dormindo. Os cacarejos nervosos de uma galinha irrompem seguidos da música. Sobre o plano de Pedro dormindo, superpõe-se um plano idêntico: incorpora-se e dirige-se para a direita do enquadramento. A imagem se duplica, dissociando o ato físico de dormir do sonho de Pedro. A partir desse plano, revela-se uma série de recursos ausentes no modelo clássico de narração, e que Buñuel sempre reivindicou como elementos constitutivos da natureza expressiva do cinema. Para o cineasta, seu funcionamento se assemelha ao da mente humana, convertendo-o em instrumento idôneo para expressar o inconsciente e os sonhos. A partir do plano seguinte, já imersos no mundo onírico de Pedro, os recursos cinematográficos ultrapassam a ordem puramente narrativa para nos conduzir pelas intrincadas imagens do sonho, no qual se invocam a poesia e o mistério. A câmara se situa atrás de Pedro, que vê descer do teto uma galinha branca. Novamente aparece a galinha, como um sinal agourento, na imagem em câmara lenta que se estende até o final do sonho. À desaceleração de imagens é preciso acrescentar a ausência consciente de *raccords*, de tal forma que o plano seguinte

(a mãe levantando-se da cama) não mantém o *raccord* de ação com o que lhe sucede (onde continua deitada, enquanto Pedro se agacha para olhar debaixo de sua cama). [...] Em plano médio, Pedro acorda do pesadelo afastando as mãos que cobrem seu rosto [...]. Assim termina a sequência do sonho mais celebrada pela crítica (chegando-se a considerá-la a melhor cena onírica do cinema). No que concerne à estrutura do filme, o sonho emoldurado por duas cenas narrativas muito curtas constitui uma interrupção do tempo da história. Desse modo, os acontecimentos que se desenvolvem em seu interior são um parêntese narrativo, se bem que sintetizem o sentido do relato por meio de mecanismos simbólicos. Acontecimentos como a morte de Jaibo, a fome de Pedro, a rejeição da mãe, a usurpação e a traição de Julián, junto com elementos extraídos da vida cotidiana (a galinha) adquirem um novo significado no subconsciente de Pedro, para retornarem à narração tingidos com esse novo sentido. (Ros; Crespo, 2002, p. 36-38)

Esse sonho de menos de três minutos, muito legível, resume os valores essenciais do filme para Pedro. Representa seu desejo mais fundamental: ser amado por sua mãe. Esse desamor, que constitui o acampamento base de sua infelicidade, se manifesta em uma cena anterior através da negação de sua mãe de alimentá-lo. Pedro guarda um pesado segredo: ele é o único que colaborou na morte de Julián (o vagabundo arrependido e honesto em seu trabalho, o bom filho que cuidava de seu pai alcoólatra), executada por Jaibo, figura do mal, que o faz compreender que seus destinos agora se encontram unidos por essa cumplicidade. A presença do cadáver de Julián debaixo de sua cama traduz, no seu sonho, o sentimento de que nunca chegará a livrar-se do "corpo no armário". Sente-se duplamente culpado: por essa morte e também pelas mãos estragadas de sua mãe que trabalha para alimentar seus filhos. Em seu sonho, Pedro justifica dessa maneira – culpando-se a si próprio – o desamor de sua mãe por ele. Estúpido é preferível a uma rejeição sem motivo de sua necessidade de amor.

Como acontece muitas vezes com Buñuel, trata-se tanto de um sonho do filme como de um sonho do personagem. A totalidade do material provém das cenas que vimos anteriormente no filme. A estrutura geral é uma variação da cena em que a mãe de Pedro lhe nega o alimento que acaba de trazer para casa, com carne, coisa rara. No sonho, embora comece com as mesmas repreensões da cena real, ela acaba por dar-lhe um pedaço de carne, de grande tamanho, símbolo exagerado de perdão e de amor. Mas Jaibo vai substituir sua vítima Julián sob a cama, e se interpõe entre Pedro e sua mãe a fim de roubar-lhe o sinal concreto desse amor. Essa sequência onírica é premonitória, uma vez que mais adiante no filme, Jaibo, o destruidor, dormirá com a mãe. Já vimos várias aves desde o início do filme (a pomba atada sob a cama com a qual o cego cuida de uma mulher enferma; o galo que se encontra diante do cego golpeado pelo bando de

Jaibo; a galinha que presenteia Pedro com um ovo em sua casa). Por um deslocamento típico do exercício do sonho, a pomba já não está debaixo da cama, como na cena do curandeiro, mas sim o cadáver com o ricto sofredor e implorante de Jaibo. Ao se erguer o cenário do sonho, a galinha cai em câmara lenta como em uma cronofotografia científica de Marey sobre a queda dos animais. A poesia nasce do documentário, e da câmara lenta que transforma essa galinha super iluminada em um fantasma branco.

Esse sonho, um dos mais emotivos de Buñuel, grande realizador de sequências oníricas, foi executado com técnicas muito simples, quase primitivas. Uma sobreimpressão ao estilo de Cocteau, no início do sonho, quando o corpo transparente de Pedro se incorpora enquanto seu corpo adormecido permanece sobre a cama. Iluminações muitos contrastadas, com raios (conseguidos com o arco elétrico) que às vezes dão *flashes* na imagem. A câmara lenta que dá um toque de irrealidade à cena, especialmente sobre a mãe de branco que se aproxima de seu filho como uma aparição virginal, realização do desejo de amor, onde o afeto tem uma participação direta na própria emoção da imagem. Os *raccords* cortam plano a plano sobre Jaibo na cama, a trilha sonora composta de forma muito arbitrária em relação às imagens – o ruído do cacarejo das galinhas, o som do vento violento nesse interior –, a discordância entre as palavras que escutamos e os rostos dos personagens com a boca fechada, em grande medida fazem parte da sensação onírica da cena. (BERGALA, 2008, p. 34)

Do nosso ponto de vista, o sonho pode ser analisado sob as três perspectivas assinaladas: a relação de Pedro com seu ego (os conflitos emocionais não resolvidos, a figura ausente da mãe, a busca incessante do amor de mãe), com a *palomilla* (a relação vertical, conflituosa, com o líder, a relação horizontal, fraternal, com o resto dos membros) e com a sociedade mais ampla (com os adultos, com o diretor da escola como projeção do pai ausente, com o pedófilo). Os animais representam tanto os desejos não cumpridos (razão pela qual o sonho pode antecipar projetos de futuro pessoal), como os medos não resolvidos (motivo por que o sonho se transforma em pesadelo).

Conclusões

Os esquecidos, sua mitologia, sua rebeldia passiva, sua lealdade suicida, sua doçura que deslumbra, sua ternura cheia de bravezas requintadas, sua pungente afirmação de si mesmos na e para a morte, sua busca sem fim da comunhão – mesmo através do crime –, não são nem podem ser senão mexicanos. Desse modo, na cena chave do filme – a cena onírica – o tema da mãe se resolve na cena em comum, no festim sagrado. Quiçá sem se propor a isso, Buñuel descobre no sonho de seus heróis as imagens arquetípicas do povo mexicano: Coatlicue e seu sacrifício.

(Paz, 1951; en VVAA, 2004, p. 52)

Os esquecidos é um clássico que se nutre de vertentes distintas e opostas (a formação surrealista que atribui aos sonhos qualidade antecipatória, o desdém ante as soluções mágicas da pobreza, a fé na descrição o mais textual possível como a crítica muito pertinente, a dispensa de juízos morais de final de terceiro ato, a poesia que se apresenta em oposição à lírica atualmente usada) e que, passo a passo, constrói a realidade tão ignorada ou menosprezada.

(Monsiváis, 2004, p. 316)

Os esquecidos é, pois, um divisor de águas na história das representações cinematográficas da juventude em geral e da delinquência juvenil em particular. Hebdige (1988) afirmou que a representação visual da juventude oscilou entre a vigilância (*surveillance*) e a exibição (*display*). A primeira forma de representação se refere à "descoberta" da delinquência juvenil e ao interesse das instituições da lei e da ordem por controlar, retratar e vigiar os jovens "desviantes" (sejam membros de gangues adolescentes ou militantes de grupos dissidentes). A segunda refere-se à emergência do mercado adolescente e ao interesse das indústrias de lazer no jovem como objeto de consumo. A distinção entre juventude como diversão e como problema se expressa nos diferentes estilos fotográficos (a fotografia publicitária e a documental) e também nos diferentes discursos cinematográficos (o cinema juvenil como diversão e como falsa moralidade)

Diante de outros filmes contemporâneos que se baseiam numa visão adocicada ou paternalista, o filme de Buñuel apresenta um retrato cru e, ao mesmo tempo, poético (Aviña, 2004). No México, entre 1948 e 1950, estrearam-se uns vinte filmes ambientados nas cidades perdidas com jovens como protagonistas, entre os quais destacam-se *Nosotros los pobres* (1948) e *Ciudad perdida* (1950). Neles aparecem cenas ambientadas nos mesmos cenários de Buñuel, com meninos abandonados que brigam em *pandillas* por pequenos territórios, mas os filmes logo caem no melodrama ou no discurso moralizante (como o padre que reabilita os meninos em *La ciudad de los muchachos,* 1950). O panorama internacional é semelhante, com exceção do neorrealismo italiano:

Ladrões de bicicletas (V. de Sica, 1947). No México, o caminho de *Os esquecidos* não tem seguidores: o cinema sobre meninos de rua não se recupera até os anos 1980 quando o surgimento dos *chavos banda* (as *pandillas* juvenis da periferia urbana desenvolvidas após a crise da cultura *rock-punk*) suscita uma nova onda de filmes e documentários que intencionam atualizar a tradição fundada pelo cineasta aragonês: *¿Cómo ves?* (P. LEDUC, 1985), *La banda de los Panchitos* (A. Vellazco, 1985), até chegar a *Amores brutos* (*Amores perros,* A. González Iñarritu, 2000), este último com certa ironia pós-moderna.

No nível internacional, em compensação, *Os esquecidos* legitima uma profunda renovação do olhar cinematográfico sobre a "juventude perdida" que, nos anos 1950, produzirá influentes contribuições que marcarão o "rejuvenescimento do cinema" (Doherty, 1988): *O selvagem* (*El Salvaje,* 1954), *Rebelde sem causa* (*Rebelde sin causa,* 1955), *Os quatrocentos golpes* (*Los 400 golpes,* F. Truffaut, 1959), *Los golfos* (C. Saura, 1959), entre outros. Desde então, há numerosos "parentes estrangeiros" diretamente influenciados por Buñuel (Aviña, 2004, p. 306). Para citar os mais recentes: *Rodrigo D. No futuro* (V. Gaviria, 1992), *Kids* (L. Clark, 1995), *El odio* (M. Kassovitz, 1995), *Barrio* (F. León, 1998), *Salaam Bombay* (M. Nair, 1988), *A virgem dos sicários* (*La virgen de los sicarios,* B. Schroeder, 2000), e *Cidade de Deus* (F. Meirelles, 2002). Todos recuperam, com diferentes matizes, o olhar cru sobre estes "meninos assassinos, assassinados", de que falou Prévert. Porém, nenhum retoma a veia onírica e surrealista, o filão que explora, no mundo das emoções e do subconsciente, o genial olhar buñueliano sobre o conflito edipiano da puberdade.

Os esquecidos são, pois, um retrato baseado no realismo etnográfico, mas são também uma metáfora *surrealista* (ou *hiper-realista*) da sociedade que os gera, um "arquétipo da mexicanidade" (nas palavras de Paz), ou uma versão renovada e cética do melodrama mexicano (nas palavras de Monsiváis). São, definitivamente, o olho cortado que continua a nos interpelar, quase sessenta anos depois de o filme ter sido rodado em poucas semanas nas cidades perdidas de Nonoalco, esquecidas por Deus, mas não pela história – graças ao filme, passaram a ser lembradas e, inclusive, a ser consideradas patrimônio imaterial da humanidade pela Unesco. Grande paradoxo desses adolescentes assassinos, assassinados, que, em razão de serem esquecidos, ficaram gravados em nossa memória.

Questões para refletir

1. Que semelhanças e diferenças existem entre o modelo de juventude de *Os esquecidos* e a nossa própria juventude?
2. Como você descreveria a gangue que aparece no filme? Invente um nome para ela.
3. Desenhe um mapa no qual apareçam os personagens e cenas do filme.
4. Qual o papel dos animais no filme?
5. Relate uma interpretação pessoal do sonho de Pedro. Descreva um sonho recente que você tenha tido.

Referências gerais

AZAOLA, E. *La institución correccional en Mexico.* México: Siglo XXI/ CIESAS, 1990.

DOHERTY, T. *Teenage and Teenpics. The juvenilization of American movies in the 1950s.* Winchester: Unwin Hyman, 1988.

FEIXA, C. *De jóvenes, bandas y tribus.* Barcelona: Ariel, 1998

FREUD, S. *Tres ensayos sobre teoría sexual.* Madrid: Alianza, 1973. (Trad. português: "Três ensaios sobre a teoria da sexualidade". In: *Obras psicológicas completas: Edição Standard Brasileira.* v. VII. Rio de Janeiro: Imago, 1996.)

GEERTZ, C. *El antropólogo como autor.* Barcelona: Gedisa, 1989. (Trad. português: *Obras e vidas: o antropólogo como autor.* Rio de Janeiro: Ed. UFRJ, 2002).

HALL, S.; JEFFERSON, T. (Eds.). *Resistance Through Rituals. Youth Subcultures in post-war Britain.* Hutchinson: London, 1975 (1983).

HALL, S. G. *Adolescence: Its Psychology and its relations to Psysiology, Sociology, Sex, Crime, Religion and Education.* New York: Appleton Century Crofts, 1904 (1915).

HEBDIGE, D. *Hiding in the light. On images and things.* London: Routledge, 1988.

LEWIS, O. 1986. *Ensayos antropológicos*, México, Grijalbo.

MONOD, J. *Los barjots. Etnología de bandas juveniles.* Barcelona: Ariel, 2001 (1968).

PAZ, O. El pachuco y otros extremos. *El laberinto de la soledad.* México: FCE: 9-25, 1990. (Trad. português: *O Labirinto da Solidão.* São Paulo: Paz e Terra, 2006).

PÉREZ ISLAS, J. A.; URTEAGA-POZO, M. (Eds.). *Historias de los Jóvenes en México. Su presencia en el siglo XX.* México: Instituto Mexicano de la Juventud, 2004.

REGUILLO, R. *En la calle otra vez. Las bandas: identidad urbana y usos de la comunicación.* Guadalajara: ITESO, 1991 [1995. 2. ed. corregida y aumentada].

THRASHER, F. M. *The Gang.* Chicago: University of Chicago Press, 1963 (1926).

VALENZUELA, J. M. *¡A la brava ése!. Cholos, punks, chavos banda.* Tijuana: El Colegio de la Frontera Norte, 1988 [2. ed. corregida y aumentada, 1998]. (Trad. português: *Vida de barro duro: cultura popular e juvenil e grafite.* Tradução de Heloisa B. S. Rocha. Rio de Janeiro: Editora UFRJ, 1999).

Referências sobre o diretor

ARANDA, J. F. *Buñuel, Biografía crítica.* Barcelona: Lumen, 1970.

BERGALA, A. *El libro de Luis Buñuel.* Madrid: El País-Cahiers du Cinéma, 2008.

BUÑUEL, L. *Mi último suspiro.* Barcelona: Plaza & Janés, 1982.(Trad. português: *Meu último suspiro.* Tradução de Rita Braga. 5. ed. Rio de Janeiro: Nova Fronteira, 1982.)

FUENTES, V. *Buñuel en México.* Teruel: Instituto de Estudios Turolenses, 1993.

RIOYO, J. La vida errante de Luis Buñuel. *El País,* 27 jul. 2008.

Referências sobre o filme

AVIÑA, R. Los hijos de los olvidados. En VV.AA. *Los Olvidados.* México: Turner, 2004.

BUÑUEL, L. *Los olvidados.* México: Era. Guión y documentos, 1980.

MONSIVÁIS, C. *Los Olvidados*, la primavera y sus andrajosas primaveras. En VV.AA. *Los Olvidados*. México: Turner, 2004.

PAZ, O. Los Olvidados. *L'Âge du Cinéma*, n 3. En VV.AA. *Los Olvidados*. México: Turner, 1951 (2004).

ROS GALIANA, F.; CRESPO, R. *Guía para ver y analizar* Los Olvidados. València: Nau Llibres; Barcelona: Octaedro, 2002.

SÁNCHEZ VIDAL, A. El largo camino hacia *Los Olvidados*. En VV.AA. *Los Olvidados*. México: Turner, 2004.

VV.AA. Los Olvidados: *la película de Luis Buñuel*. México: Turner-Fundación Televisa, 2004.

Sites

Cinema Paradiso. 2006. Los Olvidados: la obra cumbre de Luis Buñuel. Disponível em: <http://blogs.periodistadigital.com/cinemaparadiso. php/2006/10/02/p47998>._Acesso em: 15 jul. 2008.

Cine Mexicano. 2008. Películas del Cine Mexicano. Disponível em: <http://cinemexicano.mty.itesm.mx/peliculas/olvidados.html>. *Acesso em: 15 jul. 2008.*

El Cánon del Cine. 2007. Los Olvidados, de Luis Buñuel. Disponível em: <http://elcanondecine.blogspot.com/2007/06/los-olvidados-luis-buuel-1950.html>. *Acesso em: 15 jul. 2008.*

Wikipedia. 2008. Luis Buñuel. Disponível em: <http://es.wikipedia. org/wiki/Luis_Bu%C3%B1uel>. *Acesso em: 15 jul. 2008.*

Maria cheia de graça:
um corpo "mula", um corpo prenhe

Glória Diógenes

Uma sinopse

O filme *Maria cheia de graça*, lançado em abril de 2005, marca a estreia do diretor Joshua Marston, que é também roteirista. Talvez, por isso o filme aborda de uma forma quase documental o recrutamento e os procedimentos de uma "mula" e a travessia da droga entre Bogotá e New York. São denominados "mulas" os indivíduos que utilizam partes internas do corpo, como o intestino e órgão genitais, para o tráfico de drogas. O filme *Maria Cheia de Graça* inicia-se numa pequena cidade ao norte de Bogotá. Em cena, um cotidiano que se desenrola arrastado, como um conjunto encadeado de ações repetitivas e enfadonhas. Maria (Catalina Sandino Moreno) tem apenas 17 anos e está quase sempre acompanhada da amiga Blanca (Yenny Paola Vega).

A performance destacada de Catalina lhe rendeu uma indicação ao Oscar, rompendo a barreira do preconceito na categoria de melhor atriz e juntando-se ao seleto grupo de Sophia Loren e Fernanda Montenegro. A atuação de Catalina, fazendo de Maria uma pessoa comum, na viagem com as outras "mulas" Blanca e Lucy, representa uma projeção ampliada de um fenômeno que parecia invisível. O filme vai tecendo, com maestria, um elo com o público que não se rompe com o desenrolar da trama e que finda com o que se pode considerar uma vitória da esperança sobre o medo e o arbítrio.

As cenas iniciais levam o espectador a mover-se num cenário inóspito, marcado pela pobreza e pelo tédio. A narrativa nos conduz, desde o início, a imaginar que estamos compactuando com cenas verídicas. Blanca e Maria, mesmo adolescentes, trabalham removendo espinhos de rosas para exportação. Todos os dias elas ensejam os mesmos movimentos, repetidos percursos casa-trabalho. A cidade é pontuada por casebres, terrenos vazios, casas abandonadas e vendedores que parecem se sustentar com pequenos negócios. Tudo contado, medido, congelado. Maria parece nos dizer, silenciosa e com o olhar lançado ao longe, que ali nada e nem ela se sustenta.

A juventude: o trabalho árduo e o sonho de vencer (fácil) na vida

Maria, nome emblemático. Simboliza não apenas a dimensão religiosa, da grande Mãe do mundo cristão, como também a mulher comum, universal, que congrega todas as diferenças em um só nome. Tanto expressa o sagrado como representa o personagem do nosso dia a dia, igual a cada um de nós. No lugarejo em que Maria vive, as oportunidades de trabalho são reduzidas, todos parecem sobreviver de retirar espinhos de rosas e prepará-las para exportação. Assim, Joshua, desde o início da película, joga com as imagens e com o contraste entre elas. Como remover espinhos sem se ferir? São muitas as adolescentes que têm as mãos constantemente atingidas, dedos espetados por espinhos. Maria demonstra sua indignação com o trabalho árduo, repetitivo e que não aponta nenhum alento para a construção de uma alternativa mais digna de futuro. O diretor do filme põe em cena o cerne do dilema que vive a juventude nesse início de novo milênio e suas relações no mundo do trabalho. Que lugar se pode ocupar num mercado de trabalho que exige cada vez mais mão de obra especializada e não prepara e nem permite à juventude esse acesso?

Observa-se que o filme conduz e desenha um cenário em que os adultos parecem já ter assimilado e se adaptado às investidas e artimanhas de exploração dos que conduzem a "fábrica" de rosas. É a adolescente Maria e, posteriormente, Blanca que demonstram os primeiros sinais de estrangulamento com uma ordem que apenas as avilta e rouba a melhor de suas energias. São elas as primeiras a tentar romper ou, simplesmente, a se rebelar contra um tipo de ocupação que usa seu corpo e seu tempo e, concomitantemente, as exclui dos resultados e lucros desse trabalho.

No âmbito da juventude, a ética do trabalho – como terreno de construção da cidadania e da busca de dignidade – parece dar lugar a uma vontade de errância, de risco e de aventura proporcionada pela ocupação de espaços fora da casa e da família. Arno Vogel, ainda em 1991 (p. 145), já advertia:

> Conquistar a cidade, porém, implica em repudiar a ética do trabalho para assumir a da aventura. Consiste, pois, em subverter a ordem que dá suporte ao estatuto de cidadão, com o fito de alcançar metas de consumo que caracterizam uma existência citadina.

Os jovens sabem mais do que qualquer outro segmento social que embora, o mundo do trabalho insista em valorizar o trabalhador e referenciais relativos a esse universo (lugar em que trabalham, o que e o quanto produzem), outros requisitos projetam formas de reconhecimento social de mais fácil e rápida comunicação.

Ser jovem tem significado efetuar uma representação, uma marcação, a produção de um estilo, de uma filiação, de um modo de ser, ou seja: projeção de uma imagem ou de um repertório delas.

> A comunicação visual tornou-se tão recorrente que é como se as palavras funcionassem apenas como âncoras para que o corpo-linguagem pudesse exibir-se, para que os sinais pudessem explicitar os jogos de identidades. (DIÓGENES, 1998, p. 162)

Na cidade em que vive Maria, marcada pela cadência repetitiva do mundo do trabalho e da luta diária pela sobrevivência, ser jovem está fadado à condição de inexistência. Essa morte simbólica precoce, mesmo que o preço seja a efetiva morte de seu corpo, Maria se recusa a aceitar. Por isso, para o espectador, a personagem produz esse signo de demarcação, desde o início do filme, de alguém que se move pela vertigem do risco, pela vontade de transpor lugares e hábitos costumeiros.

Como apenas uma artimanha para driblar o tédio de sua vida, Maria namora Juan (Wilson Guerrero). Um rapaz que parece bem adaptado ao ritmo lento e repetitivo do vilarejo. Mobilizada por um ímpeto de escapar dos lugares e experiências cotidianas, Maria chama Juan para subir num telhado de difícil acesso, com a finalidade de viver algo diferente, de namorar em outra paisagem amorosa. Ele titubeia, diz que é impossível. Ela então o provoca e diz: "Se eu conseguir, você sobe também?". E assim faz. Sob o olhar indiferente e passivo de Juan, Maria consegue alcançar o aparentemente inacessível. Quando finalmente chega ao topo, ela espera que Juan realize o mesmo movimento. Ele apenas diz: "Eu não vou, desça como você subiu, sozinha. Sozinha!". O sentimento de se sentir "fora" da cidade, da forma tradicional de ser mulher, do não compartilhar com os modos de vida local, produzem sucessivas sensações de estranhamento em Maria. É assim que a personagem vai assumindo um tom de rebeldia, confrontando as regras da família e a da fábrica onde atua.

Os rebeldes são aqueles que se situam "fora de lugar", seja na casa, na rua, no local onde trabalham. Eles se assemelham ao forasteiro, ao nômade sempre em movimento. A circulação constante parece ser a sua marca e a sua estratégia para a agilidade e destreza nas sucessivas necessidades de "escapada". Eles parecem expressar o seu isolamento, a sua recusa em adentrar no funcionamento e ciclo interminável da reprodução (repetitivo e padronizado) da vida. Becker (1985, p.62), no seu estudo sobre os *outsiders*, destaca que *"Les systèmes de justification des groupes déviants comportent tendanciellement une récusation globale des normes morales conventionalles, des institutions offcielles et plus généralement de tout l'univers des conventions ordinaires"*.[1]

Maria rompe o padrão normativo e recusa a única oportunidade de trabalho capaz de prover sua família e garantir sua aceitação na ordem social local. Até porque a mãe, a irmã mãe-solteira e a própria Maria dependem dessa única fonte de renda. Maria, não apenas por ter as mãos constantemente feridas pelos espinhos, recusa um trabalho que parece negar e agredir seu funcionamento vital, seu corpo – como lugar de produção e reprodução da vida. Por isso, ela é percebida como *outsider*, por produzir novos fluxos e direções para os percursos de seu corpo. É quando ela fica grávida de Jean que seu corpo não encontra mais lugar na ordem local; o corpo se transforma, e Maria decide produzir outras oportunidades para si e para sua família a partir do uso do seu corpo, tomando-o como dupla condição: carregar e gerar

---

[1] "Os sistemas de justificação dos grupos desviantes comportam tendencialmente uma recusa global das normas morais convencionais, das instituições oficiais e mais geralmente de todo o universo de convenções ordinárias" (tradução da autora).

uma outra vida e depósito temporário de drogas. No momento em que Maria é tomada por ânsia de vômito durante o fatigante trabalho de remover espinhos é que seu corpo "explode" e diz não aguentar mais: ela "vomita" por sobre as rosas e, impulsivamente, joga todas para cima e partir.

O corpo que tudo pode?

Nas sociedades modernas ocidentais, como diz Le Breton (1990), o corpo aparece como uma instância desconectada da vida coletiva, como um artefato de natureza individual. A ideia é que os corpos parecem cada vez mais se colocar como dispositivos de investimentos, de intervenções, podendo ser modificados, alterados e conformados à imagem e utilidade que cada um deseja neles imprimir. Os corpos parecem ter que constantemente se adequar ao ritmo e movimento que é exigido nos processos de trabalho. Maria tem seu corpo explorado, agredido, quando ainda se encontrava na função de remover espinhos. É como se Maria já tivesse adulterado o seu corpo quando se entregava a Juan, um homem a quem não amava, quando não criou formas de prevenção da gravidez, quando subiu alto num telhado de difícil e perigoso acesso, quando é espinhada por rosas e, apenas finalizando esse processo, quando aceita fazer do seu corpo o lugar-depósito de transporte de cocaína.

O corpo vai se colocar, nesses casos, não apenas como superfície de inscrição social dos sujeitos, como esfera de representação de si, mas também como suporte, lugar de investimentos, de produção de um novo corpo. Maria, ao se demitir, anuncia em sua casa: "Eu me demiti, não gostava de como me tratam e eu não vou voltar". Maria é então identificada como "durona", e as amigas brindam sua coragem. Nesse momento emblemático, Maria parece dispor do seu corpo como matéria-prima para a mais ousada estratégia na busca de sua *individualidade*: tornar-se mula. Ela acaba desistindo de um corpo fadado às "fadigas e penas" do trabalho" (ARENDT, 1987), do corpo da fêmea destinado a procriar e a se resignar apenas a essa condição, ao corpo que passa a "ser" de um homem, na condição de esposa, para que não seja perdida a honra e a dignidade diante da coletividade. É nessa coragem de não pertencer que ela informa a Jean: "Estou grávida". Ele responde: "Quer que nos casemos?". Ele não fala de um querer, de uma manifestação de desejo que transita por seu próprio corpo. Sendo assim, Maria sentencia: "Quer casar com quem não ama? Com quem não o ama?". Ela experimenta o máximo de sua impotência, dos limites interpostos a condição de ser jovem, mulher, em um lugar que limita e estreita suas possibilidades de expansão e de alternativas de vida. "E é dessa impotência que ele (a) agora extrai certa potência superior, liberada da forma, do ato, do agente, até mesmo da postura, deixando entrever no corpo uma força de resistir face ao sofrimento" (PELBART, 2003, p. 73).

Maria, após experimentar o sentimento de nada ter, de a nada pertencer, tendo em vista que é pressionada pela própria família para assumir a função de provedora, "abre" mão do seu corpo "individual", limitado às funções orgânicas, e produz um super-corpo capaz de carregar vida e morte. Muito se fala, atualmente, na produção de corpos pós-orgânicos (SIBILIA, 2002, p. 19) "como sistemas de processamento de dados, códigos, perfis cifrados, feixes de informação". Quando Maria decide fazer de si um lugar de depósito para transporte de drogas, ela põe em cena um corpo ainda constituído na sua materialidade mais carnal, menos virtual, como invólucro físico. Por outro lado, quando ela amplia sua função, quando seus intestinos atuam como mula, ela altera o funcionamento do organismo e arrisca um *novo corpo*.

Um *novo corpo* implica um deslocamento. É preciso um corpo com potencial de movimento para além das fronteiras convencionais, delimitadas pelo espaço restrito da vila próxima a Bogotá. Maria sabe que precisa de coragem para percorrer velocidades, transpor divisas e fronteiras entre países. Ela tem muito pouco a perder, agora resta apenas ele: o próprio corpo. E é através de um corpo-mula que Maria dá passagem a outro plano da vida.

Corpo-mula

O encontro de Maria com o traficante é marcado pela avaliação do seu corpo e das suas condições de saúde. A pergunta feita é: "Tem diarreia, gastrite, é capaz de engolir bem?". Obviamente, Maria esconde sua gravidez. Estão em jogo sete ou oito milhões de pesos, quantia capaz de reverter toda a vida de Maria e de sua família. Maria diz sim. Nesse ínterim, Maria encontra Lucy e indaga: "É difícil?". Lucy responde: "Não é fácil, mas também não é difícil".

De início foi quase impossível para Maria engolir tantos papelotes. O corpo se contorce e após de algumas tentativas, Maria abre a boca e consegue engolir quase cinquenta deles. Já no avião de destino Bogotá-New York; Maria encontra várias mulas. Entre elas, Blanca, Lucy, ela própria e uma desconhecida. É nesse momento, de forma mais marcante, que somos todos levados, como num documentário, a presenciar um fenômeno frequente e invisível que parece se entremear e se esmaecer nas tramas costumeiras do cotidiano.

A revista *ISTOÉ*, de 19 de abril de 2006, traz uma inquietante matéria intitulada "Vida Mula":

> Elas bem que poderiam ser modelos, mas rumaram por outro caminho. Acaba de ultrapassar a marca de dez mil o contingente de mulheres presas no Brasil por tráfico de drogas. Quase 80% delas guardam o mesmo perfil: jovens, bonitas e de classe média. A estatística faz parte de um levantamento conjunto da Polícia Federal, Departamento de Narcóticos de São Paulo e Ministério das Relações Exteriores ao qual ISTOÉ teve acesso com exclusividade. Muitas dessas mulheres, para carregarem a droga, aceitam fazer incisões cirúrgicas no próprio corpo, escondendo sob a pele mercadorias ilegais como cocaína e ecstasy. Pelo serviço, de acordo com a quantidade transportada, recebem entre US$ 1 mil e US$ 15 mil.

Quando as mulas se encontram no avião, Joshua provoca no espectador a sensação de que está diante de uma cena "real". É como se a câmera proporcionasse a cada um que se posiciona diante da película a percepção de que compactua com o horror, tão frequente, da agressão e possibilidade de morte e prisão de tantas jovens no mundo todo. Lucy começa a passar mal, tem suores e tonturas repentinas. De repente, olhamos tantas meninas que ainda têm uma imagem turva de seus corpos, uma imagem borrada, por serem tão jovens, tão indefesas e impotentes ao carregarem dentro de si uma mercadoria criminosa. Um estudo realizado por Paiva Forte[2] (2007) adverte:

> [...] o mais infame da Lei de Drogas, o art. 33, estabelece pena de reclusão de cinco a quinze anos e pagamento de 500 a 1.500 dias-multa para quem "importar, exportar, remeter, preparar, produzir, fabricar, adquirir, expor à venda, oferecer, ter em depósito, transportar, trazer consigo, guardar, prescre-

---

[2] *Revista Estudos Avançados*, Dossiê do Crime Organizado, São Paulo.

ver, ministrar, entregar a consumo ou fornecer drogas, ainda que gratuitamente, sem autorização ou em desacordo com determinação legal ou regulamentar", pena essa que poderá ser aumentada de um sexto a dois terços (art. 40) se a natureza, a procedência da substância ou do produto apreendido e as circunstâncias do fato evidenciarem a transnacionalidade do delito. Quem assistiu ao filme *Maria Cheia de Graça* sabe que as pobres mulheres jovens da Colômbia, para não dizer da América Latina, transportam a droga nos intestinos e órgãos genitais, com duplo risco: o de morrer e o de serem presas e pagarem por um crime que, em princípio, é da classe média e burguesa, ambas consumistas e consumidoras de drogas. E não venham dizer que pobre consome cocaína: o ouro da mina do tráfico. O que os pobres consomem desgraçadamente – e neste ponto sou a favor de uma máxima restrição – é a borra da cocaína, o crack, outra das mazelas criadas pela repressão ao tráfico de drogas.

As mulas são assim denominadas por situaram-se em um interstício: nem são traficantes, no sentido corriqueiro do tráfico, e, no geral, muito menos usuárias, são apenas transportadoras de drogas através de seus corpos. Por isso, ao perceber o embaraço de Lucy, ao entender o risco que passavam ao descer no aeroporto, ao ser quase presa e, inusitadamente, ao ser salva pelo fato de estar grávida, Maria parece se dar conta do grave perigo que ronda e atravessa tal atividade. De outro modo, agora é tarde demais. Alojadas num quarto pequeno, acompanhadas por homens que parecem tomá-las como criaturas inexistentes, tendo em vista o fato de apenas esperarem que elas possam expelir toda a droga armazenada em seus corpos, eles a tratam exatamente como mulas. Não interessa o sofrimento, o nojo, o medo que as atravessa diante do desconhecido. O estado de saúde de Lucy se agrava, mas nada disso importa. Ali existe apenas uma caixa de armazenamento, o corpo ficou para trás. É assim que o corpo de Lucy é aberto, da forma mais selvagem, sem nenhuma mediação da tecnologia médica, para que seja retirado da mula aquilo que interessa: a droga.

O que fazer? Com os papelotes fora dos corpos, Maria e Blanca fogem. Buscam encontrar a irmã de Lucy. Quando encontra uma mulher grávida, como ela, uma casa, um conchego, Maria volta a sua condição primeira: uma jovem, atônita e desesperada, de apenas dezessete anos. Nada pode ser dito, a linguagem se enrola, não existem palavras capazes de dar um significado a uma morte sem sentido, a um corpo sacrificado em nome das mercadorias que carrega. Maria não consegue falar, e, na convivência com a irmã de Lucy, a vida volta a pulsar em silêncio. Quando ela mais se sente perdida, sem imaginar a atitude que irá tomar diante de uma morte não compartilhada, ela antevê o que ainda permanece em seu corpo: um embrião de vida. E decide saber se essa vida realmente permanece diante da morte que experimentou.

O coração bate cheio de graça: a opção pela vida

Maria é descoberta por ocultar, durante tanto tempo, a morte de Lucy para sua irmã, que lhe deu abrigo em New York e acreditou em suas palavras. Isso provoca uma grande decepção e desespero na irmã de Lucy. Ao ser posta para fora com Blanca, terminam as duas resolvendo entregar a droga aos interceptadores. Maria os enfrenta e, com muita coragem, indaga sobre o pagamento de Lucy. O desejo dela agora é recompensar algo perdido. Ao receberem a parte devida, Maria toma a decisão de custear todas as despesas do velório e enterro de Lucy e entrega uma soma em dinheiro a um amigo da família. Anda sem destino, não sabe que atitude tomar daí por diante. Senta-se em um banco de praça e avista uma clínica obstétrica que anuncia uma promoção de pré-natal. Maria adentra a clínica e pede uma consulta apara aquele dia, àquela hora. Fala que não tem tempo, reitera a sua urgência. Pela primeira vez, ela parece perceber, de forma nítida, que gera uma vida. Teme saber que outra morte pode ter sido provocada por causa do ato de se prestar a ser mula. Ela precisa acreditar que a vida subsiste. Deita-se na cama de exame obstétrico e aguarda a confirmação. De repente, o barulho de um coração acelerado invadiu o silêncio que parecia povoar a vida de Maria. Deve-se dizer, durante todo o filme, de suas palavras poucas, de um refluxo da fala e do seu esforço quase mínimo de comunicação. Quando projetamos esse filme para meninas abrigadas na FUNCI,[3] um espaço de acolhimento especializado em exploração sexual de crianças e adolescentes e tráfico, ouvimos de muitas delas a identificação de uma tristeza (muda) em Maria entremeada a uma sensação de coragem. Uma menina de 13 anos (traficada) afirma: "Eu sei porque ela é tão triste, porque nunca conseguiu escolher fazer o que queria, fez sempre o que precisava". Ela diz reconhecer "a cara

---

[3] Fundação da Criança e da Família Cidadã da Prefeitura Municipal de Fortaleza.

de pessoas que muito cedo são levadas a fazer coisas que doem muito, fazem sofrer e ficam muito sem acreditar em nada".

Quando Maria ouve o "som do coração" de seu filho(a), é banhada por um brilho de determinação; pela primeira vez, solta um riso de alegria compatível com seus apenas dezessete anos. O fato de gerar o filho lhe remete a outra condição. Desse modo, a gravidez na adolescência não se traduz apenas como problema ou desvio.

> A valorização da maternidade tem, assim, na sua base, mais uma vez, os significados que envolvem as relações de gênero: a fertilidade permite à jovem reforçar a sua identidade como mulher, em grande medida porque a maternidade permite a passagem ao estatuto de adulta. Assim, mesmo não tendo feito dos seus projectos de vidas próximos, um filho permite à adolescente valorizar seu estatuto social. (VILAR; GASPAR, 2000, p. 89)

Maria, quando percebe que ainda gera uma criança, que a vida se sobrepôs ao risco da aventura, inclusive do sacrifício do próprio corpo, assume outra postura, de quem tem como missão a escolha de um destino, de uma tomada de posição diante da vida. Uma decisão de mulher adulta. Maria parece trespassar uma névoa que encobre uma visão mais nítida de sua condição de vida, e assume um *novo corpo*. Quase dopada, sem conexão de sentido com a dor e o prazer, Maria parecia ter assumido, na condição de mula, um "Adeus ao Corpo".[4] Com a invasão do som de um coração de um pequeno feto, de um filho, a vida parece ser retomada por novos fluxos, por novos dispositivos do poder de gerir a vida. Maria parece sair de um transe ocasionado pela dura condição de exploração como provedora da família, do trabalho forçado e exaustivo, da condição de mula e, finalmente, retoma o lugar do seu corpo. José Gil (1997, p. 24) nos fala do transe nos seguintes termos:

> [...] no transe joga-se uma cena dupla: a da descodificação de um corpo "usado", "doente"; e a do renascer de um corpo novo, são, curado. A primeira, negativa, corresponde ao desbloqueamento do sentido, necessário à recodificação que se prepara: desbloqueamento obtido pela confusão levada ao extremo, dos códigos e línguas que tinham por emblema o corpo.

---

[4] Livro de David Lê Breton, Campinas, 2003

Maria consegue fazer o percurso Bogotá-New York e estar grávida de duas possibilidades: de um corpo mula, doente, usado, pactuado com a morte (tal qual sucedeu a Lucy) e de um corpo *prenhe*, que carrega e gera a possibilidade da vida. Maria se move trêmula, evitando colidir morte e vida, evita deslizar uma na outra, até que a escolha por um *novo* corpo seja assumida como linguagem: um exame ginecológico para *cuidar* e *acompanhar* a vida.

Ao encerrar o exame, Maria recebe um pequeno calendário contendo a data do próximo exame pré-natal e indicando a periodicidade dos demais. Na cena seguinte, Blanca e Maria se encontram no aeroporto. Um corte. Uma outra cena se superpõe na minha visão de espectadora. Evoco a história de Macabéa, escrita por Clarice Lispector e também transformada em filme. Duas personagens que transpõem os limites dos seus pequenos lugarejos e se veem lançadas, de forma abrupta, no turbilhão das grandes cidades. Nas duas, habita uma perplexidade e um susto cravado no *peito*. Maria parece ter feito do seu corpo um escudo e o revestiu com uma máscara de indiferença e distância de tudo. Macabéa lançou-se nua e encantada, banhada apenas por uma pureza desconcertante. Assim diz escreve Clarice Lispector (1984, p. 93): "Macabéa, Ave Maria, cheia de graça, terra serena, terra do perdão, tem que chegar o tempo, *ora pro nóbis* e eu me uso como forma de conhecimento. Eu te conheço até o osso por intermédio de uma encantação que vem de mim para ti".

Maria, invadida pela graça de gerar a vida, decide no aeroporto, ao olhar para data da próxima consulta pré-natal, ficar e apostar na nova vida em New York. A irmã de Lucy, também grávida, havia lhe dito que era esse o seu desejo, permanecer nos Estados Unidos, por acreditar que ali seu filho teria bem mais oportunidade que nos vilarejos de bolsões de pobreza que circundam Bogotá. Maria para. E, quando o filme está perto de se encerrar, ela informa: "Vá Blanca, eu fico". Como Clarice, eu me confirmo e digo: conhecemo-nos Maria. Tantas vezes deparei-me com a condição de pesquisadora, de gestora da construção de políticas de enfrentamento à violência e exploração sexual de crianças e adolescentes,[5] com Marias que pareciam ter cansado dos

---

[5] Desde 2005, atuo como Presidente da Fundação da Criança e da Família Cidadão, responsável pela promoção e atendimento de crianças e adolescentes cujos direitos foram violados: negligência familiar, rua, abuso e exploração sexual, trabalho infantil, dentre outros.

seus corpos. Como Clarice, Maria, eu a reconheço *até o osso* e escolhi esse filme por poder *falar por intermédio de uma encantação que vem de mim para ti*. Por isso, os leitores me perdoem por escritos cúmplices. Palavra "a flor da pele" que, segundo Serres (2001, p. 47) "desenvolve a sensibilidade [...] estremece, exprime, respira, escuta, vê, ama e deixa amar, recebe, recusa, eriça-se de horror, cobre-se de fissuras, rubores, feridas da alma". Seriam esses os escritos que exaltam Marias cheias de Graça, cheias de vida sob a espreita avizinhada da morte?

Referências

ARENDT, H. *A condição humana*. Rio de Janeiro: Forense, 1987.

BECKER, H. S. *Outsiders*. Pari:, Metalité, 1985.

DE PAIVA FORTE, F. A. Racionalidade e legitimidade da política de repressão ao tráfico de drogas: uma provocação necessária. *Dossiê do Crime Organizado, Estud. av.*, São Paulo, v. 21, n. 61, sept./dec. 2007.

DIÓGENES, G. *Cartografias da cultura e da violência*. São Paulo, Annablume, 2008.

LE BRETON, D. *Anthrpologie du corps et modernité*. Paris, 1990.

LE BRETON, D. *Adeus ao corpo*. Campinas: Papirus, 2003.

GIL, J. *Metamorfoses do corpo*. Lisboa: Relógio D´ água, 1997.

LISPECTOR, C. *A hora da estrela*. Rio de Janeiro: Nova Fronteira, 1984.

PELBART, P. P. *O corpo do informe*. In: GREINER, C.; AMORIM, C. Leituras do corpo. São Paulo: Annablume, 2003.

RODRIGUES, A. *Vida de mula*. Isto É, 19 abr. 2006.

SERRES, M. *Os cinco sentidos – filosofia dos corpos misturados*. Rio de Janeiro: Bertand Brasil, 2001.

SIBILIA, P. *O homem pós-orgânico – Corpo, subjetividade e tecnologias digitais*. Rio de Janeiro: Relume-Dumurá, 2002.

VILAR, D.; GASPAR, A. M. Traços redondos. In: *Traços e riscos de Vida*. Porto: Âmbar, 2000.

"Eu sou todos eles":
decolagem, trocas e ausências em
Albergue espanhol

Carlos André Teixeira Gomes
Inês Assunção de Castro Teixeira
Karla Cunha Pádua

O senhor é tão jovem, tem diante de si todo começo.
RAINER M. RILKE

Começar uma nova etapa da vida em Barcelona. Ser estrangeiro – ainda que um europeu dentro da Europa. Conhecer outros jovens e lugares. Habitar ruas desconhecidas, percorrer novos e velhos mundos, outras temporalidades. Defrontar-se consigo mesmo no outro. Se descobrir e se conhecer experimentando a diferença. Diferentes modos de ser, pensar, falar. Expressar-se em linguagens outras: do corpo, da convivência, do gesto, do sexo, da carta. Fase conturbada: mudanças, escolhas. Iniciar-se no mundo do trabalho. A estabilidade como economista/burocrata ou o sonho de se tornar escritor. Na escrita, grafar o sentimento, a experiência, as lembranças, o pensamento feitos palavra. Reinventar culturas e experiências juvenis. Outras narrativas.

E assim estando, e assim vivendo, *compartir un piso*, compartilhar um apartamento, um certo albergue espanhol. Algo bem diverso da forma como outros jovens da Espanha dividem suas habitações, espaços e moradias como os territórios dos *Okupa*[1]: parte da Barcelona

---

[1] O *Movimiento Okupa* faz uso de espaços de edifícios, lugares abandonados ou subutilizados com objetivo de torná-los local de moradia, reunião e manifestações culturais ou mesmo terras para cultivo. Trata-se de um movimento organizado, formado, sobretudo,

rebelde, da rota dos anarquistas, nem sempre alcançada pelo turista ou por outros jovens. A condição social de Xavier e a de seus companheiros[2] e visitas de albergue levam-nos para outras direções e universos juvenis. Contrariamente aos jovens *Okupa*, o grupo de universitários do albergue pertence a um segmento da juventude que tem mais ampliada sua possibilidade de fazer escolhas, ter projetos, que obtêm bolsas de estudos, que pode romper fronteiras espaciais, que têm direitos garantidos. Não raro, privilégios relativos à sua condição de classe e de europeus brancos.

No albergue, os bolsistas do *Programa Erasmus*[3] passam um período de suas vidas e trajetórias universitárias. No caso de Xavier, sua decolagem, tal como evocado nas primeiras sequências do filme: em uma

---

por jovens que, diante das dificuldades econômicas para tornar efetiva a função social da propriedade e o direito à moradia, se instalam em áreas da cidade. Segundo estimativas do jornal *El País*, edição de 4 de agosto de 2008, Barcelona é a capital espanhola do movimento *Okupa*, que começou a ganhar força no início dos anos oitenta do século passado. Com cerca de 300 imóveis ocupados em sua região metropolitana, a capital da Catalunha é, juntamente com Milão e Amsterdam, a cidade europeia onde o movimento é mais forte, atuante e organizado. Mesmo com todo o recente endurecimento da repressão policial, assim que são expulsos de uma área ocupada, uma nova ocupação acontece. É uma resposta da juventude à concentração de riquezas, à especulação imobiliária e à falta de moradia acessível. Para se entender e conhecer o movimento e quem são os *Okupa*, ver o livro de Miguel Martinez López indicado nas referências bibliográficas.

[2] Aqueles que *comparten pisos*, que dividem apartamentos em Barcelona, se referem àqueles que moram juntos como *compañeros de piso* ou simplesmente *compa*. A utilização desta palavra parece indicar que, mais que repartir um mesmo teto, os moradores destes espaços compartilham vivências, experiências e afetos. Os companheiros velam uns pelos outros, acompanhando e compartilhando suas atividades, aventuras e destinos.

[3] Trata-se de um programa de cooperação e mobilidade de estudantes e docentes do Ensino Superior, firmado entre universidades dos estados membros da União Europeia e países associados. Criado em 1987, o programa concede bolsas de estudo no Ensino Superior para aqueles cidadãos comunitários que pretendem estudar em outro país da UE. Além de fomentar a mobilidade dentro do bloco, o *Erasmus* busca também o total reconhecimento acadêmico dos currículos, certificados e qualificações de todos os países membros. Em janeiro de 2004, entrou em vigor o *Erasmus Mundus*, segmento do programa *Erasmus* que extrapola os limites do bloco. O programa oferece bolsas de estudo para cursos de mestrado em instituições de Ensino Superior da Europa, financiadas pela União Europeia, a estudantes extracomunitários de centros acadêmicos associados de vários países do mundo. Por sua vez, o *Erasmus Mundus* visa a contribuir não só com a divulgação da educação superior da Europa em outros países, como também promove sua divulgação e um maior intercâmbio entre eles. O nome "Erasmus" é uma homenagem a Desiderius Erasmus ou, simplesmente, Erasmus de Roterdã. Escritor e viajante holandês do século XVI, apaixonado por conhecer novas culturas, Erasmus ignorava os limites e fronteiras territoriais, indo estudar e lecionar em diversos países.

tomada panorâmica, um avião decola da pista de um aeroporto. O rio Sena, Paris, o conforto da casa da mãe, a própria mãe, a namorada, a infância e o início da juventude vão ficando para trás conforme o avião vai se distanciando da pista, do lugar de onde decola. Xavier é lançado a outros voos. Outros mundos que se misturam às suas dúvidas e inquietações de um jovem à procura de si. Parece, enfim, começar a pilotar a própria vida. Entre o projeto do pai – deveria ser um economista, um executivo bem sucedido – e as recomendações da mãe – uma *hippie*, na concepção do filho – o jovem vive seus conflitos, transitando e tensionado entre o que alguns imaginaram para ele e seu acalentado sonho de infância: ser escritor. Algo semelhante ao que experimenta o menino da canção de Alberto Cortez, "Yo quiero ser bombero":

> *El padre asegura será un ingeniero,*
> *la madre pretende que sea doctor.*
> *Las tías quisieran que fuera banquero*
> *un hombre de mundo, un gran seductor.*
>
> *Desde su galaxia el niño no sabe*
> *que cuando sea grande tendrá que ceder*
> *pero mientras tanto, él tiene la llave*
> *del eterno sueño de ser o no ser.*
>
> *Bombero, bombero, yo quiero ser bombero*
> *Bombero, bombero, porque es mi voluntad*
> *Bombero, bombero, yo quiero ser bombero*
> *que nadie se meta con mi identidad.*

Na montagem e narrativa fílmica, Xavier é, a um só tempo, o personagem principal do enredo e quem escreve o livro sobre sua vida em Barcelona, sobre sua experiência no albergue espanhol. Assim sendo, ao longo do filme, ouve-se sua voz em *off,* dizendo trechos do que escreve/escreveu, do que sente e vivencia. É como se o espectador fosse transportado para a cabeça de Xavier, dividindo com o personagem seus sentimentos, angústias, sensações e delírios.

No albergue, um ponto de aterrissagem, Xavier vivencia o que sua juventude lhe faculta: um novo começo, nas palavras de Rilke, ou *tu propio futuro lo puedes cambiar,* verso da música tema do filme. Ali, irá viver por um ano junto de outros jovens, uma inglesa e depois seu irmão, uma espanhola, um italiano, um alemão, um dinamarquês e uma belga. Um apartamento compartilhado, que poderia ser uma república de estudantes em Belo Horizonte, em Ouro Preto, no Rio de Janeiro, em Salvador, onde seja. E ali se encontra e se confronta com novos personagens, cenários, horizontes e possibilidades, tendo como cenário e território de fundo Barcelona. Cidade de clima tão jovem e multiplicidade tão grande quanto a do albergue que abriga.

Esta bela metrópole europeia é também personagem no filme de Cédric Klapisch. É cenário e atriz: Em *Albergue espanhol*, a cidade se mostra e se esconde, se (re)vela em pequenas grandes tomadas cinematográficas que evocam sua multiplicidade, beleza e exuberância. Ali se apresenta ela, *guapa ciudad,* em seu jeito Barcelona de ser. Em suas muitas cidades dentro da cidade, lembrando Italo Calvino (1990),[4] protagoniza as cenas, é o cenário, nas imagens da tela em que podemos apreciar a Barcelona contida e incontida nos limites do Parque Güell, na perspectiva arquitetônica do inacabado projeto da Sagrada Família, da imaginação de Dalí, Picasso ou Miró. Na tela também estão suas ruelas e becos de luz e sombra, nas múltiplas temporalidades de uma cidade modernista, com suas amplas praças, avenidas, *ramblas*, na Barcelona dos eventos, do *design*, da moda ao lado da rebeldia nas *rutas* dos anarquistas e de outras presenças mais da cidade rebelde. Na tela estão, em pequenos fragmentos, as surpresas, os arrebatamentos e os encantamentos que Barcelona nos faz viver, servindo de cenário e personagem ao argumento do filme, na história de Xavier. Segundo o próprio diretor, Cédric Klapisch, Barcelona não só serviu de cenário para sua trama como também influenciou e participou da elaboração do roteiro do filme.

Ali está a Barcelona dos pisos compartidos onde se encontram, vivem e se conhecem Xavieres e outros tantos jovens, de uma Europa que procura erigir-se como comunidade, uma das razões pelas quais facilita o trânsito e o intercâmbio entre seus jovens universitários através das bolsas do Programa *Erasmus*. Ali, Xavier e seus companheiros

---

[4] Três ideias, entre outras, chamam a atenção nessa obra de Calvino e nos fazem lembrar de Barcelona: as surpresas que uma cidade pode conter, porque comporta outras cidades dentro de seus muros; a cidade como um complexo constituído de tensões entre os emaranhados das existências humanas e a racionalidade geométrica e, ainda, a ideia de que "de uma cidade, não aproveitamos as suas sete ou setenta e sete maravilhas, mas a reposta que dá às nossas perguntas".

de albergue, fora dos olhares e do alcance de seus pais e outros que sejam, fora de seus países de origem e matrizes mais próximas, inventam mundos juvenis. E assim estando, num certo albergue espanhol, são outros os vínculos, os laços, os conflitos, as trocas, os afetos. São outros os espantos, as surpresas, as experiências, assim como são diversas as diferenças.

Cenas, imagens, sequências e planos de uma decolagem

> *Não é uma história de avião.*
> *Não é uma decolagem de avião.*
> *Bem, sim, é uma história de decolagem.*
> Xavier, ao contar como foi parar em Barcelona.

No filme, o modo como a história é contada e outros recursos utilizados na edição da película permitem a participação do expectador nos sentimentos, angústias, alegrias e experiências vividas por Xavier ao longo da trama. O realce e destaque de cores vivas, sobretudo em Barcelona, ajuda a nos ambientar no clima jovem, alegre e múltiplo dessa cidade. Sobretudo, saindo dos tons de cinza de Paris.

Destacam-se, ainda, alguns recursos de metalinguagem, como a utilização de uma pesquisa na internet, cenas do canal de televisão *Bloomberg*, especializado em economia e mercado financeiro, ou mesmo a utilização de múltiplas telas, juntos de outros efeitos gráficos que nos remetem ao televisivo ou até ao estilo publicitário. Juntas, essas linguagens criam para o filme, associadas ao enredo e à temática, uma estética jovem, dinâmica, moderna, bem adequada ao que se pretende narrar.

Contribui também para dar maior dinâmica ao filme o fato de este ter sido rodado em câmera digital de alta resolução. Tal equipamento, além de possibilitar maior mobilidade ao processo de filmagem e aproximar o diretor dos atores, permite maior liberdade e flexibilidade. Liberdade de movimento, de edição e na criação de efeitos diversos. Flexibilidade para que Cédric Klapisch brinque com o tempo, o ritmo e o próprio espaço durante a narrativa. Possibilitou também que o roteiro fosse pensado e escrito e, principalmente, que o filme fosse produzido, rodado e editado em apenas quatro meses. Aventura comparada pelo próprio diretor àquela que viveu seu personagem em Barcelona.

O longa, por mais que se trate de uma ficção e que, por vezes, a narrativa beire o surreal, como nos delírios de Xavier, possui também algo de documental. Além da estética naturalista de algumas sequências, reforçada pela utilização de luz natural, parte dos episódios do roteiro foram inspirados em casos vividos por estudantes participantes do Programa *Erasmus*, moradores de outros albergues. E o que inspirou a criação do longa foi, como fez o personagem Willian, uma visita que o diretor fez ao apartamento no qual sua irmã morou em Barcelona, com outros cinco jovens estudantes de diferentes países da Europa.

Enfim, a utilização de variados recursos e estilos, diversos atores com suas identidades e nacionalidades, locações em Paris e Barcelona, com suas múltiplas cidades, uma trilha sonora que vai de Chopin ao flamenco, passando por Radiohead, Daft Punk e Afropop, costurou uma película que o diretor associa a uma colcha de retalhos.

Ao som da música tema do filme, *L'auberge espagnole*, em ritmo de salsa, cantada em espanhol, o protagonista nu, diante do computador escreve a história que será por ele contada. O título original em francês é *L'auberge espagnole*,[5] denominação usada por Xavier para referir-se ao apartamento no qual morava em uma mensagem escrita para a namorada. Com cortes de câmera bem rápidos e utilizando efeitos gráficos sobrepostos às cenas filmadas, o filme começa como uma salsa, até chegar ao plano do avião decolando. A imagem de um avião decolando da pista de um aeroporto abre-se em toda tela em tomada panorâmica.

Assim, o Cédric Klapisch procura nos colocar na história de Xavier, contada pela narração *in off* do próprio protagonista da trama. A imagem do avião é pausada e depois volta no tempo de forma que o avião retorna ao chão para que saibamos como é que começou realmente a história desta decolagem.

Rapaz de seus 25 anos, Xavier começa a descrever o que se passou até que ele entrasse naquele avião que decolava. Ele estava indo complementar seus estudos de Economia em Barcelona, como bolsista de mestrado do Programa *Erasmus*, assim como o fazem

---

[5] O filme recebeu em inglês o título *Euro Pudding* (pudim europeu). Nos EUA, o denominação utilizada foi *The spanish apartament*, enquanto que, na Espanha, o nome mudou para *Casa de locos*. Talvez tenha sido na Argentina que o longa recebeu o nome mais apropriado, sendo chamado de *Piso compartido*.

68

inúmeros jovens da União Europeia. Barcelona é, seguramente, um dos principais destinos destes estudantes, atraindo universitários dos diversos países do bloco e não só deles.

Mas decisão pelo intercâmbio não foi tomada sem alguma dúvida. Uma panorâmica sobre o rio Sena aterrissa no Ministério das Finanças da França, Prédio F, sala 6024. Tendo que passar por três recepcionistas, repetindo a mesma coisa com cada uma delas, reforça a crítica que o diretor procura fazer à burocracia e ao tamanho da máquina estatal francesa. Além disso, os recursos de câmera utilizados por Cédric Klapisch nos conduzem, juntamente com Xavier, por inúmeros corredores intermináveis e labirínticos. Nesse caminhar com o protagonista, o diretor usa como recurso a apresentação de poucos *frames* por segundo, criando uma aparência estética semelhante a desenhos animados, reforçada pela sonoplastia e efeitos sonoros utilizados. E o destaque para a burocracia vai se repetir mais uma vez no processo de inscrição para participar do Programa *Erasmus*, quando Xavier nos diz: "só para me cadastrar levei três meses".

Assim que decide estudar na Espanha, começa a busca de Xavier por uma bolsa de estudos no Programa *Erasmus*: "uma bagunça incrível". O diretor divide a tela em seis quadros com cenas distintas, o que nos dá rapidamente a sensação de quantos são os lugares e passos que o personagem teve de seguir. Mais uma vez, Xavier aparece andando por corredores intermináveis de repartições públicas. Ouve-se diversos ruídos, sons de lugares cheios de pessoas falando ao mesmo tempo. O diretor usa novamente as cenas com um menor número de *frames* por segundo.

Vários episódios ilustram a longa burocracia enfrentada nesse processo de fazer o cadastro, de atender uma lista enorme de exigências e preencher formulários. Todos aqueles que já passaram por situações semelhantes se identificam com as dificuldades de Xavier. Sabem como essa fase é cheia de dificuldades, exigindo uma enorme persistência dos interessados. O diretor divide a tela novamente em seis quadros com cenas distintas. Xavier, indo de sala em sala, em cada uma é levado a se dirigir a uma outra, às vezes àquela da qual acabara de sair. Imagem e sons dos diálogos em maior velocidade. Mais uma vez ouvem-se diversos ruídos, sons de lugares cheios de pessoas.

Até que possamos escutar normalmente um diálogo entre uma atendente, em sua sala cheia de papéis e caixas empilhadas, e Xavier. A mulher se queixa das solicitações do protagonista, diz que ele vai enchê-la de trabalho. Xavier afirma que perderam seu formulário e que é por isso que esse documento não está com ele. Então, a funcionária enumera a lista de formulários, requerimentos, cartas, autorizações, projetos, dossiês e fichas que o estudante terá que providenciar para participar do programa. O diretor vai cobrindo a tela, que mostra o rosto de Xavier em *close* com cada um destes documentos, de forma que o personagem vai sendo sufocado por essas exigências.

A ideia de tentar o intercâmbio surge no encontro de Xavier com um amigo de seu pai, do tempo da faculdade, Sr. Jean Charles Perrin. O jovem estava em busca de orientações profissionais e pensando na possibilidade de um emprego estável na área de economia e finanças. Na verdade, é o Sr. Perrin que aconselha Xavier a estudar na Espanha e buscar conhecer profundamente o mercado daquele país, pois, em tempos de mercado comum, um profissional com tal especialização teria grandes possibilidades de emprego. Tal encontro se dá dentro da sala do Sr. Perrin, prosseguindo em um restaurante. Nesses dois ambientes, alguns signos semióticos podem ser destacados.

Além da bela vista de Paris, o conselheiro mostra para Xavier um quadro que afirma ser de "um jovem promissor", qualificação que poderíamos aferir ao protagonista do filme: um promissor economista do Ministério das Finanças da França, especializado em mercado espanhol.

O outro cenário da decisiva conversa entre Xavier e o Sr. Perrin ocorre durante almoço em um elegante restaurante, também com vista para o rio Sena. São dois franceses, tomando *whisky* escocês e conversando sobre a Espanha. De certa forma, inicia-se aqui uma das temáticas discutidas ao longo do filme. O contexto globalizado e o intercâmbio cultural que vivemos no mundo contemporâneo e que é ainda mais forte e presente no contexto europeu.

Este contexto contemporâneo de globalização e internacionalização, associado à enorme burocracia existente, são para Xavier uma grande confusão. Enquanto são apresentadas imagens de enormes autopistas e viadutos se cruzando e se dividindo em outras vias, cheias de carros indo para as mais diversas direções, ouve-se Xavier em *off* queixando-se da complexidade do mundo moderno. "Não sei por que o mundo se tornou essa complicação. Tudo é complicado, difícil, confuso". Com tantas possibilidades, caminhos e direções, fazer escolhas torna-se, na perspectiva do personagem, algo muito difícil.

A ideia do futuro como algo complexo e complicado confronta-se diretamente com a imagem que Xavier demonstra possuir acerca do passado: "no passado tudo era mais simples". No passado, haveria uma relação direta entre as coisas. O mesmo não pode ser dito para o futuro.

Ao falar do passado, o diretor utiliza o protagonista lendo um livro infantil: *Martine à la ferme*. Foi nessa fábula que a mãe de sua namorada se inspirou para dar nome à filha: Martine. É como se dissesse que não só a modernidade torna as coisas mais complexas, que o mundo dos adultos, de um jovem adulto, é muito mais complicado que o das crianças. Contrata-se, assim, não só o passado e o presente, moderno e o antigo, o urbano e o rural, a cidade e a fazenda, como também a infância e a juventude (o início da idade adulta). "O mundo de Martine era mais simples [menos angustiante]. Eu me pergunto, porque deixamos o mundo de Martine?" Por que deixamos de ser crianças? Por que complicamos o mundo?

Estas imagens e concepções a respeito do presente, do futuro e do passado, muito mais do que reflexões existenciais e filosóficas do Xavier, são usadas pelo diretor como metáfora para o momento vivido pelo nosso jovem personagem. Que caminho seguir, que rumo escolher nesse momento em que a vida parece nos colocar numa encruzilhada? São tantas as opções e possibilidades, são igualmente grandes as incertezas e angústias.

Ao buscar esses novos caminhos, Xavier vive enormes conflitos. Pode estar deixando para trás seus sonhos de criança. Decide partir para a aventura de estudar em Barcelona por um ano. Novos tempos abrem-se para o rapaz, com experiências e múltiplas vivências, aprendizagens e transformações em sua vida pessoal e profissional, seus trânsitos para a idade adulta. Ou, se lembrarmos Rilke, é aquele *todo começo* que Xavier tem diante de si, em sua juventude.

Mais adiante, são outras as dificuldades: as negociações da separação com as pessoas mais significativas do seu relacionamento, especialmente a namorada e a mãe. Com a primeira, a distância e a separação parecem ser bem mais sofridas. Mesmo sendo possível perceber que o relacionamento já está um pouco desgastado e em crise.

A separação da mãe foi diferente. Não que não tenha havido tristeza, expressa na forma fria como se despediram no aeroporto e em conversas anteriores. Se Xavier tinha muitas dúvidas nesse momento, uma decisão parecia clara para ele. Não sabia se queria ir ou para onde ir. Mas sabia que não queria mais ficar com sua mãe, que tinha que sair de casa, da casa dela. "Então decidi passar um ano na Espanha". Arrumando suas coisas para a viagem, em seu quarto, Xavier parece um pouco triste após lembrar que, quando criança pensava, em ser escritor. São mesmo difíceis estes momentos que precedem a partida. Apesar disso, ele diz: "Nós podemos mudar, não é?". Xavier decide enfrentar o novo desafio, mesmo com as insistentes perguntas da mãe na hora da partida: "Você quer mesmo ir? Você tem certeza disso?". A resposta surge da imagem na tela, com Xavier virando as costas em direção ao portão de embarque, mas não sem chorar muito.

Ele sabe, e sabem os que já viveram em terras alheias,[6] os estrangeiros, que é difícil se inserir em um mundo desconhecido. E, estando só, ainda mais. É mesmo um sentimento estranho, de estrangeiridade, de se ver e sentir como o outro. Inteiramente outro, dependendo da situação. O estranhamento de que falam os antropólogos. Há também um certo medo de mudar a vida, como se vê nos diálogos de Xavier e Anne Sophie, uma jovem francesa, recém-casada, que foi morar em Barcelona com o esposo médico.

Ainda no avião, como em usuais histórias de muitos de nós, inicia-se outra viagem: esse mundo novo e desconhecido começa a tomar forma. Não raro, nessa fase, o acaso vai nos trazendo situações novas, pessoas vão se apresentando em nossas vidas. Quem sabe, para fazerem parte do novo universo. No caso de Xavier, um casal que conhece no avião, pelo qual não sente qualquer simpatia, acaba por lhe abrigar, provisoriamente. Depois de sua tentativa de se hospedar na casa de uma chilena, por indicação de sua mãe, Xavier preferiu recorrer ao casal que acabara de conhecer, Sophie e seu esposo médico, do que

---

[6] O diretor do longa morou em Nova York enquanto estudava cinema, dividindo um apartamento com outros estudantes.

se meter "com as confusões da mãe". Ele afirma, para si mesmo, que nunca mais cairá nas furadas de sua mãe, em suas confusões.

O primeiro contato com a cidade de destino é também uma experiência inusitada. Em uma das sequências do dia da chegada, enquanto imagens de Barcelona compõem a cena e o enredo, ouve-se a voz de Xavier em *off*: "Quando se chega em uma cidade pela primeira vez, nada faz sentido, tudo é desconhecido, virgem". Adiante, esse sentimento, esse não pertencimento, irá suavizar-se. Na experiência do personagem, como na dos estrangeiros de um modo geral, cidades então desconhecidas se tornam familiares, compondo a vida e a memória dos que nelas vivem, do que nelas conhecemos, do que nelas deixamos. Também se alteram as perspectivas quanto às experiências nela vividas, misturando-se às dificuldades iniciais os afetos, as alegrias, as experiências vividas. Não raro, no retorno ao país, à cidade de origem e à casa de onde viemos, estes já não mais são os mesmos. E aquele estranho lugar, aquela distante cidade na qual fomos um dia estrangeiros reaparece na lembrança, intimamente incorporada naquilo que nós somos. A cidade, a lembrança e o lugar reverberam como saudade em muitas histórias e ocasiões, como naquela contada no livro escrito por Xavier.

Em sua busca por um lugar para morar, Xavier se depara com o albergue que dá título ao filme, no qual já residem cinco estudantes vindos de outras regiões: uma inglesa, um alemão, um italiano, uma espanhola e um dinamarquês. Ele se "candidata" para morar nesse albergue. Mas, a aceitação não se dá sem antes o interessado ser sabatinado. É significativa a cena do grupo entrevistando Xavier, submetendo-o a perguntas para verificarem se ele poderá conseguir o que pretende: compartilhar o apartamento, ser hóspede, tornar-se companheiro.

Os moradores da casa se colocam todos em uma ponta da mesa da sala do albergue e, na outra cabeceira, se coloca o candidato. Fazem uma série de perguntas para Xavier, buscando conhecer melhor aquele que poderá compartilhar não só o apartamento, como também uma parte de suas vidas. Mais uma vez, o diretor utiliza a câmera subjetiva, nos colocando nos olhos de Xavier. O personagem vê os rostos dos cinco moradores projetados para frente e enquadrados de forma a causar certo sufoco, fazendo com que se sinta pressionado. E, como se percebe na cena, é esta a intenção de alguns dos entrevistadores. Ver como o provável morador se sai em um momento de pressão. Uma vez aprovado na sabatina, Xavier irá viver essa nova experiência de uma vida compartida – porque, nesses territórios, não somente o espaço se compartilha, mas o vivido.

No interior do albergue: hospitalidade, *phylia*, aprendizados e trocas

> *La vida que tienes*
> *No hay otra solución*
> *Debes buscar en tu corazón*
> *Tú propio futuro lo puedes cambiar*
> *Tal vez llegó el momento*
> "L'auberge espagnole", música tema do filme

Conhecer o grupo e a casa aumenta o desejo de Xavier de com eles (con)viver. Ele parece sentir que lá estão seus iguais – outros jovens universitários europeus –, como também seus diferentes: jovens vindos de vários países, falando diversos idiomas, prontos para discussões, brigas, desentendimentos, desencontros, mas também para a amizade, companheirismo e cumplicidade.

O filme traz à cena uma forma particular e juvenil de se viver, de se habitar uma casa, presente nos percursos principalmente estudantis de jovens que deixam a casa dos pais por razões de estudo ou de trabalho, mais eventualmente. Eles e elas vão morar em albergues, melhor dizendo, os *pisos compartidos* espanhóis, sejam mistos ou exclusivos para homens ou para mulheres, um território de vida coletiva que se caracteriza pelo fato de neles viverem exclusivamente os jovens, sem os pais, sem parentes, sem a figura do adulto, na maioria das vezes. Trata-se de uma forma juvenil e autogestionária de se morar e governar a casa, já que os jovens cuidam e administram a vida doméstica, o orçamento e as despesas, dividindo entre si as tarefas e responsabilidades.

Como nos mostra o filme, na rotina desses jovens são vividas várias experiências, como o consumo das drogas, as conversas mais íntimas, as refeições coletivas e individuais, as cenas de estudo, a seleção do que contar ou silenciar em seus contatos telefônicos e internautas com os que deixaram em seus países. Algumas destas experiências extrapolam para outros territórios da cidade, como a Faculdade, os bares e, principalmente, as ruas, onde bebem, cantam, festejam sua vida com alegria e prazer. Um juvenil prazer de um tempo de devenir e possibilidades.

Paralelamente, o filme nos apresenta uma outra forma de morar de outros jovens, mais especificamente do casal que Xavier conheceu no avião. Nos períodos longos do filme dedicados ao romance de Xavier com Sophie, a jovem esposa que vive com ele uma experiência amorosa às escondidas, podemos observar a mesma jovem, em sua residência, se submetendo à sua condição de esposa dedicada ao lar e ao marido, servindo-lhe tal como determinado às mulheres nos marcos do patriarcalismo. As cenas no interior da casa são claras nesse sentido: é ela quem prepara as refeições para si, para seu marido e para Xavier e cuida da casa enquanto seu marido médico sai para o seu trabalho, conforme os marcos da obediência feminina e da divisão sexual do trabalho. Temos aqui duas experiências juvenis diversas de ser, de morar, de habitar uma casa, marcadas por mais ou menos liberdade, sobretudo no que se refere às mulheres. Embora Sophie se rebele de alguma forma quanto a isso, uma vez que se envolve afetiva e sexualmente com Xavier, ao final da película ela retoma, pelo menos naquele momento, seu lugar e papel de esposa e de dona de casa.

Já no dia a dia do albergue, é possível compartilhar e viver relações interculturais e interpessoais marcadas pela hospitalidade, pelos afetos e cumplicidades juvenis, que nos convida a pensar no que se pode reconhecer como *phylia*.[7]

Costurando as relações entre aqueles jovens vê-se algo de phylia, que segundo Matos (2006, p.157) reporta-nos "às condutas individuais e coletivas, no entrelaçamento dos homens, do cosmos e da cidade", tal como se observa em várias cenas e episódios vividos pelos moradores do albergue espanhol. Além de remeter-nos ao ethos, a phylia diz respeito a uma relação humana entre amigos, dos quais aceitamos

---

[7] Conforme Olgária Matos (2006, p. 149) "a phylia já se encontra na Ilíada com valor de charus, 'dileto amigo' e atravessa toda a história da Filosofia. Da Grécia arcaica até nós, a amizade é um valor de puro afeto, possibilidade do amor social e político, lei essencial e elementar da sociabilidade, do respeito recíproco em um mundo compartihado."

e concedemos algo que não dedicamos a ninguém mais. Trata-se de uma forma de convivência e sentimento "que diminui os efeitos dramáticos do 'mau encontro', dos infortúnios, pois nela a dor é vivida em comum e compartilhada", prossegue a autora. Traduz-se em um sentimento mágico, de pleno acolhimento, que tem força para superar as diferenças e honras de toda ordem, que neste caso não dividem os indivíduos. Na amizade, ao contrário, "o que é de cada um é de todos e todos agem para que cada um seja o que é e tenha o que tem por uma reciprocidade entre iguais" (Matos, 2006, p.157).

Retomando La Boétie, Olgaria destaca que a phylia imita a felicidade e a auto-suficiência do divino. Por isso, para aquele pensador, "a amizade é coisa sagrada e sacrossanta". Neste sentido, a autora salienta que La Boétie amplia os domínios da phylia, ultrapassando a própria polis ou lhe atribuindo um sentido inédito, entendendo que a política nos humaniza, enquanto pela amizade nós nos divinizamos.

Deste "valor de puro afeto", na expressão de Matos, algo se vê nas situações, gestualidade e condutas dos jovens do Albergue, a começar pela entrevista que os moradores da casa realizam com os que pretendem nela habitar. Tal como se fosse necessário observar se aquele ou aquela jovem pretendente, poderiam constituir-se num futuro amigo, ao lado de outras sequências, cenas e episódios do filme em que a cumplicidade, a espontaneidade, a dádiva e os afetos enlaçam o grupo, criando vínculos de amizade entre garotos e garotas de diferentes origens.

Ali, na mistura, que é encontro e desencontro, coloca-se em questão não somente o diferente mas também o si mesmo. Nos momentos de tranquilidade e conflito postos na tela, talvez possamos dizer que aqueles jovens vivenciam uma estrangeiridade do si mesmo (Larrosa, 2003). Nesse sentido, a experiência do albergue nos sugere pensar em identidades, subjetividades e suas transformações provocadas pelo encontro com as diferenças.

Identidades, diferenças e transformações

Em seu novo quarto, já instalado no albergue, Xavier começa a concretizar seu desejo de ser escritor, escrevendo a primeira de uma série de cartas para a namorada que inspirariam seu futuro livro, intitulado *Albergue espanhol*. Nelas, conta de seus sentimentos e sua vida em

Barcelona a Martine. Inspirado por aquilo que chama de "pudim espanhol", na experiência de compartilhar com pessoas tão diversas a casa, a geladeira, a cozinha e também sua intimidade, Xavier começa a escrever e a se abrir nas cartas como nunca havia feito. Sozinho em seu quarto, ele se depara com algo, também compartilhado com outros que passaram pelo intercâmbio ou pelo afastamento de seus lugares de origem: um autoconhecimento e uma maior reflexão a respeito de si próprio, a respeito da própria vida.

Se o albergue é, então, um território em que aqueles jovens compartilham um mesmo mundo e cultura juvenis, tanto como se confrontam com suas diferenças nacionais, essa mesma diferença etária e diferença cultural se coloca na faculdade. As aulas dadas em catalão por um dos professores provocam uma discussão intensa entre os estudantes, debate cujo centro são as identidades. Ao responder os questionamentos dos bolsistas do *Erasmus* que lhe manifestaram suas dificuldades de compreender o catalão, o docente afirma simplesmente que "Na Catalunha se fala o catalão". Esse episódio acaba por provocar entre os jovens um debate sobre as identidades, quando um deles afirma que "Não há uma única identidade válida". Há uma variedade delas e que elas eram compatíveis, tratando-se, pois, de uma questão de respeito. Na cena discutem entre si que a Espanha contém muitas Espanhas: não é somente o *"Olé!"*, nem só o flamengo, nem apenas as *ramblas* ou o espanhol, pois é também o Catalão e muito mais.

Essa discussão se completa com a de um estudante de origem africana, que verbaliza para os colegas que ele mesmo possui duas identidades: de Gâmbia e da Catalunha, nas quais não vê contradição, pois considera que é possível combiná-las. Tais reflexões se somam às de Xavier no final do filme, quando escreve que é possível existir várias identidades em um mesmo sujeito, o que não implica crises ou conflitos, pois é um fator de enriquecimento pessoal. O jovem estende essa afirmação para a Europa, onde é possível viver na diversidade, com diferenças compatíveis entre si. No caso, ele está se remetendo às diferenças entre os próprios europeus, o que vivencia no albergue, pois seria outra a questão se no albergue estivessem outros povos, religiões, continentes e culturas não tão próximas e aceitas pelos europeus.

No decorrer do filme, surgem várias outras situações que sugerem questões para esse debate das identidades. Uma delas surge com a chegada de mais uma moradora no albergue, Isabelle, amiga de Xavier, que mais tarde se declara lésbica. Estranheza e preconceitos se manifestam, mas, afinal, os jovens concordam no sentido de que "Isto não é da nossa conta", na expressão de um deles. Esse outro elemento de diferença complexifica e torna mais plural o grupo, amplia sua heterogeneidade, mediante a introdução de um novo componente de diversidade, agora a orientação sexual.

No contato com essa diversidade, Xavier vai se transformando, nas trocas de experiências com os diversos, nas trocas inscritas na diversidade, ao lado dos conflitos que já trazia consigo, em relação a quem pretende ser – um executivo, um economista ou um escritor. Xavier vai vivendo seus dias, seus tempos juvenis em Barcelona. A jovem lésbica, que o encanta, é sua nova companheira de quarto, e na amizade entre os dois eles se descobrem. Desenvolvem afeições e identidades comuns e descobrem que já se parecem muito, como nos gostos musicais, ao mesmo tempo em que veem suas diferenças como possibilidades de aprendizagens. Nessas trocas e aprendizados, se destaca a cena em que a garota lésbica ensina Xavier, tomando-o nos braços, como seduzir e conquistar uma mulher, por meio de estratégias que tanto para ela quanto para ele, quando aplicadas, podem ser bem-sucedidas. Como se veria adiante, as lições aprendidas com Isabelle lhe formam muito úteis, sobretudo nos encontros do jovem com Anne Sophie.

Um rapaz heterossexual aprende lições de sexo e afetividade com a colega homossexual. Tudo isso no filme de Cédric Klapisch nos faz concordar com o diálogo anterior dos estudantes ao dizerem que identidades diferentes podem ser compatíveis e que é possível combiná-las, o que traz aprendizagens e enriquecimentos.

Entretanto, a experiência da diversidade nem sempre é apresentada sem conflitos. Isso fica mais evidente em alguns episódios envolvendo o tema das identidades. Com a chegada de Willian, irmão de uma das moradoras do albergue, a inglesa Wendy, estas questões afloram. O garoto tem visões estereotipadas sobre as nacionalidades e, sem o desejar, acaba ofendendo as pessoas com seus estereótipos, preconceitos e generalizações, causando uma série de constrangimentos. Ele faz afirmações como "o povo espanhol parece ser muito orgulhoso", mesmo acabando de chegar ao país e tenta se comunicar com eles usando expressões como *"ole!"*, *"muchachos"*, *"caramba"*, como se fizessem parte de todos os diálogos entre espanhóis. O jovem rapaz também identifica os alemães como um povo obcecado pelo trabalho e pela organização, dizendo para outro morador do albergue: "é uma coisa alemã, não é? Os alemães estão sempre... todos têm que estar em ordem o tempo inteiro". E termina seu pensamento imitando a voz de Adolf Hitler dando ordens para que os trens não se atrasem.

Tais visões negativas sobre o outro apareceram também no comentário aparentemente inocente de Anne Sophie sobre a sujeira das esquinas de Barcelona, comparando-a ao terceiro mundo. Xavier retruca, acusando-a de racismo, argumentando que Paris também tem lugares tão sujos quanto aqueles, não sendo superior ou melhor que Barcelona. Vemos nesse diálogo que, mesmo dentro da Europa Ocidental, além de diferenças há também hierarquias e desigualdades entre os países, marcando as interações com preconceitos e conflitos entre sujeitos de nacionalidades diferentes.

Mas, viver em outro país exige uma abertura para o mundo do outro e a experiência de intercâmbio implica também conhecer e mergulhar em outra cultura, até mesmo para um europeu dentro da Europa. Assim, Xavier, após os dois meses iniciais, emerge em novas experiências, alargando sua sociabilidade, frequentando bares, fazendo novos amigos, aprendendo o idioma das ruas, aprendendo a dançar, iniciando um novo romance e saindo para noitadas com os colegas do albergue. A vida longe de casa, afinal, não é só estudo.[8] São todas essas experiências juntas que irão resultar em transformações pessoais, só sentidas realmente depois do retorno para casa.

Nessa altura da trama, o romance com a esposa do médico que o hospedou em sua casa na chegada a Barcelona vai se tornando arriscado. Enquanto isso, seu namoro com Martine já se encontra em profunda crise, até que a garota encerra o relacionamento por telefone.

---

[8] O filme, entretanto, não deixa de apresentar isso como um dilema para os estudantes, divididos, por vezes, entre estudar e se divertir.

Isso provocará uma grande tristeza em Xavier, passando também a fazer parte do seu processo de transformação. E de sua decolagem, com suas idas e vindas, altos e baixos, subidas, descidas e, não raro, turbulências. Nesse sentido, pode-se dizer que sua transformação se deu num processo.

O fim do namoro de Xavier é simbolicamente significativo daquele momento de fortes mudanças e transições, de passagem para uma nova vida. Era preciso romper com os principais elos que o ligavam ao passado. Romper com sua Paris, deixar a casa da mãe e diminuir sua importância nos acontecimentos de sua vida, romper com os sonhos de infância, com a namorada, até romper com as expectativas que o pai e outras pessoas teriam para sua carreira. Xavier decola. E, como toda decolagem, distancia-se cada vez mais do pondo de partida, na medida em que ganha altura, ou mesmo se aproxima de uma nova chegada. Simbólica também parece ser a possibilidade que um voo nos dá: enxergar as coisas do alto, em conjunto e com muito mais clareza do que quando estamos mergulhados dentro delas.

Nem por isso Xavier deixa de deprimir-se após o rompimento com sua namorada. Ele se entristece e se confunde. Inseguranças e incertezas se colocam diante dele, não somente por ser como jovem, mas por estar diante de tantos inesperados, de tantas experiências desconhecidas que ilustram e relembram processos de muitos daqueles e daquelas que viveram a experiência de estar tão longe de casa, como estrangeiro, ou melhor, em um país estranho. Momentos em que quase adoecemos e achamos que estamos ficando loucos. Esse processo, em Xavier, é tão intenso que ele começa a ter visões, pensa que está realmente doente e procura um médico, no caso, o marido de sua amante. Mas é mesmo só uma crise interna, de germinação, de questões e mudanças que estão se dando e que virão.

O rompimento com um dos principais laços afetivos com o seu passado, a namorada de Paris, como que anuncia que a sua vida na volta para casa não será mais a mesma. Enquanto isso, novas aprendizagens vão se dando, na experiência do convívio e da cumplicidade com os colegas do albergue. Significativo é, nesse sentido, o episódio no qual todos ajudam uma das companheiras a evitar que o namorado, que viajara até Barcelona para vê-la, a flagrasse com seu caso americano.

Mas o ano estava terminando, ainda que parecessem curtos e rápidos os 12 meses de intercâmbio, visto a intensidade e densidade do que estava vivendo, dos sentimentos e das percepções de um tempo *kairós*, que não cabe nos calendários e relógios, pois é algo muito diferente do *khronos*. É hora de Xavier começar a pensar em voltar para casa. Momento importante esse: é preciso fazer uma lista de coisas que ainda não haviam sido vistas, que ainda não haviam sido feitas.

Começa a viagem de volta, bem antes da despedida dos amigos no café. Ele foi o primeiro do albergue a retornar ao seu país. Tantas pessoas passaram por sua vida e tiveram tanta importância durante aquele período de vida longe da sua França, mas agora vão embora, quem sabe para sempre.[9] É tudo passageiro e volátil e, ao mesmo tempo, intenso, marcante, inesquecível. O que permanece, efetivamente, são as transformações interiores, e as lembranças. Ninguém voltaria ileso de um albergue espanhol em Barcelona. Ninguém viveria uma experiência como essa e dela retornaria como antes. Nas palavras do próprio Xavier: "Eu tive a maior sorte de ter a oportunidade de uma experiência desta na minha vida".

Voltando para casa e se descobrindo outro

Terminado o período da bolsa, ao retornar a Paris, Xavier vai se descobrindo outro, transformado pela experiência de vida no estrangeiro, tal como verbaliza: "não sou mais assim". Como que estarrecido, ainda não se sabe o que aconteceu. O silêncio diz melhor do que as palavras. É preciso, primeiro, ir reencontrando as antigas referências para, de repente, descobrir o que se transformou ou estava se transformando. O fim de um ciclo se anuncia no reencontro com a antiga namorada. O relacionamento acabou, ele chora e se percebe um estrangeiro entre estrangeiros em um bairro de Paris. Aqui, outras de suas falas parece

---

[9] Continuação de *Albergue Espanhol*, o filme *Bonecas russas* (França, 2006), também de Cédric Klapisch, conta a história de um reencontro dos estudantes do *piso compartido* cinco anos depois. Mais uma vez, Xavier nos conduz por sua vida e sentimentos, por suas alegrias e tristezas, por seus encontros e desencontros, agora, sobretudo, os amorosos. A película mostra as dificuldades dos jovens contemporâneos em conseguir relacionamentos estáveis e felizes. Também mostra como as escolhas de Xavier, após retornar de Barcelona, repercutiram e repercutem em sua vida profissional. Não estão fáceis os primeiros anos de carreira de nosso jovens escritor.

ilustrar bem esse momento e seus sentimentos. Xavier caminha triste e pensativo por um ponto turístico de Montmartre, onde os parisienses não costumam ir, dizendo: "Eu era um estrangeiro entre estrangeiros. Nunca soube por que estava onde estava. Devo ser típico".

O tempo passa e, depois de ter feito o concurso, Xavier finalmente encontra-se novamente no escritório do amigo de seu pai para o primeiro dia de trabalho. Diante daquele mundo austero e de uma organização extrema, burocrática e monótona, desabrocha uma decisão interna: não é isso que quer. Ele sai correndo, dizendo não a esse projeto de carreira, a esse estilo de vida. Volta para casa para fazer o que sempre quis: ser escritor. "Agora está tudo está claro e simples. Eu escolhi um futuro sem expectativas. Vou fazer o que sempre quis: vou escrever."

As mudanças subjetivas reverberaram em decisões concretas que mudariam profundamente a sua vida. Descobre-se outro, profundamente transformado pela experiência de viver em um outro país. Descobre que não é mais um, mas muitos, resultado de cada uma das fases de sua vida, um pouco de cada companheiro que conviveu no albergue espanhol, a criança que foi um dia e que queria ser escritor, um pouco de cada nacionalidade. "Já não sou mais como fui antes. Mas todos estes que fui são responsáveis pelo que sou." Como a Europa, ele diz, diante de suas fotos antigas e das pessoas com as quais conviveu: "Não sou mais assim. Eu sou todos eles. Sou francês, espanhol, inglês, dinamarquês. Eu não sou um. Sou muitos. Sou todos eles. Sou como a Europa. Sou tudo. Uma grande bagunça". Xavier se sente como a Europa: uma mistura de identidades, pelo menos aquelas mostradas no filme, possíveis de coexistir, sem grandes conflitos. Sente-se, também, enriquecido em sua subjetividade pela incorporação de cada uma das identidades com que interagiu e conviveu ao longo da vida e no albergue, experiência catalisadora das transformações que agora se explicitam na decisão de seguir o caminho de escritor.

Porém, para muitos de nós, nem sempre acontece, como para Xavier, uma direção interna mais forte a dirigir as transformações provocadas pela experiência de encontro com a alteridade. Nem sempre a direção das mudanças levará ao mesmo tipo de reencontro consigo mesmo, como se houvesse uma essência por se realizar, guardada para se concretizar, esperando ser despertada, tal como o desejo infantil de ser escritor do personagem. Esta pode ser uma questão que se apresente para a juventude nos difíceis momentos de definição profissional, mas, no decorrer da vida, novas questões se apresentam, podendo até nos levar, ainda que provisória e temporariamente, a abandonar orientações interiores ou culturais importantes.[10]

Encontros com culturas diferentes conduzem a processos sempre imprevisíveis, dependendo dos contextos históricos e da força das orientações internas de cada cultura ou de cada sujeito. Implicam complexos processos de subjetivação e construções identitárias que combinam as diferenças e identidades com as quais convivemos e que vamos incorporando ao longo dos nossos percursos e incompletudes. Nossos inacabamentos e imprevisibilidades. Não é possível apontar quais as demarcações identitárias irão sobressair em cada momento. A única certeza é que cada experiência de interculturalidade conduz a transformações. Seus rumos e configurações, sempre provisórias, dependem dos contextos e também das decisões internas dos sujeitos, assim como de suas condições objetivas de vida, envolvendo seus posicionamentos nas clivagens sociais de classe, de gênero, de idade, entre outras.

Do lado de fora: outras juventudes, devires e histórias

O albergue do filme representa um encontro com o relativamente diverso, com outras culturas e mundos, de um lado; de outro, ele cerca os que o habitam, na forma como o diretor desenvolve seu argumento e na experiência daqueles jovens. É como se o mundo da casa, agregado ao mundo da universidade, do Programa *Erasmus* e de certos espaços de Barcelona, ampliasse e reduzisse o universo de Xavier e seus companheiros. Isso porque o filme tematiza certa juventude, de certo contexto, como dissemos no início, visto que para outros jovens, são outras as experiências, os percursos, os limites e as possibilidades.

Outras Europas e jovens europeus existem do lado de fora do albergue, da universidade, em outros territórios da cidade. Neste sentido, não houve intenção do diretor em mostrá-los ou discuti-los. Em uma única cena em que Xavier se encontra com essas outras juventudes,

---

[10] Ver o trabalho de Bastide (1963) sobre o que denominou de "aculturação formal", referindo-se à adaptação de imigrantes africanos em Paris, quando, mesmo utilizando-se de elementos da cultura tradicional, passaram a se guiar pela lógica da cultura ocidental.

adolescentes em uma rua de Barcelona, ele se afasta, envergonhado e procurando mais tranquilidade, distancia-se do grupo que zomba dele, criticando seu jeito de falar.

Por certo que esta juventude existe e constitui-se como um problema – quando poderia ser uma solução – para os governos da Comunidade Europeia. São centenas, são milhares os jovens que vivem em situações de dificuldade tanto em Barcelona quanto em outras capitais da Europa, sejam eles migrantes vindos da Ásia, da África ou da América Latina e Caribenha, sejam as novas gerações de europeus – os herdeiros dos processos da perversa e cruel colonização europeia que hoje constituem as novas gerações de europeus. Como exemplo, lembramos os jovens dos *banlieues* parisienses que se revoltam, frequentemente, queimando carros e realizando outros atos de protesto, resistência e mobilização. Lembremos, ainda, dos jovens imigrantes, em suas grandes manifestações de rua, como os *sin papier* que tentam viver em Paris. Trata-se de outros jovens e juventudes. Diferentes de Xavier, jovem cidadão parisiense de boa condição social. A Comunidade Europeia não apresenta as mesmas facilidades e benevolência com esses outros segmentos juvenis e de adultos, o que ocorre com os jovens do Programa *Erasmus*.

Há na Europa, como em outros continentes, milhares de jovens colocados à margem, sem perspectivas, sem projetos de uma vida digna e fecunda. São privados de um presente e um futuro felizes. São também milhares aqueles para quem os crimes e a violência tornam-se "opção" de vida. Ou, ainda, o trabalho prematuro, a evasão da escola e outras tantas formas de inclusão dos ditos excluídos. Há, também, aqueles ditos incluídos que pertencem aos territórios do consumismo e do hedonismo, que esvaziam as mentes e os corações e deterioram a condição e a ex-periência humana, reduzindo-a ao ter e ao parecer. Juventudes inseridas no mercado de consumo, dos shoppings, dos créditos, da moda, da sociedade do espetáculo, que se encontram submetidos ao dinheiro, ao fetiche da mercadoria e ao espetáculo que esvaziam a alma. Seriam estas as formas mais desejadas de inserção, de inclusão na vida social e na história? Seriam elas potencializadoras das subjetividades, da experiência humana, das sociedades e da vida em plenitude e dignidade? Outros mundos jovens seriam bem vindos para construirmos e reinventarmos um novo mundo, diferente do que tivemos até aqui.

São diversas as decolagens, as possibilidades de voos, as velocidades, as alturas. São diferentes as decolagens em seu conteúdo e forma, tanto quanto são diversos os jovens e as juventudes. Para milhares de jovens, não poderíamos falar em decolagem. Em suas vidas, são mais presentes as quedas, aterrissagens em lugares e experiências que lhes sequestram os tempos de juventude, antecipando a vida adulta, seja pelo trabalho, seja por outras tantas formas. São eles e elas os que ficam de fora do albergue, como se estivessem à deriva. Sem acolhimento ou morada que dignifiquem e potencializem o novo e a vida de que são portadores, ficam excluídos dos direitos e da dignidade humanas.

Por certo que Cédric Klapisch nos faz pensar essas questões e outras que aqui não estão, visto os limites deste artigo e a abertura das obras cinematográficas. Contudo, é certo também que direcionou a câmera para certo segmento das juventudes dos países da Comunidade Europeia, abrindo mão daqueles outros milhares de jovens que ficam de fora desta nova e cada vez mais integrada Europa. Esses outros jovens mulheres e homens que vivem na Europa também precisam ser trazidos às telas, às cenas, aos enredos. Talvez assim pudéssemos reescrever e ressignificar ou mesmo dizer de uma outra história, de outros mundos e experiências, de outras juventudes e subjetividades humanas, para além da perspectiva individual que marca o argumento fílmico e a vida de Xavier. Nesse plano mais amplo, em que a humanidade se faz presente, com seus povos para além da Europa e das atuais fronteiras geopolíticas e econômicas, na perspectiva de um mundo e de uma história que é de todos, igualmente.

Assim, talvez pudéssemos ultrapassar o dito de Xavier ao final do filme e dizer:

> **Não somos mais assim.** Somos todos nós: os dos Albergues e os que ficavam de fora. Sou francês, espanhol, sou europeu. Sou latino, caribenho, africano, oriental, americano. Eu não sou um, sou muitos, sou todos. Sou muito mais que a Europa. Sou como o mundo. Sou uma verdadeira humanidade.

Referências

BASTIDE, R. L'Acculturation Formelle. *América Latina.* Rio de Janeiro, ano 6, n. 3, p. 3-13, jul./set. 1963.

BIAGINI, H. E.; ROIG, A. A. (Orgs.) *Diccionario del pensamiento alternativo*. 1. ed. Buenos Aires: Editorial Biblos; Ediciones de La Universidad Nacional de Lanús (UNLa), 2008.

CALVINO, I. *As cidades Invisíveis*. Tradução de Diogo Mainardi. São Paulo: Companhia das Letras, 1990.

LARROSA, J. Para qué nos sirven los extranjeros? In: GONZÁLEZ, F. (Coord.). *Santamaría, Enrique & Placer, Contra el fundamentalismo escolar: reflexiones sobre educación, escolarización y diversidad cultural*. Barcelona: Vírus Editorial, 2003.

LÓPEZ, M. M.. *Okupaciones de vivendas y de Centros Sociales: autogestión, contracultura y conflictos urbanos*. Barcelona: Vírus Editorial, 2002.

MATOS, O. *Discretas esperanças: reflexões filosóficas sobre o mundo contemporâneo*. São Paulo: Nova Alexandria, 2006.

RILKE, R. M. *Cartas a um jovem poeta*. Tradução de Pedro Süssekind. Porto Alegre: L&PM, 2007

RIU, J. C. (Org.) *La Barcelona rebelde. Guia de una ciudad silenciada*. Barcelona: Ediciones Octaedro, 2003.

Zona J: de uma estética do consumo a uma estética do crime

Gisela Ramos Rosa
(em colaboração com
José Machado Pais)

> *Vestidos de farrapos sujos, semi-esfomeados, agressivos, soltando palavrões e fumando pontas de cigarro, eram, em verdade, os donos da cidade, os que a conheciam totalmente, os que totalmente a amavam, os seus poetas.*
>
> JORGE AMADO, *Capitães de areia*

Com *Zona J*, vemos como um filme/ficção se constitui em documento de análise numa etnografia da recepção. O que se pretende é revelar como as imagens podem influenciar a sociedade por meio de representações que dão continuidade a processos de diferenciação assentes em estereótipos sobre a população urbana mais desfavorecida e como a cidade e suas margens refletem processos globais mais vastos em que se espelham desigualdades sociais.[1]

Tendo em conta que as imagens constroem narrativas do real para o real alimentando significações socioculturais, o cinema ficção revelava-se-me um instrumento de análise crítica privilegiado para uma etnografia da recepção em busca de uma aproximação ao modo como

---

[1] A ideia de pensar a realidade social dos jovens afrodescendentes através do cinema e, em particular, de *Zona J* (VIEIRA, 1999) brotou na disciplina de antropologia visual, inserida no currículo do mestrado em Relações Interculturais que frequentei. O presente texto retoma uma tese de mestrado defendida na Universidade Aberta. As notas finais do presente artigo foram redigidas por José Machado Pais. Todas as outras partes foram escritas por Gisela Ramos Rosa.

a sociedade se representa a si e ao "Outro" pela linguagem fílmica. Acostei assim na área dos estudos culturais e fílmicos, não perdendo de vista o conceito de cultura defendido por Geertz (1989), que a compara a uma matriz ou teia de significados expressos na construção dos artefatos humanos que esperam ser interpretados.

O cinema e os meios de comunicação em geral modelam, produzem e reproduzem identidades e representações sociais (SOHAT; STAM, 2002). Nas relações de poder dominador/dominado, hegemonia/resistências periféricas, incluem-se também as resultantes das diferenças raciais e étnicas. Essas diferenças, integradas em sistemas de significação vastos, persistem por se assentarem em pressupostos "naturais". Como refere Bourdieu (1999, p. 9), "este programa social de percepção incorporada aplica-se a todas as coisas do mundo".

Numa das minhas leituras solitárias de busca, em volta da bibliografia aconselhada, deparei-me com *Culturas Juvenis*, de José Machado Pais, e uns dias depois encontrei um anúncio de publicação de nova obra do autor. Estávamos em dezembro de 2001 e o livro era *Ganchos Tachos e Biscates*. Depois de ler a trajetória de vida de *Festo*, um jovem angolano focado no estudo,[2] procurei o autor e questionei-o quanto à veracidade dos discursos veiculados nos media relacionando o crime e os jovens afrodescendentes. Machado Pais remeteu-me para a poética dos *Capitães da areia*, de Jorge Amado e, a partir daí, fui sedimentando a questão de partida da minha pesquisa: a de saber como o filme *Zona J* (1999) associava esta camada de jovens ao crime e o porquê dessa associação sistemática nos meios de comunicação em geral. "Os jovens são o que são, mas também são (sem que o sejam) o que deles se pensa, os mitos que sobre eles se criam. Esses mitos não reflectem a realidade, embora a ajudem a criar" (PAIS, 2004, p. 13).

Partindo da problemática das margens, na qual se incluem os jovens afrodescendentes, propus-me observar as representações da raça e do crime na produção fílmica de *Zona J*, questionando a sua forma e

---

[2] Não posso deixar de transcrever uma das passagens de Machado Pais, na trajetória de vida de Festo, que me impressionou pela sua transparência: "Se em terra de cegos quem tem olho é rei, em terra de 'chicos espertos' e 'patos bravos' quem é 'preto', mesmo esperto, raramente se safa. A origem étnica arrasta uma redução de oportunidades, uma lógica de exclusão, um destino que necessariamente entorpece o jogo da vida com a sorte e o azar"(2001, p. 205)

o seu conteúdo. O filme *Zona J*,[3] realizado por Leonel Vieira em 1999, e um conjunto de artigos de críticos de imprensa sobre ele levaram-me ao modo como o filme foi recebido por um público específico e como a ficção, entendida como um mundo que se organiza em narração (MONTEIRO, 1996, p. 70), podia ser um instrumento de reprodução de discursos sociais estereotipados. Mais que construções dos respectivos autores, os produtos fílmicos são concebidos por um aparelho de produção que os acompanha e situa histórica e socialmente. Por outro lado, funcionam como modelos cognitivos de representação e apresentação do real para o espectador, também ele, situado num contexto social, econômico e histórico específico e, como tal, lugar heterogêneo de recepção marcado por diferentes recursos materiais e simbólicos. O significado das imagens não está tanto no referente, mas na interação entre uma determinada mensagem e um espectador em contexto social específico. O que resulta da fruição das imagens pelo receptor depende do seu contexto histórico, mas também do seu acervo biográfico, com o qual pode crivar a informação recebida.

Optei por selecionar e descrever um fragmento fílmico de *Zona J* ao qual atribuí o título *Retratos do crime com rosto*. Destacando as sequências de imagens que representam criminalmente os jovens de origem africana no filme, tendo em conta que "as ficções fílmicas põem em jogo ideias reais não só sobre o espaço e o tempo mas também sobre as relações sociais e culturais (SHOAT; STAM, 2002, p. 186). Pela mão de "Mariana",[4] um dos jovens atores do filme *Zona J*, visitei a realidade do bairro onde pude conhecer outros jovens seus amigos aí residentes, com os quais foram possíveis alguns encontros e a concretização de uma entrevista aberta depois de visualizarmos em grupo o filme documentário *Outros bairros*,[5] elemento de mediação comunicativa e cognitiva. Propusemo-nos assim uma etnografia multissituada[6] da ficção

---

[3] Realizado por Leonel Vieira em 1999 e coproduzido pela Sic e pela Mgn Filmes. Filme com a marca do produtor, dirigido ao grande público.

[4] Cujo nome é Carlos Monteiro.

[5] Documentário realizado por Kiluange Liberdade, Inês Gonçalves e Vasco Pimentel e produzido pela Filmes Tejo em 1998. O filme documenta a vida de jovens afrodescendentes moradores na periferia de Lisboa focando-se nas falas e modos de vida dos jovens, revelando os seus anseios, crenças e descrenças. A intenção dos autores foi de revelar os jovens no seu espaço e mostrar como são e o que pensam.

[6] Etnografia multilocal ou multissituada que compreendeu a análise documental (filmes

ao real da vida dos jovens afrodescendentes moradores no Bairro Zona J, passando pela recepção da imprensa escrita sobre o filme.

Cinema, sociedade e cultura: da globalização do cinema às margens da cidade

Desde os seus primórdios o cinema projeta a sociedade, ligando-se de modo explícito ao desenvolvimento da cidade. À arte cinematográfica associa-se a cultura dos espaços. O cinema produz o espaço, "ele é um sistema espacial" (SHIEL, 2000, p. 5) que cartografa o meio espacial como categoria organizativa. Os Estudos Fílmicos e a Sociologia têm-se interessado em explorar novos prismas interdisciplinares de investigação sociocultural através do cinema e da sua indústria globalizante, também ela dependente e modeladora de circuitos econômicos e de relações de poder espacio-global. Como nos refere Mark Shiel (2000), cultura, sociedade e economia interpenetram-se. E o cinema deve ser compreendido como um conjunto de práticas e atividades que permite refletir a mudança social e urbana no "terreno", intervindo na sociedade e participando na "manutenção, transformação e subversão dos sistemas de poder" (SHIEL, 2000, p. 5).

A cidade tem sido central no desenvolvimento do cinema, como foco e suporte de toda uma indústria fílmica expansiva que se globalizou. O cinema influi, por sua vez, na dinâmica cultural das sociedades urbanas com os seus circuitos econômicos de produção, distribuição e exibição fílmica. Por um lado, a arte cinematográfica influencia o desenvolvimento econômico da cidade e, por outro, produz um impacto nas representações sociais do meio através das suas alegorias construídas a partir de realidades sociais objetivas. O espaço urbano e o espaço identitário são âmbitos que se cruzam e integram as construções do cinema hoje.

A sofisticação técnica do cinema norte-americano tem se constituído uma ameaça para as culturas locais. O poder econômico, associado à inovação técnica, surge determinante na capacidade de produtores e distribuidores fazerem circular os seus produtos. Por seu

---

e imprensa escrita) e sua recepção, as entrevistas abertas aos jovens e semiestruturadas aos conceptores dos produtos fílmicos (*Zona J* e *Outros Bairros*), o bloco de notas como instrumento de recolha e análise sistemática de informação do etnógrafo.

lado, os conteúdos são determinados por um sistema de interesses políticos – que não se cingem apenas aos lucros, mas à manipulação de ideias – e econômicos – que acabam por esmagar os interesses dos concorrentes menos poderosos. Refira-se que o cinema nacional (moralista e mítico) e o cinema de autor (criativo e resistente) enfileiram as margens do cinema mundial.

Na história da produção fílmica, a focagem dos espaços liminares não é nova, recordemo-nos de *Chinatown* (1974) e *O ódio* (1995). Parece-nos ter sido a partir deste último que o produtor de *Zona J* foi colher a ideia do argumento. *O ódio* foi concebido a partir da transposição do modelo de bairro afro-americano para o espaço marginal da cidade francesa. O filme, segundo Adriam Fielder, cria uma alegoria das relações de poder, do Estado em relação às antigas colônias e da implicação da globalização no local, regional e nacional (FITZMAURICE, 2000). Por outro lado, ao mapear as zonas marginais, descobrindo nelas um terceiro espaço, um local de resistência cultural, o filme acaba por politizar a situação para o espectador. Nas palavras de Fitzmaurice (2000), a revelação de um drama específico na cidade revela-se uma metonímia de um problema em larga escala.

A história cinematográfica mostra-nos como o papel da representação tem sido poderoso na relação entre o cinema e a cidade (FITZMAURICE, 2000). Os espaços locais e as especificidades da cidade iluminam e preenchem intenções cinéfilas. Ao mesmo tempo que o espaço físico da cidade ganha uma nova dimensão, tornando-se visual, palpável e imaginado, ganhando a marca do poder – da possibilidade de organização e credibilização mental do espaço.

As opções dos cineastas na realização de um filme não são alheias aos fatores sociais, políticos e econômicos locais e globais. A construção do Outro insere-se, pois, numa estratégia de (in)visibilidade associada a interesses de vária ordem.

Zona J – margens, crime e consumos

A magia essencial exercida pelo cinema provém do facto de o dado real tornar-se o próprio elemento da sua efabulação
CHRISTIEN METZ

O filme *Zona J*, antigo nome do atual bairro da Quinta do Condado, ficciona um dos bairros problemáticos da periferia de Lisboa, construído na sua origem pela Câmara [Prefeitura] de Lisboa. Torres geometricamente desenhadas para alojar famílias com precárias condições de habitabilidade. O filme mostra-nos, ao longo dos seus 89 minutos, vivências juvenis representadas na sua maioria por jovens afrodescendentes, a sua interação com outros jovens socialmente desfavorecidos e a relação destes com os espaços públicos, o mercado de trabalho, as margens, o crime. A narrativa sucede-se através de um ritmo planográfico acelerado, abrangendo múltiplos contextos temáticos encadeados por um enredo centrado na vida de um jovem casal, um jovem negro e uma jovem branca, que vivem um amor impossível. O filme explora o personagem Tó, filho de imigrantes africanos, através de um clima melodramático contrapondo os problemas das camadas sociais e do trabalho precário à frágil condição social de algumas culturas juvenis face ao acesso a meios de vida condignos. Encontramos estereótipos positivos e negativos nesta narrativa fílmica. Drama e violência são associados à proximidade de planos, com sucessões fortemente condicionadas pelo som e linguagem, provocando picos emocionais no espectador. *Zona J* combina uma realidade estereotipada e uma folclorização da pobreza, dos desfavorecidos, tornando mais marginais os que nas margens já se encontram.

Criando um ambiente contraditório, apelando sempre ao emocional, o filme conduz o espectador, em última instância, a pensar que tudo o que observa pode ser verdade. O cinema assume aqui o que Eisenstein referia em relação ao teatro: "os materiais básicos do teatro derivam do próprio espectador, e do modo como conduzimos o espectador na direção pretendida" (GEADA, 1985, p. 35). O filme se revelou a mim um exemplo de mediação social dirigida ao consumo evasivo.

O filme *Zona J* mostra-nos como o cinema destinado às grandes audiências adere facilmente ao real, colhendo a partir dele aquilo que parece verosímil para, daí, construir um modelo cênico, uma ficção narrativa. O mercado competitivo da produção audiovisual exige aos produtores argumentos mais apelativos que impressionem e captem o público. Na construção de um filme, devemos considerar três polos aglutinadores: o produtor, o guionista e o realizador. Em *Zona J*, Mário

Torres diz-nos existir uma "estratégia ficcional, um desejo de eficácia que poderá associar-se a uma marca de produtor [...]" (*O Público*, 11 dez. 1998). O *Blitz* refere, ainda, *Zona J* como "um filme de produtor, confirmando a vontade [...] em criar um sistema de produção contínua de filmes para o grande público" (*O Público*, 7 dez. 1998).

Produto fílmico com grande sucesso de bilheteiras, cerca de 246.073 espectadores, situava-se, em 2001, entre os cinco filmes portugueses mais vistos em Portugal (fonte: Mgn Filmes) e esse fato, revelador de uma eficaz estratégia publicitária previamente dirigida pelos meios de comunicação, em que se incluía a SIC,[7] que foi co-produtora com a Mgn Filmes, indica-nos também uma clara adesão e "contaminação" de informação operada pelos espectadores. Atentos ao filme estavam os moradores de Zona J e de outros bairros periféricos. A aspiração cinematográfica é também social e ideológica (SOHAT; STAM, 2002). A recepção de conteúdos implica o indivíduo com o texto fílmico, pondo em jogo o seu universo histórico e cultural. Tanto o texto como o espectador são realidades dinâmicas que modelam e se implicam, entre si.

Os textos críticos que selecionamos, publicados na imprensa escrita apontam *Zona J* um filme de produtor inserido num sistema de produção contínua para grandes audiências. A concepção do filme assentou-se na seleção de um espaço e sociabilidade, característicos de margem, para emocionar com drama e violência um público ávido por momentos de evasão. A focagem atravessa lugares sociais liminares, *in between*, como diria Turner, grupos que, pelas suas características não estão num lado nem no outro, *estão entre*. Situam-se nesse estado de intersticilidade os jovens cuja fase de vida deve desembocar na chamada passagem à vida adulta. Nesse caso, os jovens afrodescendentes encontram-se numa dupla liminaridade: a de serem jovens e acumularem, a essa condição, o Olhar marginalizante da sociedade onde nasceram.

Carlos Monteiro, Mariana de apelido,[8] acompanhou-me ao longo da pesquisa aproximando-me à realidade do bairro, ao contexto em

---

[7] Canal de televisão privado

[8] Por alusão a sua mãe, dona Mariana.

que o filme foi gerado e à visão que ele próprio, como morador, tinha de si e de Zona J. Já antes, Mariana havia ajudado o argumentista Rui Cardoso Martins a penetrar no bairro, tendo depois sido convidado por Leonel Vieira para participar no filme como ator, e era "assim visto como a caução de realismo do filme" (*Diário de Notícias*, 6 set. 1998).

O jovem ator Mariana referiu ao jornal *O Público*: "Quando me vi no écran achei que estava ali um otário... Não gostei de me ver no écran... foi muito esquisito ver-me" (4 dez. 1998).

O dicionário diz-nos que, em gíria, "otário" é um indivíduo que se deixa enganar facilmente. Na realidade, o filme foi recebido por "Mariana" de modo diferente dos demais jovens espectadores. Ele era morador do bairro e também ator, pago para representar uma realidade construída pelo aparelho de produção. "Mariana" diz-nos, ainda:

> [...] eu passei de um servente para um actor. Mas não me considero um actor. Considero que trabalhei, entrei aqui, fiz um contrato a ganhar tanto e tinha a obrigação de fazer aquilo. Fiz. Tentei dar o meu melhor e mais nada do que isso. Sou mais um gajo que finge, do que ser actor. Porque técnicas de actor eu não sei. (*O Público*, 4 dez. 1998)

As palavras de Mariana sugerem o seu não reconhecimento naquele papel de bandido em *Zona J*. Apesar de confessar ter praticado pequenos furtos e a venda de pequenas quantidades de droga, na vida real, a sua realidade psicológica e social não é a retratada no filme. O jovem mostra-nos que a sua autoestima, já reduzida por outros fatores sociais, foi atingida com a sua representação no filme. Hoje, Mariana trabalha na Mgn Filmes, por sugestão do produtor. Sente-se integrado na sociedade, mas "continua a definir-se como um *dread* devido à componente humanista do conceito" (*O Público*, 6 jul. 2001). A escolha dos atores parece fundamental para a representação de algumas matérias sociais (Stam, 1997), como a da representação rácica.

Retratos do crime com rosto

Sequência de 82 planos do filme *Zona J*

0:33:04 a 0:37.11 (0:04:07)

Vários jovens estão reunidos num dos apartamentos de Chelas, as paredes repletas de recortes de revistas decoram o corredor que serve de passagem e de sala de estar. O grupo está em sintonia, bebem cervejas, ouvem música rap e fabricam risos que estalam de um presente vazio.

Filomena – Então não tens vergonha do assalto?

Ulisses – Do assalto meu? Ia só a passar.

Um dos putos - E o que é que fizeste aos alarmes?

O puto – Os alarmes, pá, deixei lá pro cabrão do segurança.

Risada geral.

Batem à porta:

Mariana – eh, meu, vai abrir a porta.

Ulisses – foda-me meu, manda lá outro!

Mariana – Vai abrir a porta, foda-se!

Abrem a porta

Oh men!

Tó - Oi brother, tá-se bem, meu? Como é que é?

O outro – Ye, meu.

Tó – eh pá vou buscar uma beer, tou cheio de sede.

Tó – E a tua cota [mãe] não está?

Filomena – Limpezas nocturnas (com tom de voz grave)

Filho, a patroa chamou (com voz aguda imitando a mãe)

Ulisses – Como é dread? Queres alguma coisa aqui do big Ulisses?

Tó – Quê? Fezada [assalto]?

Ulisses – Big fezada jo, artigos de classe, casacos, camisolas, nike, levis, tudo aqui.

Tó – Tens Levis de dama?

[...]

Num corredor exíguo onde se encontram os jovens. Uns sentados num sofá, outros em frente em cadeiras, está uma televisão que sintoniza imagens de desportos radicais, skate de rampa. Um charro circula pelo grupo fazendo a união dos presentes. A música de fundo é o hip-hop e o rap.

Filomena – Tó, daqui a quatro ou cinco semanas posso contar contigo?

Tó olha bebendo a cerveja e diz – Pra quê?

Filomena desliga a TV e diz – Uma fezada.

Esfumaçando e inalando o charro, Mariana diz – Uma fezada a sério – uma ourivesaria, catamos ouro, prata e diamantes. Não és tu que gostas de diamantes? Já tratei tudo com o intruja [intermediário], meu. Recebe e compra-nos, desta vez por metade do preço.

Tó - Sabes bem que a bófia [bófia] anda em cima de nós, meu.

Filomena – Tá-se bem... Se a bófia aparecer e eu tiver as coisas na mão, logo decido, meu, ou fujo ou baixo as calças e sou enrabado. Ou morro ou fico rico, pá.

Big Ulisses – nasces pobre mas não morres pobre.

Filomena - Ninguém quer saber da gente, meu... deram-me um curso de bate-chapas na casa pia quando a minha mãe estava doente, para quê? Merda, pá, meu.

Aqui, o Ulisses men antes de inchar, jogava futebol como um artista, um artista men é cabo verdeano, azar, foi pros treinos com fome. Ei, enganei-me no chavalo...

Filomena – O Coimos que tocava flauta na associação todo bonitinho, meu, fecharam a associação flautinha pelo cu a cima.

Toino – Pelo cú a cima o caralho!

Outro – ... só com o nono ano... e um gajo tem que decorar essa porcaria do Lusíadas.

Tó – Eu não alinho nessa cena. E não se preocupem que de mim sei eu e posso bulir.

Filomena – tens tempo para decidir isso, meu, tá-se bem, tem calma meu, tens tempo meu.

Filomena, a esfumaçar, levanta-se vai para a outra extremidade do lugar onde se encontram. Atrás de si uma cortina de pano com flores garridas, não xoliado encobre outra parte da casa e a parede lateral ostenta uma imagem de Cristo (o coração de Cristo?). Ao lado de Tó, Filomena dá-lhe uma palmada nas costas e arranca-lhe um livro das mãos.

Tó - Éh, pá, não me estragues essa merda, eh, pá, foda-se.

Filomena levanta a mão e exibe o livro observando – Vais pra Angola, meu? Tens a mania que vais para África! Dantes dizias que eras português. "A grande maioria dos quase onze milhões de habitantes que constitui a população de Angola provém da origem bantu." Tu és o quê, meu, caralho? Tu és uma boa merda. Queres ir embora? Vai. Diz a esses filhos da puta para nos porem em África outra vez. Desde que fiquem cá os homens para construir as casas dos brancos e as mulheres para limparem.

Tó - Estás maluco?

Filomena – Só falta mais um pouco. É só ficar mais um bocadinho desancado até começar a matar e os bairros todos juntos davam cabo de Lisboa.

Tó - Não me quero meter nessas coisas, Filomena.

Filomena – Tu lá és o quê? Não és africano em lado nenhum, és um black nascido na pior zona, no pior país da CEE. És um preto, um neto de escravos, e ninguém te liga nenhuma porque nós não somos nada. A única hipótese que tu tens é o grande golpe, meu. Mais ou menos aqui tu sabes, bateste no meu amigo bateste no diabo meu.

Grande Ulisses – Ia Ia ioioiooo...

Picapau – Ia men, acenando a cabeça.

Acentuando as diferenças e o sentimento de baixa autoestima, o fragmento fílmico que selecionamos vai mostrando soluções criminosas dirigidas ao grupo específico dos jovens afrodescendentes, os espectadores de toda aquela carga emotiva, violenta e contraditória. Os media, em geral, utilizam as imagens juvenis, associando-as a cenários e estéticas dramatúrgicas, captando assim segmentos variados e assegurando o retorno dos seus produtos comerciais. Os jovens, por seu lado, são alvo dessas representações, recebendo devolvida a sua própria imagem, uma distorção do que já era uma distorção ou teatralidade. Tarefa que o cinema tem sabido aprimorar, recolhendo e devolvendo em simultâneo uma imagem estereotipada dos jovens (Ruíz, 2002, p. 127).

Na percepção das imagens intergrupais, o fator emocional parece jogar um papel importante. Lopes diz-nos que as imagens que os jovens negros constroem da sociedade portuguesa são reflexo das percepções relacionais branco/negro e da discriminação de que são alvo. Influem na percepção de discriminação: "uma menor satisfação com a vida e uma menor satisfação por viver em Portugal" (VALA *et al.*, 2002, p. 255). Em espaços guetificados de alter e autoexclusão, eles tecem as suas próprias redes de relações num consequente processo de revivalismo do sonho da sua identidade de origem, que já não lhes pertence, defesa e proteção perante um meio envolvente adverso.

Os jovens originários de família mais desfavorecidas, como é o caso dos afrodescendentes, estão circunscritos a rotas limitadas por saídas sem projeção ou becos sem saída. Não existem aqui vocações para carreiras desviantes ou delinquentes, mas proximidades às bermas marcadas pela demarcação dos centros de poder. Como nos referem Sohat e Stam, "A tendencia dos meios de comunicação em mostrar os homens negros como delinquentes em potência devolve um forte impacto às próprias vidas dos negros" (2002, p. 192) e a linguagem das imagens em movimento arrasta assim "um sistema de poder significante" (SHIEL, 2000, p. 3).

A intenção da produção do filme inscreve-se num modelo de mercadoria produzida para o consumo de um público determinado, circulando num mercado competitivo de comunicação de massas. Questionamos os valores sociais representados e reproduzidos numa lógica de mercado fílmica. O filme reunia as condições de realização, num quadro econômico e político que o favorecia, naturalmente equacionadas na estratégia da produção. O contexto social da década de 90 produz, em Portugal, a visibilidade das populações imigrantes de África. A imigração começa a ser visibilizada como um problema político, não havendo, no entanto, vontade política de inclusão social dessa faixa da população salvaguardando as culturas de origem. Um mascarado assimilacionismo pretendia converter a incômoda visibilidade de faixas comunitárias com práticas culturais diferentes. A visibilidade dos jovens negros afrodescendentes (e dos imigrantes em geral) associada aos bairros periféricos surge na opinião pública através da construção mediática. Por outro lado, as representações sociais gerando todo um clima de suspeição do jovem negro, da insegurança citadina, do subúrbio, dão suporte aos objetivos de faturação da produção cinemática, transformam-se naquilo que Grilo refere ser um "discurso de rentabilidade comercial"(1997, p. 19). Leonel Vieira refere: "Eu achei que, quando fiz o *Zona J*, um filme que correu muito bem economicamente e fez sucesso ao lado de americanos, também era possível fazer dinheiro em Portugal".[9] A periferia passa à tela, e esta eleva-se como espelho "mítico" e regulador, ajudando os jovens moradores dos bairros periféricos a assumirem como deles os comportamentos observados, enquanto a indústria do cinema enriquece as ideologias de mercado potenciando as representações sociais dominantes.

Tal como com as palavras às quais se refere José Machado Pais (2004), as imagens "tribalizam"as comunidades, neste caso os jovens afrodescendentes, criando simulacros identitários. "Devem as ciências sociais fazer orelha mouca dessas vozes que apregoam etiquetas em tudo o que é realidade?" (p.12).

Notas finais

Na verdade, quando há uns anos Gisela me procurou, dando-me conta dos seus intentos em analisar *Zona J*, lembro-me perfeitamente de lhe ter sugerido a releitura de *Capitães de areia*. É que o célebre livro de Jorge Amado, se bem se recordam, começa com uma seleção de recortes de imprensa (do *Jornal da Tarde*) – *"Cartas à redação"* – em que bulham diferentes representações sobre as apregoadas "aventuras sinistras" dos *Capitães de Areia*. Ele era um rodopio de opiniões e posições que envolviam o dr. Chefe da Polícia, o Juiz de Menores, o diretor do Reformatório Baiano de Menores Delinquentes e Abandonados, um abastado comendador e até um padre e uma costureira.

Hoje em dia, os jornais, como o cinema e a televisão, são alguns dos mais caudalosos canais de difusão das representações sociais. Perante elas, sempre podemos deitar mão de duas metáforas: a do *espelho* e a do *caminhante*. De acordo com a metáfora do *espelho*, a realidade do mundo refletir-se-ia numa superfície, não propriamente feita de vidro, mas de palavras ou de imagens. Por exemplo, o mundo do crime espelhar-se-ia na superfície lisa de uma página de jornal ou na tela do cinema, mostrando como são as coisas mediante descrições, imagens, relatos. Pela mão da metáfora do *espelho*, as representações sociais podem considerar-se fiáveis ou factuais ou, pelo contrário, fonte

---

[9] Disponível em: <http://www.esec-miranda-douro.rcts.pt/crt3992000/lvieira.htm>.

de confusões e mentiras quando se descobre que o espelho turva ou deforma a realidade reflectida. *Capitães de areia* tem o condão de nos mostrar como as representações brigam entre si, espelhando diferentes imagens de uma mesma realidade.

Porém, o conhecido livro de Jorge Amado, embora não deixe de ele próprio ser um espelho da realidade que procura retratar, aponta-nos outros caminhos: os da exploração da realidade que se projeta nas imagens espelhadas nos recortes de jornal. Quais os caminhos que levam a realidade a desencaminhar-se nas imagens que a projetam? É este o desafio que Gisela Ramos Rosa nos lança: o de ultrapassarmos os limites da metáfora do *espelho*, logo que nos questionamos sobre o significado das representações que nos chegam através das imagens. Lugar, então, para a metáfora do *caminhante*, segundo a qual a representação social não é uma imagem do real, antes outra realidade, a dos descaminhos resultantes de suas próprias caminhadas. Na metáfora do *espelho*, não há muito a fazer com o reflexo do espelho: podemos limpar o espelho, comprovar se é um espelho côncavo ou convexo, mas a imagem nele refletida resulta da capacidade do espelho em refletir passivamente essa imagem. Em contrapartida, se a representação social é vista como uma *construção em circulação*, o mundo existe na medida em que esse mundo é objeto do que a seu propósito se documenta, em termos de palavras ou de imagens. Ou seja, à unidade do real contrapõe-se uma pluralidade de representações sobrelevadas pela sua disjunção.

Em *Retratos do crime com rosto*, Gisela Ramos Rosa dá-nos conta de como o descobrimento da singularidade do outro não é feito a partir das interrogações que esse outro se coloca a si mesmo, mas das representações que nos encaminham ao outro e que não deixam de se traduzir no guião do realizador de *Zona J*. As encenações não deixam também de espelhar as categorias de apreensão do real que dominam o olhar do realizador, eventualmente também o do espectador. O outro é reduzido à imagem que dele se pretende dar, imagem depositária de um *inconsciente coletivo* onde se projetam estereótipos revestidos de receios ou anseios.

Por isso, tenho defendido que os *media*, quando perseguem jovens das chamadas *tribos urbanas*, quase sempre buscam um "outro" críptico para o etiquetar, da mesma forma que a velha etnografia farejava o exótico para melhor o colonizar. Num ou noutro caso, o caráter estranho do exótico – o "outro" é *ex-óptico* porque cai fora da "óptica" da normalidade – é uma fonte constante de *taxonomias* reveladoras. Reveladoras de quê? Não propriamente do "outro" mas, sobretudo, do modo como o "outro", é olhado, percebido, categorizado, construído, estigmatizado. Nesse sentido, o *exotismo*, que é próprio de comportamentos marginais, embora possa reclamar a compreensão do outro, acaba, na verdade, por o incompreender.

Zona J é um claro exemplo de como o cinema pode testemunhar realidades mas, simultaneamente, também as pode ocultar, ao atuar como falsa testemunha dessas mesmas realidades: mexe com as consciências, ao mesmo tempo que as pode alienar. Desafio sociológico é o da descoberta do jogo que se produz entre subjetividades e objectividades. Subjetividades tecidas de sonhos, imaginários e temores ao nível da recepção – que se empolam por efeito de se objetivarem em cenários reais, por sua vez subjetiváveis. De fato, todo o cinema é uma fonte de estímulos, desde logo na exploração de subjetividades, tanto ao nível dos espectadores quanto dos segmentos sociais sobre cujas vivências se constrói a produção cinematográfica. *Zona J* é ainda um claro exemplo de como o gênero cinematográfico não é uma estrutura ideologicamente neutra. Muitos dos mitos que aterram nossas cabeças servem-se do cinema como veículo de circulação. Com acrescentos de eficácia, uma vez que na tela de cinema os mitos ganham forma humana, materializam-se em personagens, com nomes próprios e enredos de vida que produzem no mito um "efeito de realidade". "Zona J" é nome real de um bairro real. As câmaras estiveram lá, na "cena do crime", embora, por entre filmagens e montagens, tenham desaparecido às costas de quem as carregava, numa emboscada de cenas transformadas em encenações.

A análise desenvolvida mostra bem como em *Zona J* se recodificam representações socialmente pré-codificadas em forma de estereótipos, numa avalanche de imagens que a sociedade dá de si mesma e, nesse sentido, ela pode também ser lida através dessas imagens – não apenas pelo que revelam mas, sobretudo, pelo que ocultam ou distorcem, em formas manhosas de representação que implicam artes sociológicas de desvelação.

Referências

AMADO, J. *Capitães da areia*. Lisboa: publicações Dom Quixote, 1999.

BARTHES, R. *A câmara clara*. Lisboa: Ed. 70, 1991.

BERGER, P. L.; LUCKMANN, T. *A construção social da realidade*. Rio de Janeiro: Vozes, 1998.

BOURDIEU, P. *A dominação masculina*. Oeiras: Celta, 1999.

CABRAL, J. P. A difusão do limiar: margens, hegemonias e contradições. In: *Lisboa, cidade das margens,* Lisboa: Análise Social, v. XXXIV, n. 153, p. 865-892, 2000.

FOUCAULT, M. (1975). *Vigiar e punir*. Petrópolis: Vozes, 1999.

GEERTZ, C. *A interpretação das Culturas*. Rio de Janeiro: Guanabara Koogan, 1989.

GOFFMAN, E. (1963). *Estigma – notas sobre a manipulação da identidade deteriorada*. 4. ed. Rio de Janeiro: Guanabara, 1988

MEMMI, A. *O racismo*. Lisboa: Caminho, 1993.

PAIS, J. M. *Culturas juvenis*. Lisboa: Imprensa Nacional Casa da Moeda, 1996.

PAIS, J. M. *Ganchos, tachos e biscates – jovens trabalho e futuro*. Lisboa: Ambar, 2001.

PAIS, J. M. Jovens, bandas musicais e revivalismos tribais. In: PAIS, J. M.; BLASS, L. M. (Coords.). *Tribos Urbanas, produção artística e identidades*, v. 31, p.11-22 e 23-55. Lisboa: ICS, 2004.

RUIZ, M. D. Estética e infmia. De la Distinción al Estigma en Los Marcajes Culturales de Los Jóvenes Urbanos. In: FEIXA, C.; COSTA, C.; PALLARÉS, J. (Eds.). *Movimientos juveniles en la Península Ibérica Graffitis, Grifotas Ocupas*. Barcelona: Ariel, 2002. p. 115-143.

SPERBER, D. *O saber dos antropólogos*. Lisboa: Ed. 70, 1992.

VALA, J.; BRITO, R.; LOPES, D. *Expressões dos racismos em Portugal*. Lisboa: Imprensa de Ciências Sociais, 1999.

VALA, J.; FERREIRA, V. S.; LIMA, M. E.; LOPES, D. *Simetrias e identidades: jovens negros em Portugal*. 2002. Edição policopiada.

Cinema e comunicação

ALSINA, M. R. *Los modelos de la comunicación*. Madrid: Tecnos, 1989.

BAZIN, A. *O que é o cinema?* Lisboa: Livros Horizonte, 1992.

FITZMAURICE, T.; SHIEL, Oxford. *Film and urban societies in a global context*. Oxford; Malden, Mass.: Blackwell, 2001.

GEADA, E. *O poder do cinema*. Lisboa: Livros Horizonte, 1985.

GRILO, J. M. *A ordem no cinema*. Lisboa: Relógio de Água, 1997.

METZ, C. *A significação no cinema*. São Paulo: Perspectiva, 1977.

MORIN, E. *O cinema ou o homem imaginário*. Lisboa: Relógio de água, 1997.

MONTEIRO, P. F. Fenomenologias do cinema. *O que é o Cinema – Revista de Comunicação e Linguagens*, Lisboa: Cosmos, p. 61-112, 1996.

MONTEBELLO, F. De la réception des films au cinéma des ouvriers. *Cinémas – Journal of Film Studies*, Spring, v. 2, n. 2-3, p. 123-147, 1992.

MÜLLER, E. J. Pragmatique historique du film: Nouvelle Vague et conception de l'auteur. La réception d'A bout de souffle aux Pays-Bas. *Cinémas – Journal of Film Studies*, Spring, v. 2, n. 2-3, p. 57-87, 1992.

PÉRUSSE, D. Réception critique et contexte: à propos du *Déclin de l'empire américain*. *Cinémas – Journal of Film Studies*, Québec, Spring, v. 2, n. 2-3, p. 89-106, 1992.

ROSA, G. R. *Olhar a diferença: percurso antropológico pelas imagens das margens*. Dissertação (Mestrado em Relações Interculturais) – Universidade Aberta, Lisboa, 2003.

SHIEL, M. Cinema and the City in History and Theory. In: FITZMAURICE, T.; SHIEL, M. *Cinema and the City*. Massachusetts: Blackwell, 2001. p. 1-27.

STAM, R. *Tropical Multiculturalism – A comparative History Of Race in Brasilian Cinema & Culture*. London: Duke University Press, 1997.

STAM, R.; SHOHAT, E. *Multiculturalismo, Cine y medios de comunicación*. Barcelona: Paidos, 2002.

THÉRIEN, G. La Lisibilité au cinéma. *Cinémas – Journal of Film Studies*, Spring, v. 2, n. 2-3, p. 107-122, 1992.

Artigos de imprensa

AZEREDO, R. Combate à Marginalização. *Comércio do Porto*, p. 8, 10 dez. 1998.

BARROS, E. Sangue Novo no Celulóide, Entrevista a Leonel Vieira. Artes & Multimedia, *Diário de Notícias*, p. 46, 11 dez. 1998.

BOTEQUILHA, H. Mariana ou Filomena. *Visão*, 10 dez. 1998.

CÂMARA, V. Toque e Ricochete, Entrevista a Leonel Vieira. *O Público*, Artes e ócios, p. 5, 11 dez. 1998.

COUTINHO, I. Perdido na Cidade. Pública, *O Público*, p. 44-48, dez. 1998.

FALCÃO, M. Este filme vai dar que falar. *Independente, Independências*, p. 29, 11 dez. 1998.

MARTINS, R. C. Como Conheci o Mariana e o Pardal. Pública, *O Público*, p. 50-52, 4 dez. 1998.

Sem nome do autor. O Cronista da Zona J. *Blitz*, p. 8, 15 dez. 1998.

Sem nome do autor. Tá-se Bem? Nem Por Isso. *Blitz*, p. 8, 7 dez. 1998.

TENDINHA, R. P. A Malta da Zona. Revista Notícias Magazine, *Diário de Notícias*, p. 32-36, 6 set. 1998.

TORRES, M. J. Chelas Side Story. Artes e ócios, *O Público*, p. 4, 11 dez. 1998.

Endereço eletrônico

LEONEL VIEIRA. Antigo aluno da nossa escola tem sucesso na 7ª arte. *Escola Secundária de Miranda do Douro.* Disponível em: <http://www.esec-miranda-douro.rcts.pt/crt3992000/lvieira.htm>.

Filmografia

VIEIRA, L. *Zona J.* Lisboa, 1999.

Proibido proibir: jovens universitários entre o *campus* e a cidade

Paulo Carrano

Proibido proibir, filme de Jorge Duran, pega de empréstimo uma das frases que ficaram famosas e atravessaram época após as mobilizações, principalmente de estudantes universitários, que eclodiram em diversas partes do mundo no ano de 1968. Junto com a frase título do filme, ficaram famosos também *slogans* fortemente expressivos como "Sejam realistas, peçam o impossível", "Abaixo a sociedade de consumo", "A imaginação toma o poder", "Esqueçam tudo o que aprenderam. Comecem por sonhar"... e tantas outras que se inscreveram nos muros e animaram sonhos de liberdade de jovens que ousaram desafiar o "sistema" e tudo aquilo que cheirasse a conservadorismo e repressão.

Foi com a provocativa canção "É proibido proibir" que Caetano Veloso "incendiou" o Teatro da Universidade Católica de São Paulo, durante o III Festival de Música Popular Brasileira, numa noite de domingo de 15 de setembro de 1968. O jovem público que lotava o auditório recebeu a canção com estrondosa vaia, que provocou discurso inconformado do cantor baiano. Ainda na introdução da música, tocada pela banda Os Mutantes, a plateia reagiu atirando ovos, tomates, e pedaços de madeira sobre o palco. O provocante Caetano adentrou ao palco com roupas de plástico brilhante, colares exóticos e rebolou numa dança erótica que simulava movimentos de uma relação sexual. A reação da plateia escandalizada foi a de dar as costas para o palco;

a resposta dos Mutantes não tardou e eles, sem parar de tocar, também viraram as costas para o público. Gilberto Gil, atingido na perna por um pedaço de madeira, "reagiu" mordendo debochadamente um dos tomates jogados ao palco. Nesse difícil diálogo musical e corporal, Caetano discursou:

> Mas é isso que é a juventude que diz que quer tomar o poder? Vocês têm coragem de aplaudir, este ano, uma música, um tipo de música que vocês não teriam coragem de aplaudir no ano passado! São a mesma juventude que vão sempre, sempre, matar amanhã o velhote inimigo que morreu ontem! Vocês não estão entendendo nada, nada, nada, absolutamente nada! [...] Vocês estão por fora! Vocês não dão pra entender. Mas que juventude é essa? Que juventude é essa? Vocês jamais conterão ninguém. Vocês são iguais sabem a quem? São iguais sabem a quem? Àqueles que foram na *Roda Viva* e espancaram os atores! Vocês não diferem em nada deles, vocês não diferem em nada. E por falar nisso, viva Cacilda Becker! [...] O problema é o seguinte: vocês estão querendo policiar a música brasileira. [...] Deus está solto! [...] Fora do tom, sem melodia. Como é júri? Não acertaram? Qualificaram a melodia de Gilberto Gil? Ficaram por fora. Gil fundiu a cuca de vocês, hein? É assim que eu quero ver. Chega![1]

Mas qual a relação do filme de Duran com o ano de 1968, além da histórica frase pega de empréstimo para o título e que se apresenta como síntese de uma época na qual os jovens e a juventude "deram" muitos recados aos adultos e às instituições? Mas que juventude é essa que protagoniza o filme *Proibido proibir*? Em verdade, além da frase, não há no filme uma relação direta com os jovens e os acontecimentos políticos e culturais dos anos 60. A referência é apenas indireta na figura principal de Paulo, um estudante de medicina, jovem e cabeludo que fuma maconha e faz uso de comprimidos que lhe provocam alucinações. Paulo adotou o "proibido proibir" como bordão com o qual tenta escapar de cobranças relacionadas com compromisso e responsabilidade, tais como as feitas pelo seu amigo Leon. Não é incomum que na literatura, no cinema e também no debate sociológico se estabeleçam relações semânticas entre estudantes e juventude, notadamente entre estudantes universitários e a geração jovem. As mobilizações estudantis, especialmente as ocorridas nos finais dos anos 60, cristalizaram a associação entre os estudantes e o

---

[1] Disponível em: <http://tropicalia.uol.com.br/site/internas/proibido.php>.

poder jovem contestador do "sistema". Não é incomum que o debate sobre a participação e o envolvimento político dos jovens de hoje seja matizado por anacrônicas comparações com os jovens (estudantes) do passado, mais mobilizados, conscientes e contestadores do que seriam os jovens atuais. É possível que a motivação para o título do filme esteja também nesta mítica representação do ano de 1968 e do que seria o maior poder contestador dos jovens daqueles tempos.

O ano de 1968 é pista que se anuncia no título e se esfumaça no desenrolar da narrativa do filme. As lutas estudantis, as questões juvenis da época não deveriam servir de parâmetro para analisar este filme que, apesar de nos convidar ao passado com seu título, nos instiga a pensar nas contemporâneas condições de vivência da juventude para jovens que iniciam a vida universitária e vivem experiências além dos limites do *campus* universitário. Tais experiências se desenrolam nas tramas da contraditória cidade do Rio de Janeiro dos anos 2000, simultaneamente solidária, desigual, bela, degradada, violenta e, por isso mesmo, promotora de experiências educativas – transformadoras – para os jovens protagonistas do filme.

O filme tem seu início marcado pela vivência dos jovens estudantes no *campus* universitário: as aulas práticas e teóricas, os divertimentos entre pares universitários, as mobilizações de estudantes engajados contra as sempre atualizadas ameaças de privatização da universidade pública, as preocupações cotidianas de jovens moradores de república com o aluguel e a alimentação etc. Os amigos Paulo, do curso de Medicina, o jovem negro de classe média Leon e estudante de Ciências Sociais e a estudante de arquitetura Letícia compõem o núcleo principal da narrativa do filme.

A experiência de vida no *campus* é apenas prefácio para o núcleo central de ação do filme, que se dá no envolvimento dos universitários protagonistas com os pobres da cidade e demonstra que os jovens de hoje também são capazes de se mobilizar, agir com solidariedade e tomar decisões baseadas em compromissos éticos.

A trama do filme transporta os jovens universitários para a vida na cidade, suas contradições, desigualdades, sociabilidades lúdicas – *ludi*cidades –, aprendizagens e também violências que provocam transformações pessoais e transformam o cotidiano universitário de seus personagens. Elaboram, assim, um novo "currículo", repleto de experiências afetivas e acontecimentos surpreendentes e promotores de transformação nos personagens.

A rede de relacionamentos dos jovens estudantes se amplia para o contato com a vida de moradores de favelas da cidade através de encontros que estes estabelecem nas atividades práticas de seus cursos, nos passeios realizados pelos namorados Leon e Letícia e pelo amigo Paulo. O último, ao se solidarizar com uma paciente do hospital, envolve o trio de amigos na busca por salvar adolescente morador de uma favela perseguido por policiais corruptos e assassinos.

A amizade de Leon e Paulo será posta em prova quando este último tem despertado o interesse e o desejo por Letícia, namorada de seu amigo Leon.

Com Leon e Rita, sua colega no curso de Ciências Sociais, o filme arrisca-se em combinar ficção e documentário social. Os dois tentam buscar o foco e o tom correto para entrevistar crianças e adolescentes pobres e seus familiares moradores de uma favela para um trabalho da faculdade. Qual a melhor maneira para se enfrentar a desigualdade social e o abandono dos pobres pelo Estado? Os dois divergem permanentemente sobre como tratar "a questão social"; para Rita, os projetos sociais não passam de paliativos, e o que se precisa é de respostas efetivas do governo. Leon diverge e pensa em respostas práticas que se contraponham aos discursos de transformação social – da esquerda tradicional? – que não trazem resultados práticos para os pobres.

Esse maior senso de praticidade do jovem Leon teria origem no fato deste ser negro e ter vivenciado condições de pobreza? O filme não dá muitas pistas sobre a trajetória de cada um dos personagens, mas deixa transparecer, em alguns poucos diálogos sobre as famílias que Leon é um jovem oriundo de família de classe média de Brasília que veio ao Rio de Janeiro para estudar. O Diretor do filme poderia ter "matriculado" Leon no curso de Medicina, entretanto, isso poderia parecer bastante inverossímil considerando a presença mínima de jovens negros nos cursos de Medicina no Brasil.

Letícia, por sua vez, vai descobrindo a cidade e vendo seus conceitos de ética e estética sendo atacados pela realidade de maltrato do patrimônio arquitetônico e abandono dos pobres moradores de favelas.

A câmera filmando do alto do Palácio Gustavo Capanema, projeto arquitetônico modernista de Le Corbusier e Lúcio Costa, no centro da cidade do Rio de Janeiro, registra uma minúscula Letícia que, parada, olha para o alto e revela a insignificância do sujeito frente ao gigantismo da arquitetura da cidade modernista. A fotografia do filme conseguiu captar com acuidade a proposta de diferença de escala entre o corpo e a obra arquitetônica modernista.

É diante do "mar de favelas" que circunda a Igreja da Penha, local onde foi a passeio com o namorado Leon e seu amigo Paulo, que Letícia se descobre numa cidade degradada que cresceu ignorando regras da racionalização e planejamento e permitiu que milhões de pessoas vivessem amontoadas em favelas. Qual a solução? O que pode fazer a "minúscula" Letícia? Esta é uma das muitas mensagens da câmera provocativa de Duran, que procura apresentar a questão social em pílulas que, por vezes, assumem apenas função ilustrativa no filme sem, contudo, prejudicar a narrativa da história significativamente. As pinceladas de questões sociais contribuem para compor a trama de amizade e paixão que envolve os três jovens universitários que protagonizam o filme.

É verdade, contudo, que em algumas passagens os diálogos se aligeiram e resvalam em clichês sobre o social e a política, por exemplo, quando Leon, Paulo, Letícia e Rita discutem o "peso da política nas coisas". Para Rita, a mais enfática e que faz a voz mais à esquerda "da necessidade da transformação radical", a política está em tudo; para Letícia, nem tudo pode ser pautado pela política – a arte, por exemplo, pode virar propaganda se for guiada pela política, conceitua; Leon, por sua vez, quer ouvir crianças para daí depreender os sentidos da política. Paulo, com voz grave, pede para opinar, faz suspense e diz: "acho que devemos comer". Com isso, "resolve" a polêmica sobre o peso da política nas coisas do mundo e reafirma o traço principal de irreverência e desprezo pelo debate político que caracteriza seu personagem no filme. Estaria Duran tentando compor um mosaico, ainda que imperfeito por faltar outros tipos e tendências, de perfis de orientação política dos jovens de hoje? Aparentemente, a resposta é afirmativa e teríamos em Rita a jovem de esquerda, em Leon o pragmático voluntarista, em Letícia a jovem comum e preocupada com a profissão e em Paulo o esteriótipo do "jovem alienado".

É, contudo, no envolvimento de Paulo com Rosalina, mulher negra e favelada que se encontra internada no Hospital Universitário com diagnóstico de leucemia, que o filme se intensifica, ganha ritmo de aventura e desmonta a imagem inicial de cinismo e alienação do jovem Paulo. O filme ganha ritmo e a trama se aprofunda com o envolvimento dos três amigos na vida na cidade, em especial, com a dura realidade social e policial que oprime os pobres das favelas do Rio de Janeiro. Pela sua importância na estrutura do filme, este encontro entre Paulo com Rosalina merece ser descrito.

Numa das primeiras cenas do filme, Paulo, diante do prédio do Hospital Universitário, saca um porta remédios de metal contendo dois comprimidos coloridos (Analgésicos? Anfetaminas? O filme não esclarece o tipo de substância, mas deixa evidente seus efeitos no comportamento de Paulo), que toma em seguida. Mais uma dose! Paulo sobe ao prédio passando por corredores que se movem, por pessoas que perdem o foco e paredes que parecem desabar: rebateu! No caminho encontra uma jovem imobilizada no leito que agoniza e parece querer dizer alguma coisa. Paulo se compadece da jovem, segura em sua mão, a conforta e segue para a aula prática. Numa das pias do hospital, lava o rosto numa tentativa de reencontrar a lucidez, afinal, a aula já havia começado e a turma reunida em volta da paciente Rosalina ouvia as explicações do professor sobre o quadro clínico da paciente. O professor convoca Paulo e pede para que ele faça um exame e arrisque um diagnóstico. Após observar e comentar alguns dos sintomas anuncia seu diagnóstico: estamos diante de um quadro leucêmico. "Muito bem, Paulo", elogia o professor.

Esta cena é reveladora das intenções do filme que ameaça, mas parece não querer apenas construir tipos juvenis. Paulo se droga, mas também é bom aluno; vive aventuras amorosas sem compromisso, mas – ainda que negue – também é capaz de se apaixonar por Letícia. Aparenta irresponsabilidade e teoriza sobre o seu descompromisso com a política, mas é solidário com o sofrimento alheio a ponto de desviar-se de seu caminho para confortar a jovem agonizante e de se envolver afetivamente com Rosalina, a mulher negra em estado terminal. Se os médicos nem sempre podem salvar vidas, talvez possam fazer com que os momentos de encontro sejam humanos e reconfortantes.

Isso explicaria os presentinhos de cigarro de maconha que Paulo leva para Rosalina com o intuito de aliviar seu sofrimento e reconfortá-la das dores causadas pela quimioterapia. Eticamente inadequado? Paulo parece não se preocupar com isso, mas preocupa-se em confortar a Rosalina, que reconheceu como pessoa e não apenas como paciente e objeto de estudo das aulas práticas de seu curso de Medicina.

Uma festa na universidade, com samba, cerveja, comprimidos e a visão da bela Letícia, faz com que o mundo de Paulo saia de foco novamente. Entre o desejo e a dúvida ética em se sentir atraído pela namorada do melhor amigo e companheiro de teto e a lembrança da jovem que agonizava, Paulo parte desesperadamente para o Hospital e encontra o leito da jovem agonizante vazio e sem lençóis, numa clara informação de que o leito estava vago para mais um paciente. A jovem dos olhos azuis que gritavam havia partido. Paulo procura Rosalina em sua enfermaria e desabafa com ela, indagando se a moça dos olhos azuis que agonizava não estaria querendo lhe dizer algo. Rosalina não dá margem para muitas reflexões existenciais ou filosóficas, dizendo para Paulo: "Talvez ela quisesse dizer que a droga é uma merda!". Rosalina cairá em contradição mais à frente e receberá com alegria os cigarros de maconha que Paulo lhe presenteia para diminuir a dor produzida pela quimioterapia.

A relação de afeto entre Paulo e Rosalina se intensifica e a distância entre médico e paciente se dilui, assim como já havia se diluído a distância de idades para que uma bonita e solidária relação intergeracional pudesse acontecer. Com o agravamento de seu estado de saúde, Rosalina tenta sair do hospital para visitar seus "meninos", Cinézio e Cacauzinho. Paulo intercede, alertando-a sobre seu delicado estado de saúde e se compromete a encontrar seus filhos.

Neste momento do filme, o clima de atração entre Paulo e Letícia se intensifica e os dois seguem juntos no carro de Letícia para a favela onde Rosalina mora com os filhos. É oportunidade também para expor o cenário de abandono de uma das favelas da Zona Norte do Rio de Janeiro e, diante do assombro de Letícia pelo abandono que enxerga enquanto dirige seu carro, Paulo descreve a favela como "o coração das trevas". Sem dúvida, esse passeio inesperado para Letícia foi educativo e funcionou com um "zoom" no "mar de favelas" que ela havia visto e descrito no começo do filme. O filme assume ares de denúncia social (ausência de saneamento básico nas favelas, violência policial, descrédito dos pobres nas instituições de segurança e justiça).

Paulo descobre que um dos filhos de Rosalina, o camelô Cinézio, havia sido assassinado por policiais que roubavam as mercadorias dos camelôs e que o assassinaram a mando de comerciantes regulares. Descobre também que seu irmão Cacauzinho testemunhou a execução e que este se encontrava escondido na favela, com os policiais em seu encalço.

O encontro de Paulo e Letícia com Cacauzinho é revelador das distintas lógicas e percepções sobre a justiça e as instituições que podem ter os jovens moradores do "asfalto" e da "favela". Cacauzinho pensa em vingança contra os policiais que assassinaram seu irmão e não nutre a mínima confiança de que as "autoridades" da polícia e da justiça teriam boa vontade em ouvir a sua versão contra os policiais. Mário, sobrinho de Rosalina, demonstra seu ceticismo com um recorte de jornal que conta sobre o "tiroteio entre policiais e traficantes", ocasião em que Cinézio teria morrido em confronto e em que estaria também o menor e "foragido" Cacauzinho. A "realidade da favela" é apresentada por Mário para Paulo e Letícia. Na favela não há testemunhas, e, além do mais, qual a versão que vale mais, a do "menor" acusado de ser traficante ou do policial, diante do juiz?

Paulo argumenta que, em face da complicada situação, seria preciso recorrer a algum tipo de ajuda profissional: um advogado, uma ONG, uma associação... Uma alternativa pensada também por Paulo seria a de Cacauzinho se mudar para a casa de um parente fora da favela. Mas, ir para onde, se as redes familiares e de sociabilidade são estreitas e não há a quem recorrer fora dos limites da favela?

O envolvimento de Paulo e Letícia, que em princípio seria apenas de promoção do reencontro de Rosalina com seus "meninos", transforma-se em operação de salvamento e resgate do ameaçado Cacauzinho. Paulo ainda tenta se esquivar do compromisso inesperado, mas é cobrado por Letícia, que antevê o fim trágico de Cacauzinho caso não se faça alguma coisa para livrá-lo dos policiais. Leon se envolverá diretamente também.

Numa incursão de Paulo e Leon à favela numa tentativa de organizar o plano de fuga de Cacauzinho, os jovens universitários são abordados pela polícia que perfila outros jovens da favela num muro para fins de revista policial. A cena é exemplar dos estereótipos que a polícia comumente utiliza nas abordagens dos jovens nas cidades (RAMOS; MUSEMECI, 2005). Os jovens universitários são liberados após a revista, enquanto outros jovens negros ficam retidos na revista policial. Para Leon, ser negro mas também universitário fez diferença no tratamento recebido pelos policiais.

Leon segue sozinho para a favela com um plano em mente para resgatar Cacauzinho e levá-lo para a cidade de Brasília, onde moram seus pais. O resgate é frustrado pelos policiais que assassinaram Cinézio. Leon, Cacauzinho e seu primo Mário são levados para serem executados num lugar deserto da favela. Leon, não totalmente consciente da situação limite em que se encontrava, ainda ameaça os policiais, lembrando de origem familiar de classe média e redes de contatos de seus pais em Brasília; Mário, com senso de circunstância e realidade mais apurado, pede pela vida aos policiais, prometendo silêncio em relação ao assassinato de Cinézio e ao sequestro do grupo. Quando um dos policiais faz referência a Cinézio, Cacauzinho se precipita sobre ele, se envolvendo em luta corporal. No desfecho da cena, Cacauzinho e seu primo Mário são baleados mortalmente e Leon consegue escapar, mesmo ferido. Acolhido por um morador será entregue mais tarde à Letícia e Paulo, que extrairão a bala numa improvisada cirugia na casa do subúrbio onde moram Paulo e Leon. Cacauzinho, caído ao chão, ensanguentado, morre de olhos abertos numa possível alusão à música de Chico Buarque "O Meu Guri":

> [...] Chega estampado
> Manchete, retrato
> Com venda nos olhos
> Legenda e as iniciais
> Eu não entendo essa gente
> Seu moço!
> Fazendo alvoroço demais
> O guri no mato
> Acho que tá rindo
> Acho que tá lindo
> De papo pro ar
> Desde o começo eu não disse
> Seu moço!
> Ele disse que chegava lá
> Olha aí! Olha aí!

Para a autora mexicana Rossana Reguillo (2004) a democracia não deve ser vista somente como conjunto de regras institucionais, mas como cultura. Há uma simbiose perversa entre a violência e a perda da noção de pacto social, devendo este ser entendido como expressão da convivência pactuada. A violência que o filme retrata pela ação criminosa dos policiais militares não deveria ser vista como um desvio de agentes da lei, não apenas como assunto policial, mas principalmente como problemática cultural e política. É possível dizer que, quando o público perde sua força articuladora, quando se evaporam as razões para o "estarmos juntos", fortalece-se a noção de que a violência pode ser solução. Dessa forma, o problema maior da violência não residiria na ilegalidade, mas nas formas paralelas de legalidade. O esvaziamento do poder articulador do "público" leva ao sentimento de que a única alternativa é fazer justiça pelas próprias mãos. É esse sentimento que arrebata Cacauzinho, fazendo-o pensar em vingar o irmão assassinado dando aos policiais o seu próprio remédio de violência e extermínio. Leon também é contaminado por esse sentimento de solução rápida e com "as próprias mãos", depois de ser baleado e já em recuperação após a cirurgia realizada por Paulo e Letícia.

O filme tem o seu desfecho com os jovens pegando a estrada no carro de Letícia e fugindo da cidade. A estrada funciona perfeitamente como metáfora da situação de "jovens sem destino", que tentam se recuperar de experiência liminar e transformadora que os provocou a tomar decisões de natureza ética em relação aos limites que deveriam estabelecer para o envolvimento com o "outro". A aventura vivida os jogou em situação de incerteza, de medo, mas também de campo aberto de possibilidades e de escolhas. O filme encontra seu final com Leon, Paulo e Letícia entrelaçados num abraço protetor entre amigos que, juntos, enfrentam desafios. Neste momento do filme, o par romântico já havia mudado seu eixo, com Paulo e Letícia formando o novo casal e Leon assumindo que havia "perdido" Letícia para Paulo.

A cena do filme em que Paulo diz que estão entrando no "coração do inferno", em resposta à indagação de Letícia sobre que lugar era aquele, carrega uma dupla informação. Em primeiro lugar, demonstra o assombro da aprendiz de arquiteta diante do espaço da favela, cenário distante de seu universo geográfico, social e acadêmico; em segundo lugar, revela a constatação de que se estava penetrando em espaço social com regras distintas daquelas da cidade oficial.

O filme *Proibido proibir* não deveria ser definido apenas como um filme sobre jovens universitários, ainda que também o seja. A abertura que o filme elabora, desde a vida no *campus* universitário até as tramas de uma cidade do Rio de Janeiro capaz de elaborar espaços de convivência cultural entre diferentes classes sociais e que oculta, por trás de suas belezas naturais e arquitetônicas, violências múltiplas, faz da história contada por Duran uma narração sobre o desafio de reconstrução da experiência pública da vida democrática que passa pelo combate aos vetores do isolamento entre os diferentes sujeitos, espaços e tempos da cidade.

Indagado sobre a mensagem que procurou passar com o filme, o diretor Jorge Duran afirmou, revelando seu olhar generoso sobre os jovens brasileiros:

> Não acho que todos os jovens brasileiros vivem num profundo mal-estar ou não ligam para o que acontece no mundo. Mesmo no triângulo amoroso o que me interessava era saber o que eles fariam com aquele sentimento. E existe uma ética entre eles.[2]

A aposta do filme nos jovens é generosa, sem, contudo, idealizar jovens como agentes de transformação imunes a contradições, incertezas e impasses éticos quando provocados a agir solidariamente na relação com o seu "outro", individual ou sociológico.

Referências

RAMOS, S.; MUSEMECI, L. *Elemento suspeito: abordagem policial e discriminação na cidade do Rio de Janeiro*. Rio de Janeiro: Civilização Brasileira, 2005.

REGUILLO, R. Violência e depois culturas em configuração. In: SERRA, M. A. (Org.). *Diversidade cultural e desenvolvimento urbano*. São Paulo: Iluminuras, 2004.

---

[2] Depoimento no blog *Música e Poesia*, capturado na internet. Disponível em: <http:// musicapoesiabrasileira.blogspot.com/2007/04/proibido-proibir-longa-de-jorge-duran. html>. Acesso em: 24 ago 2008.

Por um tempo da delicadeza

Paulo Henrique de Queiroz Nogueira

O título em português, *Delicada atração*, insinua, talvez por razões de mercado, o que o título em inglês, *Beautiful thing* (1996), deixa nas entrelinhas para o espectador decifrar. Essa decifração, entretanto, não se prende a aspectos estéticos vanguardistas, posto que a narrativa linear não se propõe a dificultar a compreensão do filme. Estamos diante de uma produção cinematográfica que não faz esforço em esconder elementos da trama, visto que, já em seu início, aponta-se o conflito que constituirá o argumento: dois jovens rapazes que, em suas trajetórias pessoais e familiares distintas, descobrem-se apaixonados.

Não há sobressaltos na condução da narrativa nem cortes abruptos ou sobreposição intencionada de imagens em sua montagem. A câmera se comporta apenas como um espectador que acompanha a história com sequências compostas por poucos planos gerais e com muitos planos médios, próximos e *closes* em que a câmera busca fazer-se íntima da história a ser contada, mas não invasiva a ponto de alterá-la.

Aqui, as metáforas não obliteram nem obstruem o lugar dos acontecimentos, o que provoca no espectador um conforto na recepção estética da história a ser contada – os incômodos, portanto, não advêm da forma.

Mas não há arte sem metáforas nem imagens em que não caibam interpretações. É da história a ser contada que vem o conflito a ser desenrolado na trama narrativa e que se insinua sub-repticiamente no jogo semiótico presente no título em inglês. Há uma ludicidade entre as palavras do título original que se perde no título em português, o qual percorre uma cadeia sinonímica entre a coisa, o objeto, o negócio, a situação e cujo teor da ambiguidade semântica poderia ser mais bem indicada pelo termo "trem" da mineiridade, por englobar, simultaneamente, um estado e um acontecimento da belezura.

Perseguindo essa chave de leitura do filme, vale a pena se perguntar, então, em que recôndito se esconde a beleza de se ser e estar possuidor de uma boniteza?

É em torno a essa indagação que se tece o enredo e que os protagonistas se posicionam. Ser e estar alternam-se, implicam-se mutuamente e provocam eventos inusitados na vida de dois jovens rapazes de uma Londres entediada e entediante em seus subúrbios geométricos. Neles o tédio é enfatizado pelo grande plano ao mostrar uma periferia distante dos cartões postais, enquadrada em seus prédios e vias cinzas e na qual os volumes compõem uma paisagem árida e entediante. É nessa aridez rotineira que a vida entre a escola e a casa não se altera no decorrer do dia e que, por seus percalços, apenas reitera a incapacidade dessas instituições em se fazerem portadoras de sentidos para quem espera mais da vida.

Há uma morosidade no presente que enclausura esses jovens, mas que, simultaneamente, é a porta de entrada de uma possível saída do previsível e do rotineiro através da qual se pode transformar o que é moroso em vertiginoso e fazer do presente não mais o chão da mesmice, mas a plataforma para o salto e o palco de novas atuações. E assim se pode transitar de um presente a outro mais permeável à beleza e ao encantamento da delicadeza que relativiza e encanta o que é abrupto e grosseiro, como o arco-íris que invade a cena ao quebrar a opacidade do cinza presente também no céu, ainda que a história se passe em pleno verão.

São três os jovens em cena: Jamie (Glen Berry), Ste (Scott Neal) e Leah (Tameka Empson). Jamie e Ste são dois rapazes que ocupam a centralidade da narrativa, e Leah, uma jovem negra que faz escada em várias cenas para os protagonistas. Cada um, a seu modo, faz valer a busca do encantado que, como diz Chico Buarque em *Todo o Sentimento*, faz com que se descubra um tempo da delicadeza.

Tempo da gente se desvencilhar da gente

Jamie é um aluno que se sai muito mal no futebol e tem dificuldades de relacionamento na escola. Ste é um bom jogador e é reconhecido pelos colegas. Leah é uma jovem negra expulsa da escola.

São essas as informações que se tem da escola e de suas vidas escolares. A escola é apresentada, portanto, obliquamente, em referências que são descontextualizadas, e desse espaço há apenas indicações esparsas. Assim, no começo da trama, os dois personagens masculinos se encontram em um jogo de futebol com outros alunos da escola em um campo, sem nenhum marcador espacial escolar. Nesse campo há uma mulher vestida com um sari, presumivelmente uma indiana, técnica do time feminino, com uma bola na mão a apresentar o novo técnico de futebol para o time masculino de uma escola.

É com essa cena que se inicia o filme. E, nela, Ste é reconhecido e legitimado, enquanto Jamie é o estranho, o dúbio, aquele que não se reconhece e não é reconhecido como igual. Ele é posto para fora do time, não lhe permitem jogar (*to play*) porque a dramaticidade que envolve a cena é conduzida por uma atuação (*to play*) não segundo as regras técnicas do futebol, mas da homossociabilidade[1] em que os iguais se identificam como iguais por se diferenciarem internamente em suas assimetrias ao regularem as performances de gênero. Alguns se veem alçados ao topo da hierarquia por possuírem as insígnias desejadas do masculino, enquanto outros se distribuem até a base na qual devem estar os banidos por esse jogo especular de reconhecimento e diferenciação.

A homossociabilidade, que aparentemente irmana os iguais no jogo de futebol, os diferencia radicalmente ao aquilatar as pertenças dos indivíduos pelo que se espera das performances de gênero que se atribuem ao masculino e ao feminino. Nesse aspecto, a diferenciação entre Ste e Jamie é dada pela aceitação e rejeição de suas participações no convívio entre os alunos que jogam futebol.

O que pesa não é simplesmente a competência técnica em jogar, mas o desempenho que cada um manifesta em ser homem e que

---

[1] "Homossociabilidade" refere-se a rede social criada na apropriação dos códigos de gênero por homens e mulheres que, junto a seus pares, reconhecem-se como possuidores de um sexo sobre o qual se constitui socialmente o que Bourdieu (1995) denomina *habitus*.

transparece na aceitação em curso dada pelo grupo de meninos. Essas duas dimensões estão interconectadas intimamente e se interpenetram na qualificação de um bom jogador. Quantas vezes não se faz referência a um jogador medíocre, sem tanto esmero técnico numa partida, mas que honra a camisa como alguém que tem raça, alguém que se porta segundo o que se determina como próprio ao sexo masculino. E se assim se faz é por se acreditar que a virilidade, a determinação, a ousadia fazem parte da masculinidade e que lhe demarcam o corpo a partir de uma aceitação de uma identificação linear e bimórfica entre sexo e gênero.

O uso de palavrões, por exemplo, marca no filme esse contexto em que se expressa a virilidade imposta aos meninos e por eles aceita. É seu uso exacerbado que explicita uma solidariedade entre os meninos, que o repetem à exaustão. É da professora de educação física que vem uma referência de que, para jogar futebol, é preciso mais atenção do que uma performatividade de gênero – assim como em outros âmbitos das relações entre homens e mulheres. Em português, perde-se o trocadilho, mas, em inglês, a professora diz que espera "menos 'droga' (*fuck*) e mais atenção, por favor," aos alunos que jogarão futebol. Também diz que o mesmo faltou a Gina. Ela deveria ter dito a seu namorado antes dele ter lhe engravidado: menos foda (*fuck*), mais atenção.

É um ambiente competitivo, portanto, tanto para meninos e meninas quanto entre meninos e meninas. Competem por reconhecimento e legitimidade na condução do jogo dramático em curso. Ser menino e menina é um aprendizado. E nada mais esclarecedor dessa aprendizagem do que injuriar a participação de um menino na encenação, reservando-lhe o lugar inadequado e de menor prestígio social.

Depois de ser rechaçado pelo grupo de alunos, Jamie diz ao professor que não levou as chuteiras para jogar futebol e, portanto, não pode participar da aula de educação física. Afasta-se do grupo que o expulsara. O professor, por ser novato, não sabe o seu nome e o pergunta a um aluno que lhe diz ser "Hugh Janus". E o professor assim o chama. Só que, em inglês, a pronúncia de "Hugh Janus" é próxima de "*huge anus*", que, em português, corresponderia a um bunda mole, um bundão, um cuzão, um cu frouxo, um maricas.

Ou seja, engendra-se aqui não apenas uma condição desabonadora para o masculino de falta de virilidade em jogar futebol, mas imputa-se a esse homem uma posição inferior na escala de hierarquias de gênero semelhante ao feminino em sua passividade, pois, como nos diz Bourdieu em *A dominação masculina* (1995), a *derrière* é a parte do corpo na qual se reconhece o feminino, enquanto a frente é o lugar do masculino. Se lhe falta culhão, raça, é porque é um frouxo, um maricas. E, assim, a injúria se faz homofobia.[2]

Não que se trate, certamente, do fato de um desprezo por Jamie ser homossexual, nem mesmo nesse momento da trama, Jamie o diz. Mas não importa. A experiência da homofobia não requer uma cognição em que se põe a descoberto algo que até então não havia se revelado. É apenas necessário algum grau de dissidência, ainda que meramente imaginária. Por isso, trata-se de uma violência simbólica e que não necessita de comprovações ou evidências para que se instale. É justamente o contrário que se dá, é a suspeita que já indica a presença material da violência que, simbolicamente, prenuncia o ato ao pô-lo em manifesto.

O malogro é que esse sistema vitimiza a todos e não apenas os homossexuais. Atinge a homens e mulheres, heterossexuais ou não, pois exerce uma vigilância de gênero sobre o que se considera inadequado e adequado. Portanto, Jamie apenas incorpora mais radicalmente essa experiência da dissidência frente aos colegas e ao próprio Ste, que participa da ação do grupo para expulsá-lo do time.

Vêm os letreiros e passa-se, então, a conhecer a família dos três personagens que são vizinhos de porta em um grande condomínio.

Leah, a jovem negra, gosta de Mama Cass, a cantora gordinha do grupo musical The Mamas and The Papas, trilha sonora do filme. Vive com sua mãe e, por ser personagem secundária, pouco se sabe sobre ela. Não vai à escola e dela se desinteressa. Sua função na trama é pôr comicidade ao drama por trazer "tiradas" que provocam o riso. Mas é responsável por mediar alguns desfechos no filme, por interpelar os outros dois personagens centrais.

---

[2] Mesmo considerando distinções que possam haver entre homofobia, heterossexismo, heternormatividade e heterocentrismo, aqui as tomo como sinônimos da intolerância contra os homossexuais.

Ste vive com o pai e o irmão. O pai, alcoólatra, e o irmão, usuário de drogas, acossam-no constantemente, e é justamente a violência doméstica que o faz ser recebido na casa do vizinho, onde encontra refúgio.

Jamie é o filho único de uma mãe ainda jovem, Sandra, que trabalha num bar como balconista e sonha ser gerente de outro bar numa região mais próspera de Londres. Sua relação com o filho não é tranquila, mas cercada de afeto e cuidado. Os conflitos surgem entre os dois devido à preocupação que ela sente pelo filho não se sair bem na escola, que lhe telefona para dizer das dificuldades de Jamie.

Apresentados os personagens e a ambiência, passa-se às condições nas quais o conflito central da trama se desenrolará com a acolhida de Ste na casa de Jamie, após mais uma surra. Os dois garotos dormem juntos no mesmo quarto, na mesma cama.

Instala-se, pouco a pouco, para os dois, uma intimidade que pode ser tanto um ato homoerótico,[3] quanto um ato homossexual. É isso que eles e os expectadores terão que elucidar. É essa elucidação que realiza o convite de se entrar num tempo da delicadeza em que tudo pode se refazer.

Tempo em que se refaz tudo o que se desfez

Aos poucos, adensa-se a trama. Aos poucos, descobrem-se os corpos. Aos poucos, os afetos assomam-se. Nada é abrupto, mesmo que intenso. Nada é insano, mesmo com percalços. Nada é gratuito, mesmo com excessos.

O primeiro momento de intimidade entre os dois é conduzido pelo acolhimento, e o que os aproxima é certo abandono dos adolescentes, que se veem possuídos de um inconformismo frente aos pais – mesmo que, para Ste, as surras sejam muito mais contundentes e arbitrárias, oriundas da má relação. Eles não são aceitos como são, há algo em seus corpos que os tornam estranhos até para si mesmos. É dessa inadequação que falam ao dizerem de si quando estão sozinhos no quarto em que dividirão a mesma cama. Trata-se de um momento

---

[3] Homoerotismo refere-se a um conjunto de práticas sociais nas quais se obtém prazer ou se deseja alguém do mesmo sexo sem que necessariamente esses indivíduos que possuem práticas homoeróticas se sintam ou se declarem homossexuais.

de aprendizagem e reconhecimento de que são iguais. Iguais em seus corpos que se transformam, por isso falarem das espinhas; em sua autoimagem que se altera, por isso se acharem feios e pouco atraentes; em seus gostos, por isso dizerem de quem gostam e do que gostam.

As palavras, aos poucos, aproximam os corpos e os tornam íntimos numa relação homoafetiva[4] intensa em que tanto o acolhimento um do outro quanto o "adolescimento" os identificam. Mas saem as palavras e fica o aconchego dos corpos, que são tomados por um reconhecimento em que o afeto tateia as possibilidades, dorme-se um sono de apreensão e doçura.

Só que os corpos pedem mais.

Nesse sentido, são os corpos que importam. São os corpos que traduzem para a alma o que se quer e o que a ela se reclama diante do que lhe é delimitado. São os corpos que dão o contorno para que a alma exerça sua inflexão. Não se trata de uma prisão, como pensavam o platonismo e a tradição são paulina, da alma pelo corpo. É o contrário que se processa, pois o corpo é muito mais uma superfície para o exercício dos afetos a serem permitidos ou não.

Deixar-se afetar e ser afetado é o que conduz os corpos na liberdade de se interrogar sobre os desejos e o que se faz com eles. Assim, trata-se muito mais de libertar o corpo da alma e não vice-versa. Trata-se de reconhecer que é sobre o corpo que se instauram as intensidades do incorpóreo e que poderão ou não se reconhecer no que dele a alma vigilante espera.

A homoafetividade faz ressoar nos corpos outros ecos desejantes nos quais repercutem as histórias individuais que experienciam a natureza de outros abraços e outros toques. Se, antes, o partilhar da cama se dava na solidariedade do abandono do adolescer, há agora o abandonar-se solidário, que faz com que não mais se deitem em sentidos contrários, mas os põe em maior contato ao se descobrirem em seus afetos.

---

[4] Homoafetividade, diferente de homoerotismo, envolve práticas afetivas e sentimentos por alguém do mesmo sexo. Alguns acreditam que essa se dê exclusivamente entre pessoas que se consideram homossexuais. Compartilho, entretanto, a compreensão de que a homoafetividade prescinde de uma orientação claramente definida e pode ser encontrada em formas mais ou menos difusas de relacionamentos entre iguais.

Consuma-se um beijo. Reconhece-se o desejo homoerótico.

Há uma passagem da homoafetividade ao homoerotismo, intensificam-se as cores do desejo. A noite transcorre "em *off*". E o espectador não sabe de fato o que houve, mas as cenas sugerem um reconhecimento de corpos que dormem juntos, abraçados.

Para o espectador nada é dito, mas, em meio ao que se insinua, sugerem-se provocações do que se passa nas relações entre os varões. Sutilezas que o transformam de apenas um mero assistente descompromissado em um outro que perquira não apenas o que se mostra, mas o que se esconde. É uma ação que se exerce para que se constitua o expectador, a quem não se dá o direito de manter um olhar inocente, pois dele se cobra um posicionamento. É um movimento especular: quem vê passa a ser visto pela cena que presencia, pois, de fato, a cena só pode ser composta por suas crenças mobilizadas pelas imagens – do espectador retira-se a condição de assistente para que ele se pronuncie como um expectador.

É Leah que cumpre esse papel. A ela, em sua função de mediadora da cena, cabe dizer claramente do que se trata a partir do que presume ouvir, mesmo sem nada ter escutado. Ela tem que compor a cena imaginada e fazê-la realidade. A ela toca anunciar não ser mais cabível tanto afeto numa amizade. Mas ela o faz como alguém que vigia os corpos e os sinaliza. Apressa-se em ser arauto das almas vigilantes que vasculham os corpos e os nomeiam.

Aqui, vale a pena reafirmar, só há uma suspeita, nada de fato se sabe, pois Leah afirma ter ouvido vozes durante a noite, trata-se de suspeitas. Ou seja, não há nada de fato a ser sabido. Se o espectador ignora o que ocorreu, também o ignoram os personagens em cena, visto que ainda nada fora nomeado. Mas o expectador o sabe e é esse o móvel da injúria, não se precisa saber, basta se suspeitar, o sistema de crenças faz o resto. E isso é suficiente para que Ste e Jamie se vejam em conflito sobre o que fizeram e anseiem em saber se isso terá algum desdobramento para eles.

Tornar-se homossexual não é uma ação que se executa para que se revele o que se é. Uma prática a partir da qual se descobre e se inverte o manifesto pelo oculto, num desvelar binarista em que se é um ou outro. Polos positivos e negativos nos quais se realiza uma passagem para outra identidade a ser formulada como antípoda da heterossexualidade. Essa é a invenção do homossexualismo pelo heterossexismo em que "o homossexual" deve se posicionar em um *locus* no qual devem estar os que rompem em sua radicalidade com os destinos atribuídos pelo sexo ao gênero. Ou seja, há homossexualismo antes dos homossexuais porque há homofobia antes das práticas homossexuais.

Nessa perspectiva, não há homossexualismo, e sim homossexualidade, porque o primeiro termo remete a uma condição patológica, a um desvio social, a uma perversão moral. E, por isso, é rejeitado pela militância LGBTI,[5] que propõe o termo "as homossexualidades" para que se perceba a diversidade de uma condição que não se traduz na inversão da heterossexualidade. São os heterossexuais que nomeiam as homossexualidades como homossexualismo, como atos desviantes. São as práticas heteronormativas de gênero que naturalizam a distinção entre uns e outros e fazem com que nessa distinção não haja nenhum gradiente entre um ponto e outro.

Cabe aos que incorrem nas práticas homoeróticas percorrer os dois pontos, ultrapassá-los aquém ou além desses balizadores de gênero e se localizarem, mesmo que tudo já tenha sido dito, pois se é um ou outro.

Cabe ao homossexual viver essa experiência já por todos sabida. Cabe a ele saber do que se trata a injúria e nela se reconhecer, até para esconjurá-la em seus pequenos atos, pois saberá que, a cada momento, pesará sobre ele a pecha de ser o que ele não almeja.

É um jogo infernal que empurra as relações homoeróticas, via infâmia, para uma deriva constante na qual os corpos lutam por se perceberem como diferentes de uma igualdade presumida em se ser homossexual – por isso Ste pergunta para Jamie se ele o achava bicha.

Aos dois só resta perguntar do que se trata, nomear a si em outra consigna para fazer valer a delicadeza. O inferno se revela no inferir e ser inferido pela gramática sexual que localiza as condutas, trata as

---

[5] A sigla LGBTTI refere-se a Lésbicas, Gays, Bissexuais, Travestis, Transexuais e Intersexo (os considerados hermafroditas em sua constituição biológica). Essa sigla foi cunhada pelo movimento social e sua militância política para demonstrar a diversidade sexual em suas vivências de gênero que tornam o termo "homossexual" pouco representativo. Continua-se empregando o termo, entretanto, como articulador político e de enfrentamento da homofobia que atinge a todos e todas independentemente, inclusive, de sua orientação sexual.

identidades e produz dispositivos pelos quais o sujeito alimenta e se alimenta do pão amassado no fermento da injúria. A delicadeza se revela no trabalho do sujeito em fazer valer os corpos, mesmo/apesar da gramática, e trata a injúria não como ponto de partida ou de chegada, mas como um dos dispositivos a ser alterado em seu maquinário para que se possa ser homossexual quando não se quer sê-lo como contrafação da heterossexualidade.

Jamie realiza esse percurso, ele torna-se pouco a pouco homossexual, ou melhor dizendo, ele se torna gay. A cultura gay londrina que ele acessa o conduz ao encontro de uma horda dos seus pares. Ali, estranhamento e reconhecimento preenchem a cena e a resultante se desvela na sua percepção de que é gay e que espera o mesmo de Ste. Ou seja, Jamie busca na identidade gay o refúgio disponível para se inventar um lugar para si em que a cultura seja lugar de passagem para o seu afeto e o que descobrira com Ste.

Leah, em suas insinuações, "publiciza" para os colegas o que supõe estar acontecendo e logo põe Ste contra Jamie, fazendo com que outros alunos da escola acossem Jamie com as difamações já conhecidas dos que vivem o amor que não ousa dizer o seu nome. Essas difamações são confidenciadas, pela escola, para Sandra, que se mobiliza para saber do que se trata em um misto de frustração, raiva, preocupação e cuidado. Vasculha a mochila do filho, seu quarto, o segue e o descobre.

Ela o confronta. Mãe e filho se reconhecem não mais no desconforto da não aceitação mútua por seus erros, mas, com toda a dor que isso representa, reconhecem-se no imponderável da fragilidade humana em que as escolhas amorosas de ambos são apenas escolhas.

Um tempo de seguir, como encantado, ao lado teu

Os afetos conduzem a Jamie a Ste a viverem o que sentem e a reiventarem a vida. A viverem a vida com obra de arte, como criação. No filme, essa criação aparece como fantasia ao fazer com que os dois dancem no pátio do prédio ao som de Mama Cass cantando "Dream, a little dream of me" (Um sonho, um pequenino sonho de mim). Junto com eles dançam Sandra e Leah em meio a um círculo em que todos olham a cena sem constrangimento aparente e desaparece a homofobia.

Claro que essa cena é implausível, trata-se de um sonho, mas devemos entendê-la como uma aposta, um convite dirigido ao espectador.

Como diz a trilha de Mama Cass, em especial a música "Make your own kind of music", que pontua a trama:

> Mas você tem que fazer seu próprio tipo de música.
> Cantar sua própria canção especial.
> Fazer seu próprio tipo de música.
> Mesmo que ninguém mais cante junto.[6]

É sobre essa fantasia que o filme quer falar. Uma fantasia que possa vir a tornar plausível a diversidade. Frente a outros filmes com personagens LGBTTI, este quer ter promessas de vida e não descrições de morte como: *Outra história de amor* (*Otra historia de amor*, 1986) *Maurice* (1987), *Garotos de pograma* (*My own private idaho*, 1991), *Aimée & Jaguar* (1998), *Meninos não choram* (*Boys don't cry*, 1999), *Assunto de meninas* (*Lost and delirious*, 2001), *O segredo de Brokeback Mountain* (*Brokeback Mountain*, 2005) ou *The bubble* (2007).

Se há uma promessa no amor de Ste e Jamie é o de que a diversidade é um campo de possíveis por trazer à tona o diferente em que irrompe a potência criadora da vida. Deixar-se navegar e navegar por essas vias é ultrapassar a dor da homofobia e fazer valer outro mundo, não da tolerância, e sim da diferença. A tolerância é estigmatiza por pressupor uma liberdade inconciliável e reconhecer como ponto de partida os espaços delimitados das identidades em seus pontos fixos e polares, enquanto a diferença não busca a reconciliação dessas identidades por si estereotipadas. Não que ela proponha, por um lado, a intolerância, nem, por outro lado, desconsidere o valor das identidades. A pedra de toque seria que as identidades, menos do que descrever e diagramar as práticas sociais, serviriam como pontos de passagem para que se possa fazer valer outras possibilidades subjetivas e que, portanto, na luta política, pudessem ser usadas para afirmação da alteridade.

Uma diferença identitária em que não se sabe ao certo o que é ser homossexual, mas em que recusa o heterocentrismo e que se propõe a trazer para todos os homens e as mulheres, homossexuais e

---

[6] *"But you've gotta make your own kind of music / Sing your own special song / Make your own kind of music / Even if nobody else sings along."*

heterossexuais, uma temporalidade não mais marcada pelas assimetrias heteronormativas, que fazem das diferenças de gêneros vetores da estigmatização. Antes, propõe uma luta pela diferença que não acentue a desigualdade nem faça valer a indiferença no trato de todos e todas.

Uma diferença que inaugura um tempo para se seguir, como encantado, ao lado dos que querem seguir juntos! Um tempo da delicadeza.

* * *

Peço aos leitores/espectadores do filme que se deixem encantar pela história e que não cheguem à conclusão, já bastante gasta, por sinal, de que os dois adolescentes tornam-se homossexuais por terem famílias desajustadas. Se todos os argumentos aqui apresentados ainda não o convenceram, apenas pense que há heterossexuais em famílias com as mesmas questões e homossexuais em famílias em melhor situação. Esse é um detalhe em um percurso, pois, de fato, buscar as causas da homossexualidade pode ser também uma forma de homofobia. Tudo bem, você talvez esteja dizendo que, se houver uma causa natural, cessará a hostilidade com os homossexuais, assim como não se molesta as bananeiras por darem banana. Mas, pense nisso, será que não seria mais simples admitir que as coisas são assim e ponto?!

Referências

BORRILLO, D. *Homofobia*. Barcelona: Ediciones Bellaterra, 2001.

BOURDIEU, P. A dominação masculina. Tradução de Guacira Lopes Louro (original em francês). *Educação e realidade,* Proto Alegre: Universidade Federal do Rio Grande do Sul. v. 20, n. 2, jul./dez., p. 133-184, 1995.

BRITZIMAN, D. O que é essa coisa chamada amor: identidade homossexual, educação e currículo. Tradução de Tomaz Tadeu da Silva (original em inglês). *Educação e realidade*. Porto Alegre: Universidade Federal do Rio Grande do Sul, v. 21, n. 1, jan./jun., p. 71-96, 1996.

BUTLER, J. *Problemas de gênero: feminismo e subversão da identidade*. Tradução de Renato Aguiar (original em inglês). Rio de Janeiro: Civilização Brasileira, 2003. (Coleção Sujeito e História)

CONNELL, R. *Gender and power*. Cambridge: Polity Press, 1995.

ERIBON, D. *Reflexões sobre a questão gay*. Tradução de Procópio Abreu (original em francês). Rio de Janeiro: Companhia de Freud, 2008.

MARTINO, W.; MEYENN, B. (Orgs.). *What about the boys? Issues of masculinity in schools*. Buckingham: Open University Press, 2001.

TIN, L.-G. (Org.) *Dictionnaire de l'homophobie*. Paris: PUF, 2003.

WELZER-LANG, D. A construção do masculino: dominação das mulheres e homofobia. Tradução de Miriam Pillar Grossi (original em francês). *Revista estudos feministas*. Florianópolis: Universidade Federal de Santa Catarina, v. 9, n. 2, p. 460-485, 2001.

WELZER-LANG, D. Os homens e o masculino numa perspectiva de relações sociais de sexo. Tradução de Maria Cristina G. Cupertino (original em francês). In. SCHPUN, M. (Org.). *Masculinidades*. São Paulo: Boitempo; Santa Cruz do Sul: Edunisc, 2004. p. 107-128.

Elefante e o universo juvenil na obra de Gus Van Sant

Geraldo Leão

Sempre resisti a filmes que abordam temas relacionados à violência entre os jovens pelo fato de que, em geral, essas obras tendem a transmitir a impressão de que a violência é intrínseca à juventude. No entanto, minha resistência inicial em assistir ao filme *Elefante* (*Elephant*, EUA, 2003), de Gus Van Sant, foi aos poucos sendo superada pela forma como o diretor abordou a temática. A violência apresenta-se como mais um aspecto da experiência de jovens e adultos nas sociedades atuais. Sem negar a sua existência, mas ao mesmo tempo sem exaltá-la, o filme apresenta questões importantes para uma reflexão sobre o cotidiano escolar e a condição juvenil nas sociedades contemporâneas.

* * *

O que explica certas situações brutais de violência protagonizadas por jovens? Essa questão vem à tona sempre e a cada vez com maior frequência quando tomamos conhecimento de eventos violentos que envolvem jovens, especialmente quando estes são "bem integrados" à vida social. A perplexidade com que recebemos tais notícias parece advir de uma tomada de consciência da nossa vulnerabilidade. Aprendemos a confiar em nossas instituições como instâncias seguras, garantias da continuidade do nosso modo de vida e da formação das novas gerações. Esses fatos tornam-se uma "cutucada reflexiva" que nos faz pensar: onde estamos errando? Dela nascem teses acadêmicas, ensaios e análises que, a partir de um determinado ângulo, pretendem explicar o fenômeno.

Abordando a irrupção inesperada de um ato violento protagonizado por dois jovens estudantes numa escola americana de ensino médio, o filme de Gus Van Sant não pretende ser mais uma resposta a essas indagações. Ao contrário, o filme parece fugir das respostas prontas ou das narrativas sensacionalistas, aproximando-se do problema a partir de uma postura de busca de compreensão e de reconhecimento da impossibilidade de uma explicação definitiva. A proposta do filme parece ser "colar" nos adolescentes e no seu universo, sobretudo no cotidiano escolar, para nos fazer sentir e refletir sobre o fato. Mais que explicações, o filme levanta questões e se coloca ao lado delas, levando-nos para o centro do episódio.

O fato que deu origem ao filme se passou em 1999, numa prestigiada escola de Ensino Médio em Columbine (Colorado, EUA), quando dois estudantes mataram 12 colegas e um professor. Em seguida, cometeram suicídio. O crime comoveu o mundo e até hoje é lembrado nos Estados Unidos em atos e manifestações a cada ano de sua passagem. Além da cobertura da mídia, o ataque foi abordado no documentário, dirigido por Michael Moore, *Tiros em Columbine* (2002).

Diferentemente das coberturas jornalísticas, debates e documentários que o fato originou, Van Sant parece assumir outra postura para abordar a questão. Mais do que relatar ou apresentar uma versão dos fatos, o filme parece ser um esforço para entender os jovens e os motivos que os levam a agir de forma violenta em determinadas situações.

O desejo de compreender os jovens e suas motivações parece ser uma marca desse diretor e talvez aí resida a contribuição que o seu filme pode oferecer aos educadores e aos profissionais que trabalham com esse público. Não se parte de uma visão preconcebida da juventude, tão comum quando nos relacionamos com as novas gerações. Antes mesmo de desenvolver nossas atividades educativas, seja na escola ou em projetos sociais, já temos um "diagnóstico" dos jovens, conhecemos o seu "perfil" e possuímos um plano de "intervenções". Essa lógica intervencionista pretende moldar os jovens segundo um ideal de adulto.

Por que *Elefante*?

De início, Van Sant nos intriga já com o próprio nome do filme. Com um título aparentemente inusitado, ele nos incomoda e nos move à busca de explicações. Segundo um depoimento do próprio diretor, o título inicialmente foi inspirado no documentário homônimo de Alan Clarke (1989) sobre a violência entre jovens irlandeses. A atração pelo documentário de Clarke parece ter sido a narrativa fragmentada, muito comum em alguns filmes do diretor. Uma primeira interpretação do título pode referir-se à motivação do próprio Clarke que, ao nomear o seu documentário, justificou o título dizendo que a violência entre os jovens é como a presença ignorada de um elefante em uma sala: as pessoas somente compreendem o tamanho do problema quando ele resolve se mexer (Candia, 2005).

Mas o título vai além, possuindo uma grande força metafórica. Ela é uma referência a uma parábola budista sobre a tendência humana a querer impor seu ponto de vista ao outro por meio da violência.[1] Segundo essa parábola, o Buda estava em uma aldeia na presença de vários brâmanes[2] de diferentes seitas. Esses brâmanes tinham diferentes crenças e concepções, dependendo dessas ideias para o seu sustento, o que provocava brigas e rixas entre eles. Interrogado sobre essa situação, o Buda narrou a parábola de um rei que ordenou a um súdito que reunisse todos os cegos éide nascença da cidade. Feito isso, o rei mandou que lhes apresentassem um elefante. O súdito então passou a apresentar o elefante para as pessoas cegas. A cada grupo apresentava uma parte do elefante – a cabeça, a tromba, a orelha, os pés, o rabo – dizendo: "Isso é um elefante!". Assim que o elefante foi apresentado a todos, o rei passou a perguntar aos cegos como era o elefante. Cada um passou a comparar o animal com a parte que tinha tocado e a se golpearem fisicamente para impor a sua "visão". E assim o Buda termina sua parábola:

> Alguns dos assim chamados brâmanes e contemplativos,
> Estão profundamente apegados às suas próprias idéias;

---

[1] Disponível em: <http://www.acessoaoinsight.net/sutta/UdVI4.php>. Acesso em: 24 maio 2008.

[2] "Sacerdote que oficiava os sacrifícios do Veda: o que supervisionava a correta execução dos ritos. 2. Membro da mais alta das castas dos hindus, a dos homens livres, os nobres arianos" (FERREIRA, 2004, p. 324).

As pessoas que apenas vêem um lado das coisas
Se envolvem em brigas e disputas.

Trata-se, a meu ver, de um título que sugere uma reflexão sobre a dificuldade que encontramos hoje em lidar com a diversidade em uma sociedade que tende à padronização e banalização. Ele nos induz a uma reflexão sobre a vida social contemporânea, marcada pela proliferação de ideias, estilos de vida e concepções de mundo, ao mesmo tempo por uma fragmentação e isolamento em relação ao outro, fonte de ameaça. Em nome da praticidade e segurança, isolamo-nos em partes da cidade – o condomínio fechado, a escola vigiada, o *shopping* (Bauman, 2007). Em nome da competitividade – no mercado, no vestibular – viramos consumidores de escolas seletivas no conhecimento e no convívio social. Numa sociedade aberta, na qual as carreiras devem ser cuidadosamente planejadas, traçamos metas, afastamos o imprevisto e excluímos o diferente. Tornamo-nos, assim, cegos, incapazes de desenvolver uma compreensão abrangente da nossa vida social. Cegos, demasiadamente presos às nossas ideias e crenças, passamos a nos golpear uns aos outros, deixando de reconhecer e valorizar o ponto de vista alheio.

Assim, tendo como pando de fundo os eventos ocorridos em Columbine e a partir da sua crítica à sociedade estadunidense, Van Sant parece nos convidar a refletir sobre a ausência de comunicação nas sociedades contemporâneas. A violência retratada não se reduz ao universo escolar, não é pedagogizada nem psicologizada. Ela está relacionada com um modo de vida que elegeu alguns estereótipos de sucesso e interditou o diálogo com quem não se enquadra nesses modelos.

O filme

O filme se inicia com imagens de nuvens passando enquanto, ao fundo, ouve-se a voz de um professor orientando os alunos durante uma aula de Educação Física. Essa abertura nos lança para o contexto do filme – o cotidiano de uma escola – sem que haja a preocupação em identificar a data e o local onde os fatos se desenrolam. Ouve-se apenas o burburinho dos alunos, sons variados e a voz do professor.

Somente quando um dos alunos entra na escola e aparece o seu nome ao fundo é que ela é identificada. Esse silêncio parece indicar que não há uma preocupação do diretor em se apegar ao ocorrido em

Columbine. Essa pode ser qualquer escola, em qualquer tempo. O filme vai além do fato em si. Ele retrata as relações humanas e o cotidiano das escolas de ensino médio americanas.

Entramos no universo da escola conduzidos pelos personagens/estudantes num verdadeiro *tour* pelos seus corredores. Durante todo o filme, a câmera parece perseguir os jovens, como uma sonda que desvenda os intestinos da instituição. Logo na primeira cena, a câmera segue John, um aluno que se atrasou e é repreendido pelo Diretor. Ao seguir os seus passos até a sala do Diretor, vamos penetrando no ambiente escolar com toda a sua balbúrdia: pessoas que se encontram nos corredores, diálogos cruzados, cadeiras sendo arrastadas, a campainha anunciando a próxima aula, os funcionários dando e recebendo instruções, etc.

Assim vamos conhecendo os jovens alunos e seus dramas, numa multiplicidade de histórias e experiências que se cruzam no tempo e no espaço escolar. Devagar, vamos conhecendo um pouco de cada um, de suas motivações e valores, descortinando-se ao espectador toda a diversidade que compõe o universo juvenil em uma escola. O filme retrata os jovens em diferentes posturas e relações com a escola, lembrando, nesse aspecto, as análises de François Dubet (1998) sobre as lógicas da ação presentes à experiência escolar. Segundo esse autor, o sentido da escola não é dado de antemão pela instituição, mas é uma construção dos sujeitos. Nesse processo, os alunos negociam entre as regras esperadas com relação ao papel de estudante, os valores compartilhados pelo grupo e suas motivações individuais. Alguns alunos desenvolvem uma grande identidade com a escola, outros se situam paralelamente a ela: cumprem o papel de aluno sem aderir totalmente à escola. Dessa forma, por exemplo, em uma aula de Física, enquanto os "jovens atletas" assistem às explicações do professor com atenção e, ao mesmo tempo, humilham Alex com suas brincadeiras.

Outros, não conseguindo construir uma relação positiva com a escola, desenvolvem uma visão negativa de si como alunos. Nesse caso, diz Dubet (1998, p. 31), "a escola não forma indivíduos, ela os destrói". Por fim, ainda segundo esse autor: "alguns resistem aos julgamentos escolares, querem escapar e salvar sua dignidade, reagir ao que percebem como uma violência, retornando-a contra a escola. Eles se subjetivam contra a escola".

Entre esses últimos tipos há Michelle, uma jovem retraída, sem amigas e tratada como "esquisita" pelas colegas. Em certo momento, a câmera assume o olhar dessa jovem e todas as imagens ficam embaçadas. Há também Alex e Eric, os protagonistas da matança no colégio. Eric, um pouco antes de matar o Diretor, fala do tratamento recebido pela escola, de como ele e Alex sentiam-se humilhados. Essa fala adquire maior significado quando a associamos à cena em que os colegas atiram bolas de papel molhado em Alex durante uma aula de Física.

Mas os fatos não podem ser compreendidos apenas a partir do universo escolar. O filme remete a compreensão do problema para outras questões que dizem respeito à condição juvenil na sociedade estadunidense, sobretudo nas cenas que se passam na casa de Alex. Em primeiro lugar, os adultos estão quase ausentes. Na cena do café da manhã, a mãe é mostrada apenas do pescoço para baixo e vemos apenas o vulto do pai, identificado por sua voz ao fundo. Predomina o silêncio entre eles, uma incapacidade de comunicação entre gerações. Outros aspectos emergem na cena que se passa no quarto. Enquanto o jovem toca uma composição de Beethoven para piano, a câmera faz um giro pelo seu quarto desorganizado. Nesse pequeno mundo, os jovens fazem seus planos, visitam *sites* de armas na *internet*, jogam *videogames* de extermínio e assistem a um filme nazista.

A narrativa do filme não é linear. Ela é fragmentada como os tempos/espaços na escola e na experiência do tempo para a juventude contemporânea. Os cortes de cenas são comuns quando os personagens se cruzam no ambiente escolar, mas de forma que uma história, de algum modo, é a continuidade da outra. Diferentes histórias que se cruzam e se complementam, muitas vezes sem que os próprios jovens entrem em contato entre si. Assim, durante todo o desenrolar da trama, vamos tomando contato com o universo juvenil e construindo um sentido para os eventos, como um mosaico ou um quebra-cabeças que vai se construindo.

Além do uso constante do recurso referente às mudanças de cenas e ao entrecruzamento de espaços e tempos, as imagens, em determinadas sequências, são feitas a partir de diferentes ângulos. Assim acontece, por exemplo, na cena em que três alunos se cruzam nos corredores. Trata-se de um encontro casual, no qual dois jovens (John e Elias) trocam amenidades, um deles fotografa o outro e se despedem. Nesse mesmo tempo, Michelle passa apressadamente por eles em direção à biblioteca. O momento em que a cena acontece se repete três vezes, cada uma com a câmera posicionada a partir da perspectiva de um dos jovens. Essa repetição das cenas retrata o mesmo evento visto a partir da perspectiva de cada um, dos sentimentos que cada um trazia naquele momento e das suas histórias individuais, que vamos conhecendo até que o encontro aconteça.

Os últimos minutos do filme terminam com as cenas de violência na escola. Os jovens, como num *videogame*, circulam pelos corredores da escola atirando em seus colegas. A relação feita nesse momento do filme com a sociedade da informação, com seus jogos de *internet* e *videogames*, parece clara. Os dois jovens tratam isso de uma forma banal, parecendo não se preocuparem com as consequências, como se importassem apenas as sensações experimentadas momentaneamente. Talvez seja esse o sentido da fala de Alex, enquanto recarrega sua arma: "Como é horrível e belo o dia que ainda não vi". Tal banalização se revela nos momentos finais quando, diante de um casal de namorados, Alex faz o jogo do "unidunitê" para decidir em qual irá atirar primeiro. Nessa sociedade, em que predomina a incerteza e a contingência, morrer ou viver é uma questão de sorte.

Van Sant e o universo juvenil

A juventude contemporânea é um tema recorrente nas obras de Van Sant. Em seus filmes, parece haver um profundo desejo de explorar e mostrar o universo juvenil com toda a sua força e diversidade. Os símbolos da cultura e do consumo juvenil – músicas, celulares, roupas, CDs e DVDs, a *internet* – estão sempre presentes.

No que diz respeito ao tema da juventude, podemos ver na sua obra pelo menos duas formas de abordagem. A primeira, presente em filmes como *Gênio indomável* (1997) e *Encontrando Forrester* (2000), tem como pano de fundo os dilemas de jovens talentosos que superam as adversidades advindas da origem social em que nasceram. Em *Gênio indomável*, Matt Damon faz o papel do jovem Will que tem um formidável talento para cálculos matemáticos. Incapaz de compreender seus sentimentos, Will desperdiça seu talento em brigas e bebedeiras.

Em uma dessas confusões, ele é preso e passa a ser acompanhado por um psicólogo (Robbin Williams).

Encontrando Forrester narra a história de Jamal (Rob Brown), um jovem negro, morador do Bronx (Nova Iorque), com grande talento para a literatura e o basquete. No filme, Jamal irá contar com a ajuda de William Forrester (Sean Connery), um recluso escritor que se recusa a ter contato com o mundo. A história será o aprendizado de ambos na convivência entre gerações.

Nesses dois filmes, podemos perceber a valorização da relação entre gerações pela presença dos adultos que se constituem como referências positivas e ponto de apoio para os jovens em seus dilemas e desafios. Neles sobressai uma maior valorização da comunicação entre as gerações, embora outros elementos não estejam ausentes, como a forte influência que o grupo de amigos tem sobre os jovens ou a presença da cultura *high-tech* entre eles.

É exatamente a ausência de comunicação entre as gerações e entre os próprios jovens que marca uma segunda abordagem do diretor. Os poucos diálogos e os muitos silêncios, a ausência de adultos ou a sua presença difusa estão presentes de uma forma muito forte em *Paranoid Park* (2007) e *Elefante*. Nesses filmes, Van Sant dá a impressão de querer apenas mostrar o universo juvenil de dentro para fora, filmando de perto os personagens, experimentando diferentes ângulos com a filmadora, abusando do roteiro não linear e expondo tudo o que compõe esse universo.

Alex (Gabe Nevins), em *Paranoid Park*, é um jovem skatista de 16 anos que, em busca de emoção, frequenta um parque em Portland onde os skatistas se reúnem. Um dia, ao pegar um trem clandestinamente com um amigo que fez no parque, Alex mata acidentalmente um segurança. Ele passa a viver um grande dilema moral ao decidir não dizer nada sobre o ocorrido. Nesse filme, Van Sant explora a fundo o universo juvenil, acentuando os estilos de vida e marcas da juventude contemporânea. O iPod, algumas sequências filmadas com filmadoras domésticas (8mm), as músicas mescladas em diversos gêneros estão muito presentes.

Em *Elefante*, não há o mesmo abuso dos símbolos juvenis, embora a cena que se passa no quarto desse outro Alex também revele todo esse universo. Enquanto o estudante toca Beethoven, a câmera passeia pelo quarto "bagunçado" revelando um universo de muitas cores e imagens, fotos nas paredes, livros, CDs e DVDs, videogames, TV e internet.

De comum entre os dois filmes há a intenção de se aproximar do mundo juvenil, procurando compreender a experiência dos jovens na sociedade contemporânea sem trazer respostas prontas. Tal experiência parece ser marcada pela impossibilidade da comunicação nas sociedades atuais. Numa sociedade em que prolifera a diversidade de sons e imagens e na qual há tanta facilidade para entrar em contato com os outros, todos parecem falar ao mesmo tempo sem se ouvirem. Em *Elefante,* há uma cena em que Alex está no restaurante da escola e um som de vozes ao fundo vai aos poucos aumentando, até se tornar insuportável para ele. O jovem aperta a cabeça entre as mãos como se estivesse sendo torturado.

Esse desejo de aproximação do universo juvenil é marcado também por um profundo respeito pelos jovens/atores. Em *Elefante*, o elenco foi escolhido entre os estudantes do colégio e após entrevistas com os interessados. Muitas cenas e diálogos surgiram de situações observadas no cotidiano escolar enquanto o diretor preparava o filme. Somos levados a reconhecer, em diferentes momentos do filme, elementos que vivemos como alunos e professores e que compõem o ambiente escolar.

Segundo Oliveira Junior (2003), antes de montar seu roteiro, Van Sant fez questão de ouvir os jovens da escola onde o filme foi filmado. Assim, o filme adquire um misto de documentário/reportagem e de ficção. Para ele:

> Lá aonde todos chegam repletos de teses pré-formuladas e realizam enquetes somente para ajustar os depoimentos às suas premissas, Van Sant encontrou vidas diferenciadas e as deixou acontecer, para depois emprestar-lhes uma visão de cineasta – e aí sim o filme emerge como uma construção inteiramente nova, que insere elementos visuais e sonoros que estariam ausentes no simples registro "direto". Não se trata de reproduzir o incidente em Columbine, não se trata de cobrir jornalisticamente o massacre. Trata-se de penetrar num determinado universo estando munido menos de intelectualidade do que de sentidos aguçados – e nele transitar menos com idéias formuladas do que com puras impressões.

Sem dúvida, há na postura do cineasta uma tentativa de mostrar o problema a partir de várias perspectivas, sem reduzir a questão a um único fator. Vários elementos emergem durante o filme – os *videogames* violentos, a facilidade em se adquirir armas, o documentário sobre o nazismo, a humilhação por parte dos atletas de que é alvo Alex, compondo, aos poucos, o mosaico no qual nosso sentido sobre os fatos vai se construindo.

Mas, se a atitude de se colocar no centro da questão, buscando mostrar os fatos para além de explicá-los, é central nessa postura "impressionista" do cineasta, não podemos dizer que o filme não desenvolva um ponto de vista acerca do problema. O fato de tratar a questão de dentro para fora – do cotidiano escolar e juvenil para o mundo – parece em si a defesa de uma perspectiva.

Em depoimento, após receber a Palma de Ouro no Festival de Cannes pelo filme, Van Sant declarou: "Eu não critico os Estados Unidos. O que mostro é o meu ponto de vista, de minha própria vida nos Estados Unidos". E acrescenta que sua crítica refere-se "à pressão para que tudo se adapte a um modelo, o esquecimento da diversidade. [...] *Elephant* não é um filme antiamericano, e sim uma reflexão sobre a violência nas escolas".[3]

A tendência homogeneizadora da escola com seus métodos, tempos e espaços calculados e planejados, segundo uma racionalidade que não incorpora a diversidade presente no mundo infanto-juvenil, é uma marca da modernidade. A invenção do aluno (Sacristán, 2005) corresponde a essa tendência a enquadrar os sujeitos sob a figura do estudante, negando suas singularidades. Mas a tendência a enquadrar as diferenças em modelos sociais preconcebidos não é exclusividade da escola. A crítica do filme parece se estender aos outros domínios da sociedade estadunidense quando, por exemplo, retrata três adolescentes que se deixam reduzir a consumidoras anoréxicas. Ou ainda quando insere um documentário sobre o nazismo. Assim, o filme também nos fazer refletir sobre a possível associação entre mídia, política e violência para reduzir os jovens a consumidores e cidadãos.

A proximidade com que o diretor mostra os personagens e os eventos, especialmente nos minutos finais, quando se inicia a matança,

---

[3] "Elephant, de Gus Van Sant, recebe Palma de Ouro", domingo, 25 de maio de 2003. Disponível em: <http://cinema.terra.com.br/interna/0,7110,OI108820-EI1176,00.html>. Acesso em: 24 de maio de 2008.

é chocante. Além de assustador, revela-nos o absurdo e a aleatoriedade do ato em si. Como pode alguém planejar matar seus colegas enquanto toca Beethoven? Como pode escolher quem matará brincando friamente de *unidunitê*? Mas não podemos dizer que o filme se reduza a esse aspecto. De acordo com Oliveira Junior (2003):

> *Elefante* sem dúvida alguma assusta, mas sem desabar numa visão catastrófica e inútil: sua verdadeira contribuição é de ordem construtiva, e a construção em jogo é o sentimento de uma geração (com seu modo particular de percepção do tempo, com sua não-historicidade, com seu universo simbólico multifacetado).

Assim, apesar do choque que alguns episódios nos provocam, há no filme cenas que nos enchem de esperança ao mostrar que a experiência escolar não está recortada apenas por aspectos negativos. Em uma cena, uma jovem se sensibiliza com o sofrimento do colega e o consola com um beijo no rosto. Um segundo episódio retrata um grupo de discussão sobre o tema do homossexualismo em que os personagens apresentam seus argumentos e comparam diferentes pontos de vistas, numa situação em que os participantes se pautam pelo respeito e pelo diálogo. Esses pequenos momentos, durante o filme, lembram-nos que no cotidiano escolar também há situações de solidariedade, experiências de diálogo e momentos de reflexão. Sendo assim, apesar das críticas ao sistema de ensino estadunidense, o diretor não reduz o universo escolar aos aspectos negativos. Nesse caso, em meio à violência, há também alunos e professores solidários uns com os outros.

Parece estranho, para um filme que apresenta as cenas com tanto realismo e proximidade, terminar esse texto dizendo que não considero *Elefante* um filme apenas sobre a violência juvenil. A perspectiva que procurei desenvolver aqui é a de que a violência é tratada no filme de Vant Sant "apenas" como um acontecimento que eclodiu em uma escola secundária estadunidense e chocou a todos porque ocorreu onde menos se esperava. Podemos dizer que ele nos convida a refletir sobre os dilemas das escolas face às transformações nas sociedades contemporâneas. Os alunos que chegam às instituições escolares trazem novos valores, saberes e práticas sociais produzidos em sua inserção em outros contextos. Novos arranjos familiares, a forte presença da mídia e das novas tecnologias e a expansão e variedade do consumo juvenil, entre outras características da experiência dos jovens nessas sociedades, trazem um novo perfil de aluno para o ambiente escolar. A grande mudança parece ser a de que os estudantes já não aceitam a autoridade do professor e da instituição como algo posto de antemão. Assim como nas sociedades de uma maneira geral, há um distanciamento dos sujeitos em relação às regras e normas sociais. A maior ou menor identificação do jovem ao papel de estudante depende do sentido construído por ele para a sua experiência como aluno e em relação ao saber escolar.

O filme parece ir além do fato em si, constituindo-se como um esforço por retratar os jovens, seus medos, angústias e esperanças. Talvez com *Elefante* e outros filmes de Van Sant possamos aprender a apurar os sentidos. Suas belas imagens e variedades de cores e sons não representam apenas recursos utilizados para enriquecer o filme. São convites a aguçar o olhar e a treinar o ouvir, uma postura essencial para os educadores e pais. Assim, podemos dizer que o filme é dirigido aos adultos, instigando-nos a pensar como podemos ser uma referência positiva para nossos jovens nesses *tempos líquidos* em que imperam a aparência, a incerteza e a imprevisibilidade (Bauman, 2007). Na diversidade juvenil, podemos criar canais de diálogo entre e intergeracionais? A escola pode ser uma referência de uma cultura da paz para nossos alunos?

Referências

BAUMAN, Z. *Tempo líquidos*. Rio de Janeiro: Jorge Zahar, 2007.

CANDIA, V. Grande, mas indiferente. *Revista Canal da Imprensa*, ano III, 46. ed.. Disponível em: <http://www.canaldaimprensa.com.br/canalant/cultura/quarent6/ cultura4.htm>. Acesso em: 26 maio 2005.

DUBET, F. A formação dos indivíduos: a desinstitucionalização. *Contemporaneidade e Educação*, n. 3, p. 27-33, mar. 1998.

OLIVEIRA JUNIOR, L. C. Elefante, Gus Van Sant, 2003. *Contracapa Revista de Cinema*, 2003, n. 58. Disponível em: <www.contracampo.com.br/58/elefante.htm>.

FERREIRA, A. B. H. *Novo dicionário Aurélio*. Rio de Janeiro: Editora Nova Fronteira, 1980.

SEGUNDA PARTE
Rebeldes juventudes

Antes da revolução:
uma moderna e dolorosa educação política e sentimental

José de Sousa Miguel Lopes

> *É um argumento dos aristocratas, esse dos crimes que uma revolução implica. Eles esquecem-se sempre dos que se cometiam em silêncio antes da revolução.*
> STENDHAL

Antes da revolução (*Prima della Rivoluzione*, Itália, 1964, 115 min) é um filme emblemático sobre a juventude revolucionária dos anos 60, a primeira obra-prima de Bernardo Bertolucci e, talvez, o seu mais importante filme. Então com 23 anos, Bertolucci faz um balanço existencial e político de si próprio, cujo ponto central é a luta do comodismo contra a disposição de abandonar o porto seguro do seu lar.

É um filme típico dos anos 60, a década da renovação da linguagem cinematográfica, da procura de uma expressão longe dos cânones estabelecidos, quando se queria, intensamente, "romper" com as estruturas acadêmicas da linguagem fílmica. O tempo, juiz supremo, encarregou-se de separar o joio do trigo, mas *Antes da revolução*, revisto hoje, conserva um impacto e um frescor surpreendentes. É um cinema de invenção de fórmulas, de mergulho intenso nas interrogações da vida, de perplexidade ante o *estar no mundo*.

Filmado em Parma, uma cidade das raízes de Bertolucci, constitui-se num ato de amor que a ela lhe dirige e que está plasmado no plano inicial, quando um *travelling* irrompe na sua praça principal, revelando a sua beleza, a sua arquitetura e a sua poesia. Um filme arrebatadoramente romântico, mostrando-nos a rebelião de um jovem contra a vida burguesa e sua desilusão com o comunismo.

Um domingo de abril de 1962 em Parma, Fabrizio observa um mundo no qual se sente estrangeiro. É um jovem de 22 anos, cheio de contradições, pois passa por uma fase de indecisão política e afetiva, e que funciona como o *alter ego* do cineasta, inclusive num momento no qual discute com o amigo a função do cinema na sociedade contemporânea. Descobre que não é fervoroso o bastante para ser um revolucionário, que está demasiadamente envolvido na beleza anterior à revolução. Tem "uma nostalgia do presente". Este jovem marxista – nesta época, vale lembrar, Bernardo Bertolucci pertencia ao Partido Comunista Italiano –, cujo guia ideológico, mentor intelectual, é Cesare, um professor universitário, sofre uma grave crise após o suicídio de Agostino, seu melhor amigo, um revoltado que fugiu da casa dos pais e que acompanhava frequentemente Fabrizio, buscando sua amizade. Quando Agostino é encontrado morto, afogado na correnteza de um rio, Fabrizio interroga-se sobre as razões do seu falecimento, entrando num processo de angústia. Acaba de romper com Clelia, uma jovem de boa família, que pouco se interessa pelos discursos políticos que ouve. Numa tarde, Fabrizio surpreende sua tia Gina, uma mulher bem mais velha e extremamente neurótica, aceitando as propostas de um desconhecido. Descobre-se ciumento, mas a sua tia, por compaixão, sabe consolá-lo, aceitando ter um caso com o sobrinho. Mas ela foge de Parma com Cesare, para desespero de Fabrizio.

No fim do verão, Fabrizio, durante uma festa do *Unitá* (jornal do partido comunista italiano), sente-se ao mesmo tempo adulto e desiludido com o marxismo. Sua reconciliação com Clelia faz-se no Teatro Regio, durante uma representação de Macbeth, de Verdi, que inaugura a nova temporada lírica. Gina está presente no casamento de seu sobrinho. O revolucionário abandona, então, seus sonhos revolucionários e se dá por vencido. Ao depor as armas, decide-se *aburguesar*, aceitando um casamento que o integra, definitivamente, ao mundo da burguesia.

O diretor trava um diálogo com *O leopardo*, obra-prima de Luchino Visconti, que trata da morte de uma classe social e sua substituição por outra. *Antes da revolução* centra seu foco nas mudanças históricas por que passa a Itália, como de resto todo o mundo: a ascensão do proletariado via revolução. Discute também o papel do intelectual na revolução.

Mais do quem um filme sobre a educação sentimental ou um filme que representa o exorcismo do passado do seu autor, *Antes da revolução* é uma obra reveladora da maturidade e da criatividade de um cineasta de 23 anos: Bernardo Bertolucci. Com efeito, se em *La comare secca*, filme construído sabiamente em sutis camadas que refletiam os diferentes pontos de vista dos vários personagens, confluindo assim para deslindar o mistério da morte de uma prostituta, projeto que Bertolucci herdara um do seu amigo Pier Paolo Pasolini, em *Antes da revolução* deparamo-nos com uma obra da exclusiva pertença de Bertolucci.

Ambas as obras são marcadas pela cinefilia. Se em *La comare secca* esta é menos óbvia, pressentido-se nos *flashbacks* ou na confluência de vários pontos de vista para construir a narrativa (num contraste explícito com o estilo direto de Pasolini), em *Antes da revolução* ela é manifesta e afirmada de modo expresso.

Face ao exposto, pretendemos, em primeiro lugar, analisar o contexto social da Itália dos anos 60 para melhor ajudar a pensar o pano de fundo que ilumina a trama de Bertolucci. Em seguida, nosso olhar vai debruçar-se sobre o modo como o cineasta usa a convencional dicotomia, romance X revolução, mas disfarçando-a num impressionante relato novelesco. O momento seguinte será utilizado para uma abordagem da estética e do estilo presentes em *Antes da revolução*. O filme possibilita ainda alguns desdobramentos sobre a questão da revolução como mito da revelação da verdade, bem como sobre a problemática da juventude, entendida como uma complexa teia de representações sociais.

O contexto social da Itália dos anos 60: um pano de fundo para ajudar a pensar a trama de Bertolucci

Em maio de 68, na França, os confrontos estudantis haviam estimulado uma série de greves e paralisações em fábricas que, em fins de maio, quase engessaram aquele país. As greves, invasões, ocupações e passeatas se tornaram o maior movimento de protesto social na França moderna. As ações de maio de 68 na França foram bem mais pacíficas do que qualquer outra atividade revolucionária que se desenrolava mundo afora, ou mesmo quando comparadas ao que já havia ocorrido no passado do próprio país. Houve abusos contra a propriedade privada, e vários estudantes e policiais foram hospitalizados depois da "Noite das Barricadas", em 24 de maio. Mas nada mais do que isso. Nenhum estudante foi morto em 1968. Os representantes políticos da República não foram atacados. As instituições nunca foram seriamente ameaçadas – à exceção das universidades, onde tudo começou, que passaram por certa turbulência e descrédito e não implementaram qualquer mudança significativa em sua estrutura.

A situação foi bem diferente na Itália. O contexto social dos conflitos era bastante diverso. A grande migração do sul para o norte, durante a primeira metade da década, havia criado em Milão, Turim e outras cidades industriais do norte uma incontrolável demanda por transportes, serviços, educação e, sobretudo, moradias – necessidades com as quais os governos anteriores jamais haviam lidado. O milagre econômico chegou à Itália depois da maioria dos países europeus, e o rompimento com a sociedade agrária foi mais abrupto.

A consequência foi que a industrialização bateu de frente com quem havia sido excluído dos processos da modernidade. Trabalhadores especializados e não-especializados (a maioria mulheres, vindas do Sul) nunca foram absorvidos pelos sindicatos do Norte industrializado. Não bastassem os embates entre patrões e empregados, passou a haver outro: entre mão de obra técnica e não-técnica, entre sindicalizados e não sindicalizados. Operários especializados das fábricas da Fiat ou da Pirelli, que tinham os melhores níveis salariais e mais estabilidade, reivindicavam maior participação nas decisões da diretoria, como as relativas à carga horária, aos planos de carreira e às medidas disciplinares. Os não-especializados concordavam com algumas propostas e discordavam de outras. O que eles queriam, em suma, era mudar a exigência do cumprimento de metas inatingíveis da produção em série, o ritmo implacável das linhas de produção e a falta de segurança no trabalho.

Quem mais se beneficiava com as tensões sociais não eram as organizações consolidadas da esquerda, mas uma rede extraparlamentar e informal de oposição. Seus líderes (comunistas dissidentes, acadêmicos defensores da autonomia para os trabalhadores e membros de organizações estudantis) foram ágeis na identificação dos operários descontentes e logo os incorporaram a seus quadros. As universidades também eram irresistíveis. Havia nelas uma força nova e desorganizada (com a entrada em massa de estudantes de primeira geração), que enfrentava condições de vida e trabalho extremamente insatisfatórias. Uma elite velha controlava a massa estudantil, impondo horários, provas, conceitos e punições como bem entendesse.

Os movimentos revolucionários italianos nos finais da década de 60

Os movimentos revolucionários italianos tiveram início em Turim, em 1968, com as objeções dos estudantes à transferência da Faculdade de Ciências para o subúrbio, um eco do que ocorria em Nanterre exatamente na mesma época. Outra coincidência foi o fechamento, em março de 1968, da Universidade de Roma, depois de tumultos durante o protesto dos estudantes contra uma lei de reforma universitária. Diferentemente do movimento francês, o interesse dos líderes estudantis italianos na reforma das instituições acadêmicas era menor do que sua identificação com os movimentos trabalhistas, como sugerem os nomes de suas organizações: *Avanguardia Operaia* ou *Potere Operaio* (Vanguarda Operária ou Poder Operário).

Os embates trabalhistas iniciados nas fábricas da Pirelli, em Milão, em setembro de 1968, que duraram até novembro de 1969 (quando o governo pressionou a empresa a aceitar as reivindicações dos grevistas), funcionaram como um estímulo aos estudantes rebeldes. Além de o movimento grevista de 1969 ter sido o mais relevante da história italiana, ele resultou na mobilização e na politização da juventude radical em proporções muito maiores do que o fora no caso dos protestos, de apenas um mês de duração, ocorridos na França no ano anterior. O período, batizado de "outono quente", com greves ilegais e ocupações promovidas por pequenos grupos de trabalhadores que exigiam participar da gestão das fábricas, levou uma geração de estudantes a concluir que a tática correta de luta era a negação total do "estado burguês". A autonomia dos trabalhadores seria a única saída. Assim, entendiam que as reformas, tanto nas escolas quanto nas fábricas, não eram apenas inviáveis – eram também indesejáveis. Concessão significava derrota.

A razão pela qual os marxistas "heterodoxos" seguiram esse rumo ainda é debatida. A estratégia política conciliadora do Partido

Comunista Italiano dava margem a comentários de que seus membros tinham interesse na estabilidade, em manter o sistema vigente, o que fazia com que os críticos mais radicais da esquerda classificassem o partido como "altamente reacionário". Soma-se a isso o fato de o sistema político italiano ser ao mesmo tempo corrupto e, aparentemente, incapaz de mudar. Nas eleições de 1968, tanto os democratas-cristãos quanto os comunistas ampliaram seu eleitorado, enquanto os demais partidos ficaram estagnados. Se tal fato pode explicar sua antipatia pela esquerda informal, não é suficiente para que se possa compreender a opção dela pela violência.

O "maoísmo" – ou o fascínio pela Revolução Cultural chinesa, que então vivia o seu momento máximo – era mais difundido na Itália do que em qualquer outro país- europeu. Inspirados pela Guarda Vermelha chinesa, partidos, grupos e periódicos maoístas, ditos "marxista-leninistas" (expressão usada para diferenciá-los dos comunistas oficiais, os quais desprezavam), proliferaram naqueles anos. Eles pregavam a comunhão de interesses entre trabalhadores e intelectuais. Em Roma e Bolonha, os teóricos do movimento estudantil chegavam a imitar a retórica dos doutrinadores de Pequim, dividindo as disciplinas acadêmicas em "pré-burguesas" (Grego e Latim), "estritamente ideológicas" (História) e "indiretamente ideológicas" (Física, Química, Matemática).

A combinação supostamente maoísta do romantismo revolucionário com o dogma trabalhista foi personificada pelo periódico (e também movimento) *Lotta Continua* (Luta Contínua). Ele surgiu no outono de 1969, quando o uso da violência já se fazia notar no movimento estudantil. Durante as manifestações de junho de 1968, em Turim, os lemas eram "Não à paz social nas fábricas!" e "Só a violência funciona onde a violência reina". Nos meses seguintes, protestos em universidades e fábricas pregaram o uso da força, fosse ela retórica ("Não transforme o Estado, destrua-o!") ou mesmo real. A canção mais conhecida do movimento estudantil italiano daquele momento se chamava *La Violenza*.

A grande ironia da situação foi percebida pelos intelectuais. Como observou o cineasta Pier Paolo Pasolini, depois dos confrontos entre estudantes e policiais nos jardins da Villa Borghese, em Roma, os papéis haviam se invertido. Os filhos privilegiados da burguesia gritavam palavras de ordem revolucionárias e agrediam os filhos mal-remunerados dos camponeses do Sul, cuja responsabilidade era preservar a ordem civil. Quem tivesse uma boa memória sobre os fatos ocorridos na história recente da Itália saberia que a orientação pela violência só poderia acabar mal.

Enquanto os estudantes franceses apostavam que as autoridades ficariam vulneráveis se a baderna viesse de baixo (uma ilusão dos estudantes alimentada pelas inabaláveis instituições francesas), os radicais italianos tinham bons motivos para crer que conseguiriam destruir a estrutura da República pós-fascista e estavam ansiosos por fazê-lo. Em 24 de abril de 1969, foram colocadas bombas na Feira Mundial de Milão e na estação ferroviária central. Oito meses mais tarde, depois que os conflitos na Pirelli haviam sido resolvidos e o movimento grevista terminado, o Banco Nacional Agrícola, na Piazza Fontana, em Milão, foi pelos ares. Era o início da "estratégia de tensão", que marcou o início da década de 1970.

Uma moderna e pungente educação política e sentimental

No imaginário social, a aliança formada por "juventude" e "política" não está isenta de contradições. Enquanto a "juventude", frequentemente, é associada ao dinamismo, progressismo, ou mesmo modernidade – mesmo que este último termo nem sempre seja rigorosamente conceitualizado –, "os jovens" suscitam de maneira recorrente as inquietações dos observadores, que os acusam da sua pretensa falta de interesse para a coisa política.

Essa contradição revela, em parte, a dupla polaridade, tornada clássica, que opõe uma juventude celebrada por suas virtudes e, mais ainda, por suas potencialidades, e uma juventude temida por seus desvios e sua não-conformidade. Essas representações, mesmo quando são excessivas, dizem bastante sobre a "juventude" como metáfora do que está para além dela própria. As esperanças que nela são colocadas, bem como as ansiedades que suscita, são traduções simbólicas de tendências mais vastas – normas e códigos admitidos coletivamente, projeções de futuro, medos sociais...

De fato, entre "juventude" e "jovens" há apenas um deslize semântico: de certo modo, um fosso sociológico e político. A categoria "juventude", erigida em entidade sem respeitar sua heterogeneidade, serve de apoio a exaltações, a deformações e instrumentalizações. Tem, às vezes, pouco a ver com os jovens que são agrupados de acordo com aquela faixa etária. Na atualidade, não faltam exemplos desses usos e espelhos deformadores.

O título do filme remete a uma observação feita por Talleyrand (2009), influente diplomata francês do século 18: "Quem não viveu os anos antes da Revolução não pode compreender o que é a doçura de viver". Esta confissão, de um filho do século como Bertolucci, pode se situar como uma moderna e pungente educação política e sentimental.

Através de um relato em primeira pessoa de patéticos acentos autobiográficos, Bertolucci efetua o processo implacável de conceitos como a pureza da abstração revolucionária, o que conduz o jovem protagonista a uma dupla derrota. Sentimental – o amor frustrado de Fabrizio por Gina – e a derrocada do ideal mítico da revolução – na qual se exemplifica toda uma página da história italiana contemporânea.

O próprio Bertolucci cresceu nos anos anteriores e vivenciou as chamadas duas "revoluções". A primeira foi a revolução no cinema dos anos 1960, simbolizada pela emergência da *nouvelle vague* na França. Embora tenha passado seus anos de formação como cineasta na companhia de seu colega italiano Píer Paolo Pasolini, parece difícil imaginar o surgimento de Bertolucci sem a precedência de figuras como Resnais, Truffaut e Godard.

De fato, o mais recente filme de Bertolucci, *Os sonhadores* (2003), é uma saudosa recuperação das impressões mais profundas que a cultura da *nouvelle vague* teve na juventude daquele tempo, talvez mais significativamente como prelúdio da segunda maior "revolução" daquele período – a popular, mas de curta duração, insurreição de maio de 68.

Se há um tema específico no filme, este é o da existência e futuro do individual no interior de um momento efêmero e o futuro desse próprio momento dentro de um processo histórico maior. Bertolucci usa a convencional dicotomia – romance X revolução –, mas a disfarça num impressionante relato novelesco.

A centralidade do "desarmamento" político de Fabrizio em *Antes da revolução* evoca diversas respostas sobre a intenção de Bertolucci neste filme. Estará ele explorando a natureza de sua própria dúvida política? Isso parece provável, se tivermos em conta a proximidade ideológica entre Bertolucci e seu protagonista, e que reivindicou o filme como um exorcismo de seus medos marxistas em poder vir a ser sugado para esse "universo".

Bertoluci nos remete à inevitável indagação sobre o modo como se adquire uma cultura política. Quais são as particularidades de tal aprendizagem? Podemos seguir a análise piagetiana do desenvolvimento cognitivo na criança, procurando inspiração para examinar as etapas da maturação política, durante estes "anos impressionáveis" que são os da juventude – entendidos aqui como fase da vida?

De fato, a psicologia genética de Jean Piaget permitiu quebrar com uma visão demasiado restritiva, unilateral e funcionalista de "socialização". Esta não é pura inculcação feita pelos pais às crianças, feita pelos mais velhos aos mais novos; não é simplesmente uma modelagem passiva e forçada; ela é apenas condicionamento.

Compreendendo um sistema de interdependências, a socialização inscreve-se numa dinâmica feita de apropriações por parte de alguém que age e escolhe, mesmo se atua para fazer seu um projeto de transmissão que emana da família, da escola ou ainda de outras instâncias.

Um outro aspecto a ter em conta é o de que talvez se possa pensar que o filme profetiza a falência da revolta de maio de 68. Essencialmente, ao contrário de uma história de amor que possa funcionar paralelamente, a narrativa política do filme de Bertolucci destaca os caprichos resultantes de se seguir uma ideia nebulosa. Fabrizio apresenta-se como um marxista sólido; vê o ativismo como enobrecedor e como uma explicação para o sentido da existência (como a poesia). Mas ele é meramente um aspirante à causa.

Ele brande uma retórica pedante, mas apenas para poder soar convincente. No final, ele se engasga quando recita um *slogan* marxista. Ele se dá conta que nunca será "o novo tipo de homem" em que acreditava – aquele que é "sábio o suficiente para poder educar seus pais".

Assim, há uma certa ironia na apropriação que Bertolucci faz da observação de Talleyrand. Para Fabrizio há pouca "doçura" neste período de "antes da revolução"; ao contrário, é um período repleto de agonia e desespero.Infelizmente, parece que com o passar dos anos o diálogo crítico sobre *Antes da revolução* parece ter negligenciado (ou, pelo menos, não conseguiu concluir) a história de amor no filme. Talvez porque é um romance com várias leituras, marcado desde o começo e consistentemente atravessado pela dúvida e pela desordem.

Mas prestar atenção em Gina e Fabrizio é como olhar os trilhos através da janela de um trem em movimento – eles vêm juntos, colidem, se movimentam, e tudo numa velocidade que torna o espetáculo hipnótico e abrupta a sua inevitável separação. Do calor familiar de seu primeiro encontro à alegria inocente como se movimentam nas ruas de Parma e à solenidade dolorosa de sua separação na casa da ópera, os relacionamentos do casal são imprevisíveis.

Sua primeira cena de amor é tão erótica quanto outras que Bertolucci filmou subsequentemente, alcançando uma elevada sensualidade mesmo com a mentira de Fabrizio e Gina, dormindo em camas separadas.

Sensível, o filme também não é completamente devedor de um idílio romântico. No que poderíamos considerar como a questão central do filme – uma longa tomada de três minutos – a câmera de Bertolucci circunda a sala de visitas de Fabrizio até magicamente transformar uma maçante conversa burguesa sobre comida num retrato dos amantes que dançam uma canção da era do rádio. O pai retira-se, a avó está adormecida, e nós somos deixados sozinhos com uma tomada que se fecha para revelar a geografia das bocas.

Entretanto, o aspecto mais notável na apresentação desse relacionamento amoroso diz respeito ao fato de que os indícios incestuosos que parecem ser a razão mais óbvia para a ruptura não são necessariamente sugeridos como sendo inteiramente responsáveis por ela. Gina e Fabrizio são descritos como indivíduos fundamentalmente diferentes.

Ela idealiza o presente e gostaria que nada mudasse; "tudo seria como numa fotografia com a gente no centro". Questiona também o significado do tempo e da ideia de que o mundo tem uma ordem que pode ser manipulada. Para Fabrizio, o tempo é tudo – a chave do progresso histórico. Seu relacionamento com o presente é mais nostálgico porque, com cada momento do passado, seu futuro transforma seu passado.

O relacionamento parece auto destrutivo e o caráter de ambos fá-los sentirem-se culpados. Gina tem acessos de loucura e grita que a culpa é sua por cada guerra, cada tempestade e cada fogo. As preocupações ideológicas de Fabrizio tornam-no indiferente, e mais tarde ele admite que quis passar vitalidade a Gina, mas, em vez disso, tornou-a uma mulher angustiada.

Finalmente, os amantes nunca estão prontos para confrontar a possibilidade que seu relacionamento é mais do que apenas uma satisfação das curiosidades ou um remédio para o tédio. Para usar a alegoria de Gina, as "nuvens perseguem nuvens". Persegue o que a persegue.

A estética e o estilo de *Antes da revolução*

Desde a sequência de abertura – rápidas sequências entre os *close-ups* de Fabrizio, tiros disparados contra ele, que se move no meio de uma multidão, e as imagens de Parma capturadas do ar –, é evidente que Bertolucci tem a intenção de levar sua proposta a alcançar o mais elevado potencial.

Com o decorrer do filme, parece alcançar quase tudo que é possível com os meios disponíveis. Usa as lentes generosamente, faz persistentes aproximações e afastamentos, bem como deslocamentos de foco. A câmara desliza, rastreia, faz guinadas, gira sobre si mesma, utiliza plataformas móveis aqui e ali, persegue as pessoas, flutua sobre o rio Pó e, ocasionalmente, descansa num tripé imóvel.

Seu teste padrão de edição raramente tem emendas, jogando audaciosamente com direção, ângulos e continuidade, e frequentemente realizando saltos de uma sequência para a seguinte. Usa a luz e a exposição para causar efeitos surpreendentes, contrasta o delicado expressionismo da sombra e da luminosidade nas cenas mais íntimas com cenas quase descoloridas de algumas das tomadas exteriores.

A trilha sonora se articula com os diálogos e as frequentes vozes em *off*, com a música diégetica,[1] com rupturas esporádicas da sequência do filme e com um cuidadoso uso do silêncio. No meio disso tudo, ocorrem dois momentos impressionantes de elipses: o primeiro é um *iris-in*[2] que cerca Fabrizio com uma rosa na boca, e o segundo, uma

---

[1] Música diégetica é aquela cuja fonte, na tela, é conhecida. A extra diegética é a que vem de fora do quadro.

[2] *Iris* – Técnica usada para mostrar uma imagem numa pequena parte da tela. *Iris-Out*

inserção quase surreal de quadros coloridos como aquela de Gina observando Fabrizio através de uma câmera escura.

Não chega a ser surpreendente que alguns critiquem o filme por ele ser intangível? Bertolucci reivindica um tipo de cinema que não se deve preocupar com audiências ou com níveis sensuais demasiados óbvios. Como os diretores da *Nouvelle Vague*, ele procurou desafiar o modelo fascista de espectador passivo utilizado pelo cinema popular.

Isso envolveu um distanciamento deliberado em relação à audiência com a utilização não convencional da narrativa e do estilo. Mas, havia sempre o receio de ser ignorado, de alienar completamente o espectador a ponto de a arte se tornar incompreensível. Felizmente, em *Antes da revolução*, a estrutura amorfa do filme torna-se inextricavelmente ligada às ambiguidades da temática.

Importa ainda fazer referência à intertextualidade de *Antes da revolução*. No filme, abundam as referências (de Proust a *Moby Dick*, de Roberto Rossellini a Marilyn Monroe), mas gostaria de referir duas das mais significativas, por causa do modo como elas impregnam o filme no seu todo.

A primeira, naturalmente, é a *Cartuxa de Parma*, de Stendhal – o romance no qual o filme em alguma medida, baseou-se. Embora as conexões entre os dois sejam tênues, e a Bertolucci tivesse faltado o muito apregoado universalismo de Stendhal, mesmo assim ele conseguiu trazer do romance o amor e a ambição, o romantismo e o antirromantismo e a capacidade humana para a decepção. O romance e o filme quebram as regras à direita e à esquerda (e nem sempre de modo suave), mas a profundidade e a integralidade de seu universo moral são perturbadoras.

A segunda é Giuseppe Verdi, um outro artista nascido em Parma. Sua versão de *Macbeth* constitui o pano de fundo da cena-chave final, na qual Fabrizio finalmente capitula retornando ao universo burguês.

Mas a alusão aqui é mais alegórica. O filme de Bertolucci pode ser visto como uma ópera vanguardista – uma enfática e auto consciente peça que retrata a impossibilidade do amor e do fracassado idealismo

---

começa como um pequeno ponto, ampliando-se em seguida por forma a revelar toda a cena, enquanto a *Iris-In* move-se das margens para o interior, ficando na tela apenas uma pequena imagem.

revolucionário da burguesia. E se ele é absurdamente autorreferenciado como alguns o acusaram de ser, bom agradeçamos aos céus por isso. É com *Antes da revolução* que o cinema (por meio de Bertolucci) começa novamente a apreciar-se a si próprio como uma criança leviana.

A fotografia em preto e branco de Aldo Scarvada é um ponto a destacar, assim como a partitura de três grandes maestros: Ennio Morricone, Gato Barbieri e Gino Paoli. *Antes da revolução* é um filme sobre as inquietudes intelectuais de uma geração e também uma celebração do cinema como ato criador e transformador. Beleza, como diria Godard, ao mesmo tempo que a explicação da beleza, arte ao mesmo tempo que a explicação da arte, cinema ao mesmo tempo que a explicação do cinema.

A elegância dos diálogos, nos quais se pode sentir a influência de Stendhal e Flaubert, o sentido de observação da *mise em scène*, em momentos fortíssimos como a despedida dos amantes durante a representação da ópera Macbeth, e a poética na condução narrativa fazem de Bernardo Bertolucci, ainda neste segundo filme, um dos mais importantes cineastas italianos de todos os tempos. Se atualmente se contempla uma certa anemia de uma cinematografia que forneceu Antonioni, Fellini, Visconti, De Sica, Bertolucci, entre tantos outros gigantes, a visão de *Antes da revolução* serve, pelo menos, para se sentir a grandeza de um cinema, de um tempo e de um espírito de época.

Seu estilo e sustentação ideológica podem parecer datados para muitos, mas a exuberância fantástica e o idealismo que Bertolucci revela são, como sempre, palpáveis e efetivos.

Mais de quatro décadas depois de seu lançamento, o filme de Bertolucci continua a exigir que suspendamos nossos tradicionais hábitos de ver cinema. O filme permanece inconsumível no sentido convencional, mas, dificilmente, é incoerente.

A revolução: mito da revelação da verdade

> *A revolução faz em dois dias a obra de cem anos e perde em dois anos a obra de cinco séculos.*
> PAUL VALÉRY

Na esteira do filme de Bertolucci, importa tecer algumas considerações sobre a problemática da revolução.

O mito da revolução é o mito da revelação da verdade, a celebração traduzida em matéria social e histórica. Luz reveladora e, simultaneamente, torrente transformadora, a revolução fabrica modificações que seriam impossíveis pelo curso simples de evoluções lineares, que têm parte com a sensatez dos homens. No senso comum de todos nós, a revolução significa o grande ato, a celebração, o milagre construído.

Nos anos 60, viveu-se a globalização da ideia e da prática da revolução. A ideia de que o mundo vive uma revolução que vai mudar a face da terra e que é o pano de fundo para que os jovens se mobilizem. E esse clima de otimismo que a época trazia transmite-se à esperança numa sociedade diferente. Se a prosperidade é possível, a justiça na sua distribuição também.

No entanto, é a seguir a 68 que se esboça uma linha individualista, quer dizer, o quebrar das antigas identidades coletivas e que conduzem à ideia, hoje, de que cada um está sozinho por si e que cada um deve realizar-se no mercado de trabalho; foi essa ideia do capital humano que ganhou. Depois de 68, aconteceu o maior ataque que já vimos até hoje na história da humanidade ao poder da poesia e da imaginação, com a mídia eletrônica, a televisão, a internet e mesmo um ataque à grande cultura. É um corte com todas as possibilidades de imaginar. Assistimos a um empobrecimento do psiquismo humano e mesmo da possibilidade de criar algo diferente. Há quem defenda que 68 não foi mais do que uma aceleração da modernização e a ideia que o capitalismo pode chegar a um resultado positivo, mas o capitalismo é uma catástrofe histórica desde o princípio, que se acelera e da qual é preciso sair.

Para quando a próxima revolução? A inquietação não é consensual. O radical italiano Toni Negri responde de forma afirmativa, numa entrevista ao Nouvel Observateur: "Maio de 68 foi a penúltima revolução européia. A penúltima, porque a próxima está para vir" (GASPAR, 2008, p. 2). E, acrescenta Negri, o exercício da memória não é essencial: "Sem 68, a segunda metade do século XX teria sido triste. 68 mudou tudo, mudou-nos a nós. É por isso que as jovens gerações não precisam de se lembrar. Está no seu DNA. Elas têm 68 no corpo" (GASPAR, 2008, p. 2).

Se estamos mergulhados na globalização da economia, precisamos que se instaure uma globalização da resistência. E aí se torna inevitável trazer à cena o intelectual. Qual o seu papel na contemporaneidade?

Deve tomar partido diante dos dilemas do seu tempo, diante do mundo? O engajamento é próprio dos intelectuais? É lícito que o intelectual recuse a política? Ele deve se abster de participar do poder? É correto que ele assuma o papel de conselheiro do príncipe? Qual é a sua responsabilidade diante da sociedade?

O ideal iluminista nos fez à imagem e semelhança do homem burguês. Os intelectuais modernos, técnicos do saber prático, encontram-se presos às amarras do humanismo universalista burguês e às contradições próprias do seu ser social, por serem membros de uma categoria social vinculada à ideologia dominante. Então, coloca-se a necessidade de construção de um novo humanismo, uma outra universalidade. Essa é, na acepção sartriana, a tarefa histórica dos intelectuais.

A juventude: uma complexa teia de representações sociais

Um outro foco importante neste trabalho de Bertolucci é o que diz respeito à juventude. É notória a centralidade que dedica a ela.

Guardemos a advertência de Bourdieu: quem invocar a "juventude" em geral está prestes a cometer "um formidável abuso de linguagem" (BOURDIEU, 1983, p. 114). A palavra abrange um dado construído socialmente, objeto de lutas simbólicas e políticas permanentes. Que a "juventude" representa em parte uma categoria ilusória, que a sua definição varia em função das épocas, que a sua unidade seja minada por múltiplas segmentações (de classe, tipo...), é uma evidência. "Juventude": esta palavra é bem mais que uma palavra, ela se impôs rapidamente a todos aqueles que enfrentam os efeitos de uma geração.

Para começar, impôs-se aos atores da história: as mulheres e os homens que encontramos são, na sua maioria, situados de corpo e alma entre o décimo sexto e o vigésimo ano. E mesmo, em alguns casos, a partir da idade de 14 anos, "o ano do despertar". Essa precocidade é antecipada por eles próprios. O que está em causa, aqui, não é, por conseguinte, a juventude como palavra de ordem, *marketing* ou ícone mediático, nem mesmo como "conceito totalitário", mas um certo espírito de juventude como pertença e insubmissão.

Com a Revolução Francesa, a grande fornecedora mitológica da juventude, tem início a veneração da sua suposta capacidade de regeneração: o discurso que celebra a juventude revela-se, com efeito, útil para assegurar, na prática, o poder dos mais velhos. Sob a monarquia constitucional, o regime pode elogiar a juventude, mas é para melhor a incitar à passividade e à aceitação. Quanto aos próprios jovens, veem-se, frequentemente, nos primeiros camarotes do grande teatro político.

Foi a burguesia quem inventou a juventude, assim como inventou antes o mercado capitalista e, depois, o cinema. O ser humano passa a ser repartido, não apenas no espaço e no alcance de seu corpo, mas também no tempo em que tem curso a sua vida. Assim, o capitalismo pré-enquadra a pessoa em fases inúmeras: infância, adolescência, juventude, fase adulta, velhice etc. A cada uma delas corresponde um tratamento específico do sistema.

É somente após as conhecidas transformações operadas na sociedade e na organização da sociedade pelo capitalismo que a juventude passa a ocupar o espaço público e se transforma em personagem da cena social. A juventude burguesa, bem entendido. Ela ganha o estatuto de classe social jovem, ganha de presente as escolas públicas (não necessariamente gratuitas), cumpre sua formação no seio da sociedade civil (e não mais nos estreitos limites privados de grupos fechados), toma lições de civilidade, aprende as artes do convívio social e seus negócios, assimila os mecanismos pelos quais se constroem as fortunas, inicia-se nos mistérios da política, nos desígnios da guerra. Tudo isso no âmbito do espaço público – que não poderia ter deixado de ser espaço burguês.

A juventude não é classe social, não é faixa etária. Dizem até que ser jovem é um estado de espírito – e não há critérios comprovados para se aferir a idade dos espíritos.

Quando falamos de "juventude", estamos profunda e comprometedoramente emaranhados numa complexa teia de representações sociais que se vão construindo e modificando no decurso do tempo e das circunstâncias históricas. José Pais discorre sobre essa complexidade conceitual. Ouçamo-lo:

> Se, como dizia Jorge Luís Borges (*Narraciones*), todo substantivo se forma por acumulações de adjetivos, a decifração do conceito de juventude passa pelo desvendar das representações que, através de sucessivas adjetivações,

> fazem da juventude uma realidade mascarada, por vezes uma ficção ou até mesmo um mito. Essas adjetivações rotulam os jovens ora de apáticos ora de turbulentos; de hedonistas, mas também de conformistas...Isto é, de uma forma contraditória e metonímica, em que o todo é tomado pelas partes – as partes mascarando o todo e vice-versa. (PAIS, 2008, p. 8)

Resta, porém, um único ponto de contato entre o mito da juventude e sua origem histórica, que é precisamente o hiato que existe entre a maturidade física do corpo humano (capacidade para reprodução, essas coisas) e o ingresso da pessoa dentro de um papel social definido na sociedade capitalista através do qual se tomam possíveis certas constatações. Por definição histórica, burguesa, a juventude é aquele fluxo geracional que se deslocou de um estado parasitário, de absoluta dependência cívica e econômica, e que ainda não se fixou numa função produtiva.

Dentro da lógica capitalista, a juventude é um estado de licenciosidade consentida, fonte necessária à reposição de quadros, regulada pelas leis do mercado. A liberdade vivenciada pelo jovem é, portanto, condição indispensável à sua própria definição, em curso, de ser social. Destinado, ao menos potencialmente, a comandar a dinâmica social, aspirante a quadro dirigente, ele constitui uma espécie de vir-a-ser que o mercado já vislumbra de antemão como elemento vital a si mesmo, a curto prazo. Para se renovar e se reciclar, o capitalismo depende de uma juventude livre. Mas apenas em termos.

É parte da regra do jogo o *laissez faire*, sem o que não haverá sequer mercado. Ser jovem, nesse sentido, é experimentar na própria carne a delícia da livre iniciativa, tendo o próprio corpo por único capital. É o momento sem volta nem repetição em que o ser é o senhor absoluto de sua própria identidade – que está sob ameaça iminente de ser comprada, corrompida, destroçada ou assassinada pelo mercado ou por seus agentes policiais. Para a saúde do capitalismo, a juventude é imprescindível. Para a saúde do capitalismo, a juventude é breve.

A década de 60, tão cara a Bertolucci, é o oásis juvenil deste século que trouxe novos dados. A juventude, ao longo da História, estava acostumada a entrar numa sociedade mais velha, na qual os experientes tinham maior influência e eram tidos como referências a serem seguidas. Para a geração de meados dos anos 60, a coisa foi diferente. O ecossistema cultural se desenvolvia mais rapidamente do que no passado. A distância que separava a nova geração (numerosa, próspera, mimada, autoconfiante e culturalmente autônoma) da anterior (reduzida, insegura, com medo da depressão econômica e devastada pela guerra) era mais visível do que nunca. Muitos jovens tinham a impressão de ter nascido numa sociedade estagnada, que relutava em se transformar – em mudar os próprios valores, o próprio estilo, as próprias normas – de maneira definitiva e afinada com suas aspirações. A música popular, o cinema e a televisão buscavam nos jovens sua maior audiência e seu principal mercado consumidor. Já em 1965, havia programas de rádio e televisão, revistas, lojas, produtos e indústrias inteiras exclusivamente voltadas para a juventude e dependentes de seu poder de compra.

Depois de 1967, a política da contracultura e seus símbolos assumiram um perfil mais engajado, em virtude dos relatos românticos de guerrilheiros no Terceiro Mundo. Mesmo assim, tais mitos não colaram na Europa. É preciso não se deixar confundir pela extraordinária pós-vida como mártir de Che Guevara, de sua imagem de pôster cristianizado para adolescentes ocidentais insatisfeitos: os anos 60 na Europa foram eurocêntricos do começo ao fim. Mesmo a "revolução hippie" jamais conseguiu, de fato, cruzar o Atlântico. No máximo, o movimento alcançou o litoral da Grã-Bretanha e da Holanda, deixando como herança uma cultura de drogas mais desenvolvida do que em outras paragens.

A aliança operário-estudantil no maio parisiense parecia ressuscitar a aliança mítica chama combustível. O *rock'n'roll*, o movimento *hippie*, *woodstock*, o pacifismo, concorriam para igualar os jovens que eram diferenciados pela sociedade de classes e para diferenciar indivíduos nivelados pela sociedade de massas. Como um rastilho de pólvora, a teoria do foco guerrilheiro de Guevara correu o mundo ou, pelo menos, o terceiro mundo. Uns jovens pegavam em guitarras; outros, recusavam-se a pegar nas armas americanas e não iam para o Vietnam. Dez anos antes, jovens aventureiros pegavam um barco e alguns fuzis na ilha de Cuba e derrubavam um ditador. A juventude, aparentemente, estava renascida. Ela podia mudar o mundo outra vez e, para tanto, precisava apenas de seu corpo liberto.

Mas, se a Revolução Russa envelheceu, se a Revolução Chinesa mumificou-se (sobretudo na figura física de seus dirigentes octogenários), a juventude dos 60 foi, também, aos poucos, ganhando seus cabelos brancos. Tudo amargava um gosto de repetição, de ressaca.

Desde que a contrarrevolução dos costumes se abateu sobre a União Soviética de 1924, mais ou menos, em diante – foram sendo rompidas, uma a uma, as identidades entre a rebeldia juvenil e a prática revolucionária. Houve como que tréguas – e maio de 68 foi um delas – mas a cisão se manteve. É heterodoxo demais, mas se pode dizer que é na pureza e na inocência que a esquerda e a juventude se encontram. O corolário das reivindicações, conscientes ou não, declaradas ou não, defendido pela juventude é suficientemente revelador dessa ética. Nos últimos dez anos, por exemplo, ela se mobilizou em torno de bandeiras pacifistas, contra as armas nucleares na Europa, humanistas, contra o regime do *apartheid* na África do Sul, por exemplo, e ecológicas. São causas marcadamente coletivas e, mais que isso, movidas pelo sentimento de solidariedade humana. Em se tratando de juventude, o significado da palavra "ética" a define: viver e conviver bem. Vale dizer: as causas coletivas não massacram a individualidade; o indivíduo não parasita o coletivo.

Considerações finais

A juventude, por definição, é um elemento perturbador de qualquer ordem que lhe seja exterior e, internamente, é múltipla, diversificada e plural. Isso quer dizer que a "chama da revolução", ou a parte radiante que deixa ver a marcha triunfal da classe operária, é díspar. Em outras palavras: o desajuste e a desagregação, no plano da cultura – o plano por excelência da juventude – constitui o contraponto indispensável à unidade prática de todo movimento que se pretenda transformador.

Certamente, é principalmente para contestar, para recusar e rejeitar, que jovens se mobilizam, nomeadamente nesse posicionamento tão ostensivo de engajamento que é a manifestação. Essa "razão manifesta", não específica dos jovens, mas que se tornou familiar durante a segunda metade do século XX, quebra um outro mito, o da fraca relação entre jovens e política, pondo frontalmente em questão o famoso ditado da "despolitização dos jovens".

A despeito dos aparelhos (algozes) e suas políticas de catequese (e aniquilamento), a juventude (por natureza humanista, pacifista, ecológica, ética) prossegue, é o mito mais maravilhoso de todos aqueles que simulam esta membrana precária a que chamamos realidade.

Mas, ou não fosse a segunda geração italiana marcada pelo empenhamento político, *Antes da revolução* é, como referimos, um filme sobre a educação política, o culminar dos paradoxos experimentados por um jovem burguês adepto dos ideais marxistas. Fabrizio, o jovem intelectual que, inicialmente, é um fervoroso adepto do ideário de esquerda e que, paulatinamente, cede, conformando-se ao ponto de aceitar as instituições que o rodeiam. Trata-se, pois, de um filme sobre a derrota do ideal e da utopia, anunciando, assim, as conclusões que outras obras de Bertolucci, como *1900* ou *O último imperador*, confirmaram.

Todavia, o que distingue *Antes da revolução* dos restantes trabalhos de Bertolucci talvez seja o seu tom melancólico e nebuloso. Com efeito, não pode deixar de causar espanto que um jovem de 23 anos realize um filme tão outonal e com um sentido trágico tão acentuado. Não será esta, surpreendentemente, mais uma qualidade a somar a tantas outras próprias da juventude? Que melhor elogio podemos fazer ao jovem Bertolucci do que lhe agradecermos por nos ter permitido usufruir desta bela lição de maturidade?

Referências

BOURDIEU, Pierre. A "juventude" é apenas uma palavra. In: BOURDIEU, Pierre. *Questões de sociologia*. Rio de Janeiro: Marco Zero, 1983, p. 112-121.

GASPAR, Miguel. *Maio 68: E não se pode repeti-lo?* In: http://jornal.publico.clix.pt/default.asp?url=%2Fmain2%2Easp%3Fdt%3D20080502%26page%3D4%26c%3DC (02/05/2008).

PAIS, José Machado. Máscaras, jovens e "escolas do diabo". In: *Revista Brasileira de Educação*, nº 37, jan./abr., 2008 (7-21).

PIAGET, Jean. *A tomada de consciência; com a colaboração de A. Blanchet [e outros]*. Tradução de Edson B. Souza. São Paulo: Melhoramentos, Ed.da Universidade de São Paulo, 1977. In: *Revolução e contra-revolução on-line* http:/www.revolucao-contrarevolucao.com/verartigo.asp?id+41 (15/10/2009)

Edukators:
novas visibilidades da juventude contemporânea

Juarez Dayrell
Rodrigo Ednilson

A utopia está lá no horizonte. Me aproximo dois passos, ela se afasta dois passos. Caminho dez passos e o horizonte corre dez passos. Por mais que eu caminhe, jamais alcançarei. Para que serve a utopia? Serve para isso: para que eu não deixe de caminhar.
EDUARDO GALEANO

Três jovens idealistas realizam protestos pacíficos invadindo a casa de pessoas ricas para trocar os móveis de lugar e deixar mensagens de protesto. Esta é parte da sinopse do filme alemão *The Edukators*, lançado em 2004. Apesar das consideráveis diferenças entre o contexto alemão e o brasileiro, o filme, ao que nos parece, aborda aspectos vivenciados pela juventude alemã contemporânea que nos ajudam a pensar nossa própria juventude.

Edukators é, definitivamente, um filme sobre jovens, mas, principalmente, é um filme sobre e para educadores. Não é um filme apenas para aqueles que se ocupam da educação formal, em escolas, cursinhos ou universidades. *Edukators* nos mostra uma instigante reflexão sobre a dimensão educativa da vida cotidiana.

Ao se autoidentificarem como "os educadores", os protagonistas do filme, Peter e Jan, alteram radicalmente a imagem recorrente que aprisiona os jovens no lugar de receptores passivos de informações.

Ao planejarem e colocarem em prática seus protestos pacíficos, os protagonistas do filme se firmam também como protagonistas de suas próprias vidas. É a partir das invasões, e sobretudo das mensagens deixadas para os moradores, "Vocês têm dinheiro demais" ou "Seus dias de fartura estão acabando", que os jovens conseguem sair da invisibilidade e tornam-se agentes.

Em certa medida, podemos notar essa mesma tentativa de se fazerem ver, de sair da invisibilidade, nas mensagens deixadas pelos pichadores nos muros e prédios das grandes cidades. Não só as mensagens políticas escritas anonimamente nos muros e viadutos nos deixam mensagens, mas, também, as pichações, que em geral são vistas como atos de vandalismo incompreensível. Nesse sentido, os riscos que alguns jovens enfrentam para deixar suas marcas, nos lugares mais altos da cidade, não atendem a uma lógica apenas econômica, mas também a uma necessidade de se fazerem presentes. Podemos ver nessas ações o desejo de parte dos jovens em saírem do anonimato, de serem vistos e, principalmente, de serem escutados. Não deixa de ser uma reação a uma tendência muito comum do mundo adulto, seja na família, na escola ou mesmo no trabalho, em infantilizar o jovem, não os considerando como interlocutores válidos naquilo que lhes dizem respeito. O mesmo vem ocorrendo no âmbito das políticas públicas de juventude. Na maioria das vezes, os jovens não vem sendo escutados na elaboração das ações e, muito menos, na sua implementação.

Nesse sentido, a motivação principal das invasões dos três jovens às mansões alemãs não é econômica, ainda que este seja o aspecto que os faz escolherem suas vitimas. É a percepção e a indignação frente à gritante desigualdade social que os impulsiona a agir. Mas será que somos mesmo capazes de lutar contra um sistema opressivo, que existe antes de nós e é mais forte que nós, mesmo quando estamos juntos? Esse é um questionamento que acompanha os três jovens em boa parte do enredo, mas sobretudo Jule, namorada de Peter, que se envolve sentimentalmente com Jan. Atormentada pelas dívidas e pelos cobradores, e correndo o risco de ser despejada do apartamento a qualquer momento, Jule se vê obrigada a continuar trabalhando em um restaurante berlinense, sujeita às grosserias do patrão e de alguns clientes. Aos poucos, sua revolta, expressa pelo "atentado" ao carro de um cliente do restaurante, logo após ser despedida, canaliza-se para protestos coletivos. A princípio, Jule envolve-se em um protesto contra a exploração de trabalhadores asiáticos pelo mercado da produção de calçados. Essa é, sem dúvida, uma causa nobre, que congrega atualmente centenas de jovens em torno da luta contra os rumos das políticas neoliberais de enriquecimento unilateral. Esta manifestação, no entanto, que poderia facilmente ser comparada às contestações juvenis que se espalharam pelo mundo durante maio de 1968, não é, no entanto, a tônica do filme. *Edukators* nos apresenta uma nova forma de participação social não menos politizada, mas que faz uso de outros instrumentos e estratégias de ação. A ação dos jovens educadores é pontual, localizada. Tem como alvo direto os indivíduos que personificam o sistema que eles visam atingir.

Os *Edukators* invadem as mansões alemãs, alteram a ordem dos móveis e acessórios e deixam mensagens de protestos. Nesse sentido, a alteração da ordem interna da casa é uma forma de alterar a estrutura do lugar mais íntimo dos indivíduos, aquele lugar onde acreditam estar seguros: o lar. Essa intervenção evidencia a criatividade das novas gerações, ao elaborarem e colocarem em prática novos modos de interferir e interagir com a realidade, articulando em uma mesma ação política o individual e o coletivo, o público e o privado. Aliás, esse é um debate premente no campo político moderno: a invasão de aspectos da vida privada na vida pública. Essas novas formas de intervenções pontuais, representando novas formas de lutar por transformações, por alguns são vistas de forma pessimista, como tendo um limitado potencial de transformação social. Para os *Edukators*, no entanto, essas intervenções têm um caráter muito abrangente e revolucionariamente educativo: "Atinja um, eduque cem", afirmam eles.

As novas formas de participação social dos jovens

Em geral, quando pensamos ou falamos sobre participação juvenil, somos levados a utilizar referências que se assemelham aos modelos imortalizados pela juventude dos anos 1960 e 1970. Aqueles que observam por este ponto de vista, tendem a diagnosticar a juventude atual como uma geração apática e despolitizada, que pouco ou nada faz para alterar o estado das coisas. Esta avaliação expressa uma inegável nostalgia em relação àqueles tempos e àquelas formas de atuação, idealista e revolucionária. É importante reconhecer que há em Jan também esses traços de nostalgia, uma saudade de um tempo não vivido em que "as ideologias não eram vendidas nas lojas". Todavia, sua nostalgia não paralisa suas ações, justificando sua inércia pela incapacidade de modificar o mundo. É justamente a percepção de que os tempos são outros e que as ideologias não têm mais o mesmo poder de mobilização, que faz com que os jovens se mobilizem. Para os *Edukators*, o desencantamento do mundo, a percepção de que as ideologias foram substituídas pela ganância neoliberal reforçam a necessidade de substituir o sistema.

Algumas organizações juvenis da atualidade têm questionado, de maneira ainda mais radical, essa afirmação sobre o desinteresse e alienação dos jovens. Temos visto surgir um sem-número de organizações juvenis no campo da música, das artes plásticas mas também no campo da comunicação, da política, etc, que têm colocado em questão as formas desiguais de distribuição de recursos, sejam eles recursos materiais ou simbólicos. Durante os anos de 1960 e 1970, os jovens politizados eram identificados por serem aqueles que se rebelavam contra o sistema, promovendo protestos, greves e passeatas. Mas, atualmente, as formas de participação têm se alterado. Algumas pesquisas evidenciam que a participação juvenil tem se caracterizado pela fluidez, pelo nomadismo e pela intermitência, além de sinalizar formas de agregação pontuais, com objetivos determinados e no presente. Essas características têm relação com as transformações mais amplas introduzidas no contexto das sociedades complexas, como a velocidade das transformações tecnológicas, que ampliam as incertezas características desse nosso tempo (Leccardi, 1991).

Da década de 1960 até hoje o cenário político e econômico, nacional e internacional, alterou-se consideravelmente, mas a imagem sobre os jovens e sobre como eles deveriam agir para serem considerados politizados não se modificou proporcionalmente. É preciso considerar ainda que, ao referirmo-nos à juventude dos anos de 1960 e 1970, falávamos de jovens estudantes de classe média e do movimento estudantil, ao passo que falar da juventude de 1990 ou 2000 implica incorporar os jovens das camadas populares e a diversidade dos estilos culturais existentes, protagonizada pelos *punks*, *darks*, roqueiros, *clubers*, *rappers*, funkeiros, etc. Essa necessidade de incorporação não se dá, no entanto, pela benevolência da academia ou do poder público, que discutem questões referentes à juventude. Como já falamos em outro ponto do texto, nos últimos anos temos percebido o crescimento expressivo de jovens que vêm pressionando a agenda política, regional e nacional, para serem levados em consideração, tanto nas análises contextuais quanto nas proposições políticas.

A partir desse ponto de vista, somos impelidos a concordar com Abramo (1997) quando afirma que não é possível definir um papel pré-fixado da juventude como propulsor da mudança social. Ao cometer o equívoco de considerar a capacidade de mudança como uma característica inata dos jovens, somos fortemente tentados a definir como apáticos aqueles jovens que não se comprometem com algum tipo de modificação de cenários ou não se comprometem a modificar os cenários que queremos ou da maneira que achamos mais adequada. Nesse sentido, é necessário relacionar a caracterização e o papel da juventude com os problemas históricos colocados para cada geração. Para enfrentar e resolver problemas dessa geração, é preciso colocar em prática estratégias de ação concernentes a essa geração.

De acordo com Karina Yamamoto (2006), esses novos movimentos surgem da disposição dos jovens para estabelecer parcerias, seja com duas, três ou trinta pessoas. Essas "turmas", como nomeia Yamamoto, com nível de organização mais ou menos formal, começam, sobretudo ao longo da última década, a explicitar a necessidade de valorização de uma nova forma de participação social juvenil. Mesmo as organizações não formais e mais despretensiosas da juventude refletem, em alguma medida, uma necessidade de falar e, ao mesmo tempo, uma necessidade de serem escutados. No campo das políticas públicas, essa demanda também se reflete: cada vez mais os jovens lutam por políticas públicas com a juventude, ao invés de políticas públicas para a juventude. Essa reivindicação é também uma tentativa de alterar as relações assimétricas de comunicação e poder. Representa uma tentativa efetiva de sair do lugar objeto de ações do poder público, para tentar se reposicionar como propositor dessas ações.

O "protagonismo juvenil" em questão

Para alguns críticos, e mesmo para alguns entusiastas deste novo conceito, o "protagonismo juvenil" implica a transferência total da responsabilidade sobre o destino do jovem, do adulto para o próprio jovem. "Jovens, a partir de agora nossas mãos estão lavadas, os únicos responsáveis pelo seu destino são vocês mesmos. Tudo depende da força de vontade". Nesse caso, a sociedade joga sobre o jovem a responsabilidade de ser mestre de si mesmo. Mas, no contexto de uma sociedade desigual, além de se verem privados da materialidade do trabalho, do acesso às condições materiais de vivenciarem a sua condição juvenil, defrontam-se com a desigualdade no acesso aos recursos para a sua subjetivação. Assim, a relação dos jovens com a sociedade, sobretudo dos jovens pobres, expressa uma nova forma de desigualdade social, que implica o esgotamento das possibilidades de mobilidade social para grandes parcelas da população, ao mesmo que cria e alimenta novas formas de dominação. Como lembra Dubet (2006), o dominado é convidado a ser o mestre da sua identidade e de sua experiência social, ao mesmo tempo em que é posto em situação de não poder realizar esse projeto.

No contexto da modernidade, essa contradição se revela e se aguça. O individualismo, que emerge como um ideal moderno, faz surgir um outro indivíduo, capaz de fazer todas as suas próprias escolhas, de definir seu destino. Assim, ao passo que as trajetórias de indivíduos que experimentam a ascensão social são creditadas às capacidades individuais e à força de vontade dos indivíduos, as trajetórias de não sucesso são, inversamente, atribuídas à incapacidade individual ou a ausência de força de vontade.

Nessa esteira, Paulo Freire (1996) discute a construção de uma Pedagogia da Autonomia ao analisar a prática pedagógica do professor em relação à autonomia de ser e de saber do educando. Ele nos alerta sobre os inconvenientes do uso da autonomia atrelado a um ideário neoliberal, que estimula o individualismo e a competitividade. Essa tem sido uma postura adotada por algumas instituições que têm trabalhado com jovens que, mesmo sem se darem conta dessa postura, colocam em prática uma série de ações que só ajudam a reforçar a imagem dos jovens como meros receptores de informações. Enfatizar o protagonismo, ou um outro termo mais apropriado, não implica abandonar o jovem à sua própria sorte e às consequências de suas escolhas inexperientes; implica a aposta pelo produzir juntos, produzir com. Nesse sentido, os educadores reais, das creches, escolas, universidades e espaços de escolarização não formais, deveriam assumir um papel fundamental nas relações pedagógicas: estimular e proporcionar aos jovens o acesso a conhecimentos e experiências acumuladas, não reduzindo a relação em simples transmissão de saberes, mas, antes, de intercâmbio. Tal intercâmbio só pode ser efetivado se deixarmos de tratar os jovens como tábulas rasas do conhecimento e passarmos a vê-los como sujeitos capazes de produzir conhecimentos, capazes de interagir com o conhecimento aprendido e capazes, sobretudo, de se educarem e educarem os outros durante as relações.

O conflito geracional

Voltando ao filme *Edukators*, cabe chamar atenção para a sequência que se destaca como ápice do enredo. Resultado de uma sequência de acontecimentos não premeditados, o sequestro de Hardenberg, um rico empresário alemão, envolve e mexe com todos. Esse é o trecho mais tenso do filme, pois aciona automaticamente todos os nossos sentidos e emoções. Os diálogos e as interações mostrados nessa sequência explicitam diferentes pontos de vista dos envolvidos e acabam por alterar e/ou consolidar alguns valores e normas de conduta. Hardenberg é um empresário muito rico que, há alguns anos, havia se envolvido em um acidente de trânsito. Após uma freada brusca ao dirigir em alta velocidade por uma auto estrada alemã, Hardenberg foi atingido na traseira por Jule, que vinha logo atrás, um tanto quanto desatenta. Esse acidente de trânsito acaba por provocar a destruição completa (perda total) da BMW de Hardenberg, avaliada em cem mil euros. Após um breve processo judicial e o consequente sentenciamento, Jule se vê às voltas com uma dívida que, segundo seus próprios cálculos, tomar-lhe-ia todos os recursos acumulados em oito anos de trabalho consecutivos. A revolta e a curiosidade pela vida de Hardenberg são os motivadores para a invasão de sua casa.

Após o inesperado encontro de Jan e Jule com Hardenberg, durante a invasão de sua casa, os três jovens se veem obrigados a sequestrá-lo, como única forma possível de escaparem ilesos daquela situação. A retirada estratégia dos quatro para uma casa isolada de campo parece servir também como forma de isolar e dar destaque aos diálogos que se desenrolam a partir desse momento. A partir da segunda metade do filme, as intensas críticas ao sistema capitalista tornam-se discussões envolvendo Jan, Peter, Jule e Hardenberg. Em um desses diálogos, alguns dilemas e contradições contemporâneas em torno dos conceitos de direito, justiça e ética burguesa se destacam.

Jule: Quanto você ganha por ano? 3,4 milhões, eu li na ...

Jan: Não se sente culpado? Destruir a vida dela por um carro que você pode trocar a cada mês?

Hardenberg: Tá bom, eu admito. Deveria ter prestado mais atenção aos demais envolvidos. Eu estava estressado. Lamento muito.

Jule: Quantas horas por dia você trabalha?

Hardenberg: 13, 14 horas... até mais.

Jule: E o que você faz com tanto dinheiro?

... (Silêncio) ...

Jule: Acumula coisas? Coisas grandes e caras? Carros, mansões, iates... Um monte de coisas para dizer: "eu sou um macho alfa". Eu não vejo outra razão... Você não tem nem tempo para curtir o seu iate. (Silêncio breve). E por que você sempre quer mais?

Hardenberg: Vivemos numa democracia. Não devo explicações sobre meus bens. Eu paguei por eles.

Jan: Errado, vivemos numa ditadura capitalista.

Hardenberg: É mesmo?

Jan: Você roubou tudo o que possui.

Hardenberg: Eu posso bancar muito mais coisas porque trabalho mais... Eu tive as idéias certas na hora certa.

Jule: Que discurso!

Hardenberg: Além disso, eu não sou o único que aproveitou as chances. E na vida, todos têm chances iguais... a verdade é esta!

Jule: Ele daria um ótimo político, não é? No sudeste da Ásia tem um monte de gente que trabalha até 14 horas por dia, e eles não tem mansões. Ganham 30 euros por mês. Podem ter boas idéias, mas não tem dinheiro nem para pagar o ônibus para a cidade vizinha.

(...)

Hardenberg: Tá bom. Admito que há alguma verdade no que disse, mas sou o bode expiatório errado. Eu jogo o jogo, mas não fui eu quem fez as regras deste jogo.

Peter: Não importa quem inventou a arma, só quem puxa o gatilho.

.... (Longo silêncio)...

Peter: Eu vou para a cozinha lavar os pratos....

É impossível definir, quantos dias os personagens passam isolados nas montanhas. É possível perceber, todavia, como o convívio e as discussões, por vezes muito acaloradas, transformam as relações entre os personagens, fazendo surgir uma mútua identificação entre eles, sem que isso signifique a destruição das diferenças entre eles. Nos primeiros dias de cativeiro, Hardenberg permanece amarrado e amordaçado, obrigado a permanecer todo o tempo deitado na cama. Aos poucos, vai conseguindo algumas concessões, passando, gradativamente, a participar de todas as atividades do grupo. Ainda que tendo adquirido uma relativa liberdade no cativeiro, podendo participar ativamente da preparação das refeições e dos momentos de recreação coletiva, o conflito intergeracional que se apresenta entre os quatro personagens salta aos olhos. Em geral, as relações geracionais carregam uma considerável tensão, pois expressam um conflito constitutivo da sociedade humana, na medida em que as novas gerações colocam em xeque a tradição cultural das gerações mais velhas, deparando-se com valores e modos de vida que, pelo fato de não estarem totalmente internalizados, são causas de estranhamento. Frente ao estranhamento, a pergunta que, por vezes, emerge entre os jovens é: Será que é possível confiar em alguém com mais de 30 anos?

Outro diálogo, que merece destaque no enredo, é a cena em que Hadenberg revela aos três jovens, atônitos, que participou ativamente do movimento estudantil alemão durante seu período de juventude. Sua postura combativa e questionadora teria dado lugar, no entanto, a um homem responsável, preocupado com as contas de casa e com os bens adquiridos. Com esse relato, Hardenberg acaba por insinuar, conscientemente ou não, que o ímpeto revolucionário seria apenas um arroubo da juventude, sendo naturalmente substituído pela maturidade da vida adulta, exigida de todos os indivíduos pelas urgências da vida material. É também desse modo que Hardenberg procede a uma dupla reconciliação: ao mesmo tempo em que justifica suas ações revolucionárias do período de juventude, reconcilia-se com o empresário conservador em que se tornou. Ao mesmo tempo em que admite nutrir um certo respeito pela utopia revolucionária dos *Edukators*, Hardenberg reitera sua oposição aos métodos utilizados por eles.

Durante toda a trama, as reflexões sobre os processos de mudança social estão em destaque. Como pano de fundo, no entanto, emerge uma sutil, mas importante discussão sobre a natureza humana, a disponibilidade e a capacidade da mudança. A pergunta que se fazem continua no ar: Será que de fato, algumas pessoas nunca mudam?

As múltiplas expressões da condição juvenil

Na interpretação que fizemos até então do filme, dentre outras que seriam possíveis, queremos reforçar alguns aspectos. Um deles diz respeito à própria noção de juventude: afinal, o que é juventude? Seria, no dizer de Bourdieu, apenas uma palavra ou apresenta especificidades que a distinguem como um grupo social próprio? Esse debate está presente na sociologia da juventude desde o seu surgimento no início do século XX, sendo objeto das mais diversas abordagens. Sem nos alongarmos muito neste debate,[1] que foge aos limites deste texto, podemos afirmar que parte das dificuldades em definir a categoria juventude advém do fato de esta se constituir como uma condição social e, ao mesmo tempo, um tipo de representação (PERALVA, 1997). De um lado, caracteriza-se pelas transformações do indivíduo numa determinada faixa etária, na qual convive com mudanças no seu desenvolvimento físico e psicológico. Mas, se essa dimensão biológica

---

[1] Para uma discussão mais ampla sobre a noção de juventude, cf. PAIS (1993), MARGULIS (2000), SPOSITO (2002), DAYRELL (2005), dentre outros.

tende a ser universal, a forma como cada sociedade e, no seu interior, cada grupo social vai lidar e representar essa fase é muito variada. Significa reafirmar aqui o que já foi muito reiterado: a juventude é uma categoria socialmente construída e ganha contornos próprios em contextos históricos, sociais e culturais distintos, marcada pela diversidade nas condições sociais (origem de classe, por exemplo), culturais (etnias, identidades religiosas, valores, etc.), de gênero e, até mesmo, geográficas, dentre outros aspectos. Além de ser marcada pela diversidade, a juventude é uma categoria dinâmica, transformando-se na medida das mutações sociais que vêm ocorrendo ao longo da história. Na realidade, não há tanto uma juventude e sim jovens, sujeitos que a experimentam e sentem segundo determinado contexto sociocultural no qual se inserem.

Nesse sentido, os jovens protagonistas do filme expressam características que apontam para modos de ser jovem típicos desta geração. Uma delas é a sociabilidade. A relação entre Peter, Jan e Jule é paradigmática da centralidade das relações para os jovens. E não só para eles. Uma série de estudos[2] sinaliza a centralidade dessa dimensão que se desenvolve nos grupos de pares, preferencialmente nos espaços e tempos do lazer e da diversão, mas também presente nos espaços institucionais como na escola ou mesmo o trabalho. Segundo Pais (1993, p. 94), os amigos do grupo "constituem o espelho de sua própria identidade, um meio através do qual fixam similitudes e diferenças em relação aos outros", enfim, um espaço de afinidades e afetividades.

A turma de amigos cumpre um papel fundamental na trajetória da juventude, principalmente na adolescência. Geralmente, esse é o momento quando iniciam uma ampliação das experiências de vida, quando alguns deles começam a trabalhar, quando passam a ter mais autonomia para sair de casa à noite e poder escolher as formas de diversão. É quando procuram romper com tudo aquilo que os prende ao mundo infantil, buscando outros referenciais para a construção da sua identidade fora da família. É o momento privilegiado de se descobrirem como indivíduos e sujeitos, buscando um sentido para

---

[2] Dentre eles, podemos citar: SPOSITO (1993, 1999), ABRAMO (1994), CALDEIRA (1984), MINAYO (1999), ABROMAVAY (1999). Esta mesma tendência é constatada entre os jovens portugueses, analisados por PAIS (1993), ou italianos, analisados por CAVALLI, 1997.

a existência individual. É um momento próprio de experimentações, de descoberta e teste das próprias potencialidades, de demandas de autonomia que se efetivam no exercício de escolhas.

Nesse processo, a turma de amigos é uma referência: é com quem fazem os programas, "trocam ideias", buscam formas de se afirmar diante de outros grupos juvenis e também do mundo adulto, criando um "eu" e um"nós" distintivo. Enfim, podemos afirmar que a sociabilidade para os jovens parece responder às suas necessidades de comunicação, de solidariedade, de democracia, de autonomia, de trocas afetivas e, principalmente, de identidade.

É também em grupo que eles vivenciam uma outra dimensão que parece caracterizar a condição juvenil, ou seja, a atração pelo risco e o medo que tais ações envolvem. Os protagonistas estão nos dizendo que o medo, tanto no filme quanto na realidade, pode servir como mola propulsora da ação. É o que nos diz Jan, ao falar da sensação que o invade antes das invasões: "O medo é uma droga incrível". O medo nos permite chegar ao limite, e ultrapassá-lo, possibilitando-nos ganhar energia para continuar, completa ele. Parece que a transgressão e o medo que ela provoca são meios que possibilitam um autoconhecimento.

Uma outra característica que fica muito evidente no filme diz respeito à forma como a juventude contemporânea vem lidando com as dimensões do tempo, num contexto em que as aprendizagens do passado não são garantias contra as incertezas do futuro. Nesse caso, a busca de sentido é transferida para o presente, num eixo temporal curto que tornaria possível seu controle. Assim, o presente de hoje não é mais só a ocasião e o lugar em que se formulam as questões às quais se responde interrogando o passado e o futuro, mas também é a única dimensão do tempo vivida sem maiores incômodos e sobre a qual é possível se concentrar. É o que os três jovens parecem nos dizer no filme.

Mas, é na questão da participação que o filme mais nos instiga. Fica muito claro que o processo participativo que eles vivenciam se afasta dos espaços políticos formais, mas adensa a esfera pública em outros tipos de ações coletivas. Conforme mostram dados de inúmeras pesquisas, há um esvaziamento das instâncias políticas clássicas, como os partidos e sindicatos e até mesmo o movimento estudantil, como espaços privilegiados da participação juvenil. Parece haver, por parte dos jovens, uma negação dessas formas tradicionais de participação, principalmente quando elas são dominadas pelos vícios do clientelismo e do nepotismo. Esse parece ser um fenômeno também constatado em outros países. No caso da Europa, por exemplo, algumas pesquisas evidenciam o afastamento dos jovens dos sindicatos, mas não a sua negação, a desconfiança em relação aos partidos, mas o reconhecimento de um interesse difuso sem a participação correspondente, e a busca de uma política sem rótulos tradicionais que designam posições de direita e esquerda (SPOSITO, 2000; BENDIT, 2000).

Ao mesmo tempo, os jovens se mostram mais envolvidos em outras instâncias sociais, o que parece apontar para um alargamento dos interesses e práticas coletivas juvenis que fomentam mecanismos de aglutinação de sociabilidades, de práticas coletivas e de interesses comuns. Tais ações apontam para a questão da identidade juvenil e o direito a vivenciar a própria juventude como mobilizadores de uma possível participação social. Além disso, novas formas de ação e novos temas parecem se articular em torno de ações coletivas que se dão de múltiplas formas e com níveis diversos de intervenção no social, muitas vezes de uma maneira fluida e pouco estruturada.

Para finalizar, retomamos a epígrafe de Galeano. O filme nos deixa com o sentimento que a utopia continua presente nas novas gerações. De forma própria, com novos modos de ser e agir, os jovens estão nos dizendo que é possível sonhar com um mundo diferente, é possível reatualizar as utopias, nem que seja para que estas nos estimulem a caminhar.

Referências

ABRAMO, Helena. Considerações sobre a tematização da juventude no Brasil. *Revista Brasileira de Educação*. São Paulo, ANPED, n 5/6. 1997.

BENDIT, René. Participación social y política de los jóvenes en países de la Unión Europea. *In*: BALARDINI, Sergio (Comp.). *La participación social y política de los jóvenes en el horizonte del nuevo siglo*. Buenos Aires: CLACSO, 2000. p. 19-58.

DAYRELL, Juarez T.; GOMES, Nilma L.; LEÃO, Geraldo M. P. *Juventude Brasileira e Democracia: participação, esferas e políticas públicas. Região Metropolitana de Belo Horizonte. Relatório Preliminar dos Grupos de Diálogos.* Belo Horizonte, junho, 2005.

DAYRELL, Juarez T. A escola faz as juventudes? Reflexões em torno da socialização juvenil. *Educação e Sociedade,* Campinas, v. 28, n.100, out. 2007.

IBASE. *Juventude brasileira e democracia: participação, esferas e políticas públicas.* Marco Zero, jul. 2004. Mimeo.

IBASE. Juventude brasileira e democracia: participação, esferas e políticas públicas. Relatório Global. Rio de Janeiro: Ibase e Polis, jan. 2006.

LECCARDI, Carmem. *Orizzonte del tempo: esperienza del tempo e mutamento sociale.* Milano: Franco Angeli, 1991.

PERALVA, Angelina. O jovem como modelo cultural. *Revista Brasileira de Educação.* São Paulo, ANPED, n 5/6, 1997.

PAIS, José Machado.*Culturas juvenis.* Lisboa: Imprensa Nacional Casa da Moeda, 1993.

SPOSITO, Marilia. Algumas hipóteses sobre as relações entre movimentos sociais, juventude e educação. *Revista Brasileira de Educação,* ANPED, n. 13, 2000.

Na motocicleta,
sem perder a ternura

Antonio Julio de Menezes Neto

O marxismo humanista

A América Latina sempre foi uma região que social, política e culturalmente vive uma relação de proximidade e de contradição com os Estados Unidos. Esta dialética nos deixou um legado de grandes líderes, que lutaram contra a supremacia estadunidense e que propuseram um caminho próprio e socialmente mais justo. Dentre estes, destacam-se Simon Bolívar, José Martí, Sandino, Farabundo Martí, Tupac Amaro ou Fidel Castro. Mas, sem dúvida, Ernesto Guevara de La Serna, ou o Che, tornou-se o símbolo maior da luta revolucionária e da unidade latino-americana dentre os que querem fazer profundas transformações nestas sociedades.[1]

Che viveu um mundo em que as utopias e sonhos socialistas afloravam com muito mais certeza. Mas, ainda hoje, quarenta anos após a sua morte e em uma época em que muitos falam no fim do socialismo, a figura de Che continua emblemática. Isso porque a maioria dos ideais de Che continuam questionando as desigualdades e as explorações em que vivem os povos e os trabalhadores(as) latino-americanos(as) e mundiais.

Os anos 60 presenciaram uma disputa teórica no campo do marxismo entre as correntes estruturalistas e humanistas. E, aqui, podemos colocar o Che próximo a segunda corrente.[2] Pois foi no contato com

---

[1] No Festival de Cinema de Cannes 2008, foi lançado o filme *Che*. Com direção de Steven Soderbergh, o filme, com duração de 4 horas e meia, apresenta no elenco atores como Benicio Del Toro (Che), Demián Bichir (Fidel Castro) e Rodrigo Santoro (Raúl Castro).

[2] Acerca dessa discussão, indico: LÖWY (1999).

camponeses, índios e mineiros da América latina, foi o seu contato com portadores de hanseníase, enfim, com pessoas exploradas e humilhadas da nossa América que Che forjou a sua consciência política. Que começou em suas viagens de motocicleta.[3]

Ernesto Guevara

Ernesto Guevara de La Serna nasceu em 14 de junho de 1928, na cidade de Rosário, antiga região guarani na Argentina. Foi o primeiro de cinco filhos de Célia de La Serna y Llosa e Ernesto Lynch. Aos dois anos, a asma aparece em sua vida e, ao longo de sua infância, juventude, de sua viagem de motocicleta ou nas guerrilha, padecerá dessa doença.

Sua infância e juventude transcorreram em Córdoba, cidade que via nascer uma classe operária e uma burguesia pós-colonial. O jovem Ernesto tinha afinidade com os estudos e a leitura, talvez motivado por sua doença, que o obrigava a ficar sem grandes atividades físicas por longos períodos. Baudelaire, Sartre e Paul Verlaine eram leituras que mais o aproximavam do mundo da política, das questões sociais e do mundo da cultura.

Mas a asma não foi motivo para que o jovem inquieto Ernesto Guevara não vivenciasse a sua juventude. Assim, tornou-se um jovem atleta, que praticava rúgbi, natação e alpinismo. Que opta por cursar engenharia, mas que, posteriormente, abandona o curso e, em 1947, começa o curso de medicina na Universidade de Buenos Aires.

Ainda era estudante quando percorre, de motocicleta, a América do Sul, conhecendo sua beleza e seus problemas. E é nesse momento que começa o filme *Diários de motocicleta*.

A produção do filme

Numa coprodução da South Fork Picture e da Tu Vais VoirProductions, *Diários de motocicleta* foi produzido por Michael Nozik, Edgard Tenembaum, Karen Tenkhoff, Robert Redford, Paul Webster e Rebecca Yedham e teve no elenco os atores Gael Garcia Bernal, Rodrigo de la Serna e Mia Maestro. O roteiro do filme foi escrito por José Rivera e Walter Sales Júnior, cineasta brasileiro que dirigiu, com brilhantismo e belas imagens, essa aventura que mudou a vida do jovem Ernesto.

---

[3] Indico o livro em que Che narra as suas aventuras na América: *De moto pela América do Sul – Diário de viagem* (GUEVARA, 2001).

A direção de fotografia foi de Eric Gautier e merece destaque, pois, por onde passam Ernesto e Alberto, as imagens conseguem captar as belezas geográficas e as transformações políticas e sociais de ambos os personagens. O que poderia ser simplesmente um cartão postal da América do Sul transforma-se em fotografias da beleza natural e humana. Assim, ao fim, quando Ernesto chega ao leprosário de San Pablo, a fotografia do filme consegue, com maestria, captar as transformações pelas quais passou o jovem argentino. A direção de arte foi de Carlos Conti, a montagem, de Daniel Rezende, os figurinos, de Beatriz de Bennedeto e Mariza Urruti, e Gianni Mira foi o supervisor artístico.

A música, de Gustavo Santaolalla, é cantada pelo músico e violinista uruguaio Jorge Drexler e levou o Oscar de melhor canção. Mas, para surpresa, a equipe de *hollywod* convidou Antônio Banderas, e não Jorge Drexler, para cantarolar a música na entrega da estatueta. São os padrões comerciais hollywoodianos, que Ernesto Che tanto questionou, propondo a unidade latino-americana se impondo no mundo da arte.

As imagens do filme, sem dúvida nenhuma, ajudam a mostram as belezas de parte da Argentina, América Andina e Amazônica, assim como se casam perfeitamente ao clima de aventura do filme, tornando-se uma homenagem à América Latina. Cenas belíssimas de cidades como Buenos Aires e Bariloche, Temuco, do deserto de Atacama, Valparaíso, Iquitos e Machu Pichu compuseram o cenário do filme e da aventura de Ernesto Guevara Serna.

Para a montagem do filme, o diretor contou com a colaboração de Alberto Granado, que, durante as filmagens, vivia em Cuba. Esse contato possibilitou um tom bastante intimista da aventura e uma minuciosa reconstituição das passagens históricas. O filme também apresenta relatos orais das populações locais entrevistadas durante o filme.

Não se pode deixar de mencionar as atuações do ator mexicano Gael García Bernal, que busca expressar, pelo olhar, o amadurecimento do jovem Ernesto. Também o argentino Rodrigo de La Serna, que encarna o simpático, engajado, galanteador e alegre Alberto, além do resto do elenco, composto de atores argentinos, chilenos e peruanos, merecem destaque.

Sobre o filme, talvez mais do que uma reverência à América Latina, podemos dizer que é um hino de amor à nossa América. Esta América tão diferenciada, com tantas pessoas e paisagens, mas que consegue, na percepção do jovem Ernesto e daqueles que fizeram o filme, criar um clima de unidade na diversidade latino-americana.

O filme

No ano de 1952, Ernesto, um jovem argentino de 23 anos, estudante de Medicina, empreende uma aventura pela costa ocidental da América Latina, cruzando a Argentina, o Chile, o Peru e a Venezuela, numa viagem marcante para este jovem estudante:

> Querida Velha: o eu perdi ao cruzamos fronteiras, cada momento parece dividido em dois. Melancolia pelo que ficou para trás e, por outro lado, todo o entusiasmo por entrar em terras novas.[4]

Ao lado do bioquímico Alberto Granado ("amigo, barrigudo, de 29 anos, bioquímico, vagabundo, cientista declarado"), viajam pela América na motocicleta denominada por eles de "Possante". Essa viagem mudará para sempre a vida do jovem Ernesto Guevara de La Serna e criará um mito que até hoje é símbolo para jovens idealistas e rebeldes pelo mundo afora. Afinal, quem nunca teve um pôster, uma camisa ou, pelo menos, chegou a ver algumas das belas e significativas imagens, sejam em fotos ou filmagens, do Ernesto Guevara, já então transformado no Che, de grande significado estético – para o mundo da arte – e político para jovens e adultos sonhadores?

Nas suas "aventuras de liberdade", Ernesto e Alberto enfrentarão o frio, passarão fome e enfrentarão adversidades. Mas, mais importante, conhecerão a vida de gente comum, como mineiros andinos, indígenas comunistas e hansenianos marginalizados. Descobrirão um sistema que exclui, explora e oprime:

> o que tínhamos em comum: nossa inquietude, nosso espírito sonhador e o incansável amor pela luta.

É interessante observar que o filme não retrata o revolucionário Che Guevara, mas o estudante Ernesto, jovem solidário que começa a se indignar com as injustiças sociais e questionar o sentido das fronteiras latino-americanas. Assim, o filme retrata o jovem Ernesto antes de se tornar o conhecido Che.

---

[4] As notas colocadas entre aspas traduzem falas de Ernesto Guevara pronunciadas durante o filme.

O início da viagem: o namoro

O filme mostra Ernesto Guevara com todas as preocupações de um jovem, como os namoros, a necessidade sexual, pequenos "trambiques" para garantir a continuidade de sua viagem. Mas também mostra a sensibilidade social e humana daquele que um dia dirá que, mesmo nos momentos em que necessitamos ser duros, não podemos perder a ternura. E, ao mostrar o jovem Ernesto, em toda a sua complexidade juvenil, descobrindo valores e construindo uma consciência social, o filme pode despertar a curiosidade sobre os ideais do Che, que, com certeza, equiparam-se à beleza estética de suas fotos. Assim, os jovens podem descobrir ideias que transcendem as suas camisetas.

Na primeira parada da dupla, ainda na Argentina, a preocupação de Ernesto Guevara era com sua namorada Chinchila, aparentada dele. Assim, ficaram seis dias em uma bela e burguesa casa da tia de Ernesto, período em que o futuro Che aproveitou para saciar sua paixão pela jovem Chinchila. As diferenças políticas de ambos ainda não transpareciam e Ernesto aceitará algum dinheiro de sua namorada para comprar "um maiô pra ela quando chegar aos Estados Unidos". Mas aquele seria, possivelmente, o último encontro de ambos, já que Guevara tomará outros rumos na vida e a própria Chinchila se encarregará de escrever uma carta terminando o namoro:

> Não sei com que forças me livrei de seus olhos, me safei de seus braços. Ela ficou anuviando sua angústia de lágrimas atas da chuva e do vento.

O jovem Che ainda demonstra suas atitudes galanteadoras ao tentar, no Chile, "cantar" a mulher de um mecânico que havia consertado a Possante. Esse fato obriga Ernesto e Alberto a saírem fugidos da pequena cidade onde se encontravam. É ainda no Chile que ambos aplicarão pequenos golpes para comer, beber e dormir de graça, já que não possuíam dinheiro algum. Usando suas credenciais de "médico" e usando a arma da sedução masculina, conseguem, junto às mulheres e pacientes, continuar a viagem. Aliás, ainda no Chile, perdem a Possante, e o *Diário de motocicleta* vai tornar-se o diário das caminhadas, das caronas e das viagens de barco e avião.

A nova consciência

Mas a partir daí a consciência do jovem Che começa a mudar. O jovem Ernesto descobre que existe um sistema opressor que percorre toda a América. O encontro com um casal de mineiros comunistas será um importante marco:

> Aqueles olhos tinham uma expressão sombria e trágica. Nos falavam de uns companheiros que haviam desaparecidos em circunstâncias misteriosas e que aparentemente terminaram em alguma parte do fundo do mar. Foi uma das noites mais frias de minha vida. Mas conhecê-los me fez sentir mais perto da espécie humana. Estranha, tão estranha para minha alma.

Ernesto e Alberto presenciaram a exploração de perto, fato que não era usual para um jovem estudante argentino de classe média. E esse fato, para um jovem rebelde e solidário, deve ter sido realmente marcante na vida de Che Guevara. Assim, é bastante simbólica a cena em que Ernesto joga uma pedra no caminhão de uma empresa estadunidense que contratava mineiros e os carregava na traseira do caminhão. Um novo Ernesto começava a nascer:

> Ao sair da mina, sentíamos que a realidade começava a mudar. Não éramos nós. A medida que entravamos na Cordilheira, encontrávamos mais indígenas que nem ao menos tenham um teto que fosse em suas próprias terras.

Em seguida, Ernesto fica deslumbrado com a beleza de Cuzco e começa a desenvolver a consciência da necessidade de uma nova sociedade baseada em valores latino-americanos. Passa a conversar com indígenas que nunca haviam frequentado escolas e que não possuíam trabalho. Conhece uma criança que lhe diz acerca da diferença entre os incas e os espanhóis: "este muro foi feito pelos Incas e estes pelos inca... pazes". É também nesse momento, que o filme mostra o jovem e terno Ernesto defendendo, pela primeira vez, o uso de armas para a revolução.

O estudante de Medicina Ernesto procurava especializar-se no tratamento da hanseníase (na época, ainda lepra). Procura um médico em Lima, especialista na área, que encaminhará os aventureiros para o Hospital de San Pablo. Este hospital, na verdade uma colônia para leprosos, escondida na selva amazônica, também será muito importante na formação humanista do jovem Che. Mas antes, ainda no Peru, Ernesto tomará contato com as obras do jornalista, escritor e líder político comunista Mariátegui, que, mesmo em plena época de domínio do comunismo soviético, proporá que o socialismo na América Latina terá de ter fisionomia própria, incorporando características indígenas.

No Hospital de San Pablo, Guevara cumprimentará leprosos sem o uso de luvas, já que sabia não ser contagiosa a doença, limpará chagas, ajudará a construir telhados de casas, jogará futebol, dançará mambo e tango, discursará e comemorará os seus 24 anos de idade. Na região do hospital, médicos e enfermeiros ficavam de um lado do rio e os enfermos, do outro lado. No dia em que se comemorava o seu aniversário, Ernesto olha para o outro lado da margem, onde ficavam os doentes e, buscando quebrar essa separação entre enfermos e a equipe de saúde, atira-se na água e cruza o rio a nado, mesmo sendo de noite e ele próprio sofrendo de sérios problemas de asma.

Uma das cenas mais marcantes no filme é quando Ernesto Guevara entra em uma das casas e encontra uma jovem deitada. Che conversa com ela, numa conversa humanista e, ao mesmo tempo, um questionamento acerca da vida. Mas, ao mesmo tempo, Ernesto mostra o seu otimismo social ao dizer acerca da doença que será um tormento que acompanhará Che por toda a vida: frequentemente, era acometido de fortes crises de asma. Ao descrever sua doença, diz:

> Não, não é tão grave. Graças a isso não prestei serviço militar. Não tive de lustrar botas de ninguém.

Nesse período já é crescente o sentimento internacionalista ao futuro Che. Assim, torna-se fundamental entregar a palavra ao próprio Ernesto, quando, na comemoração de seu aniversário no Hospital de San Pablo, diz:

> Ainda que não sejamos pessoas significantes, e sejamos impedidos de sermos porta-vozes de suas causas, acreditamos que depois desta viagem, mais firmemente do que antes, que a divisão da América em nacionalidades incertas e ilusórias é completamente fictícia. Constituímos uma só raça mestiça, desde o México até o estreito de Magalhães. Então, tentando me livrar de qualquer carga de provincianismo, eu brindo pelo Peru e pela América Unida.

Em Caracas, última estada nessa viagem, Ernesto estava transformado:

> Nossa visão foi muito estreita, muito parcial, muito precipitada? Nossas conclusões foram rígidas demais? Talvez, mas este vagar sem rumo por Nossa América maiúscula me mudou mais do que eu pensei. Eu já não sou eu. Pelo menos já não sou o mesmo em meu interior.

Assim, preparou-se, volta para a Argentina a fim de terminar o seu curso de Medicina e partir definitivamente para outras terras e se transformar em um dos maiores revolucionários e um dos ícones da esquerda e do socialismo humanitário. Che não mais voltaria a morar na Argentina. Viajaria para diversos países, participaria de uma revolução vitoriosa em Cuba, viraria ministro, abandonaria tudo e voltaria para a guerrilha na África e na América Latina, onde morreria lutando na Bolívia.

Esse sentimento internacionalista foi posteriormente ampliado. Até onde? A resposta caberia ao próprio Che, que, uma vez perguntado acerca de sua nacionalidade, respondeu: "sou de qualquer lugar do mundo onde haja estrelas nas noites". A sua frase soa atual quando percebemos que, já transcorridas décadas de sua morte, sua imagem continua presente em qualquer manifestação política de protesto, acontecidas em qualquer parte do mundo, "por um outro mundo".

Che, realmente, está presente onde haja estrelas nas noites. O jovem Ernesto ganhou asas e o mundo. O jovem Ernesto viveu a sua juventude viajando e descobrindo a solidariedade. Essas descobertas, num segundo momento, transformariam Ernesto Che Guevara no político revolucionário. Mas em um revolucionário que procurou não perder a ternura, mesmo quando endurecia.

Ernesto Che: Símbolo de uma juventude que quer mudar o mundo

A vida do Che tornou-se um exemplo de inserção concreta e real nas relações sociais e políticas, e sua vida continua "fazendo a cabeça" de jovens, porém, com ideais rompendo países e gerações. Vendo o filme, veio-me à cabeça a seguinte questão: como compreender a permanência de Che num mundo em que os ideais defendidos por ele já não atraem tanto os jovens, a política é vista como o mundo da corrupção e o ideal socialista passa por um período de crise?

Acredito que os jovens veem em Guevara um mito e um ídolo – simbologias tão fortes no mundo jovem – que não se corrompeu, que manteve seu ideal intacto. Che sempre será símbolo da rebeldia, do inconformismo, marcas muito fortes nos jovens que não se renderam ao mundo da mercadoria.

Mas o Che também representa a luta contra os poderosos e contra os capitalistas, sem perder o vigor de uma simplicidade que nunca foi corrompida e de um inabalável compromisso com os seus princípios.

E, para os jovens, Che também foi um exemplo e uma imagem que não envelheceu, já que teve uma morte prematura ao 38 anos.

Mas Ernesto Che Guevara foi mais do que as suas belas imagens fotográficas, pois incorpora e transcende o mundo da estética e do sonho. Incorpora a beleza como símbolo e prazer estético e transcende a arte, pois sua imagem simboliza a rebeldia e a vontade de construir um mundo mais justo, solidário e socialista.

Assim, o jovem Ernesto do filme viraria um símbolo para os jovens dos anos 60. E, para surpresa, atravessaria décadas, atravessaria as crises do pensamento socialista, atravessaria as descrenças e continuaria firme nas camisetas e nos ideais de jovens rebeldes do terceiro milênio.

No Brasil, em março de 1968, no Rio de Janeiro, morria o jovem Edson Luís, de 16 anos. Sua morte prematura, vítima de um tiro policial no restaurante Calabouço, no Rio de Janeiro, acendia o movimento estudantil brasileiro. Seu enterro foi acompanhado por cerca de 50.000 pessoas, a grande maioria estudantes. O movimento estudantil de então acabou por sofrer forte repressão, principalmente depois do AI-5. Mas o espírito do Che, com certeza, já estava presente nessas manifestações. Em outubro de 1968, morria, lutando nas selvas bolivianas, o guerrilheiro Ernesto Che Guevara.

Desde então, seja nas manifestações contra a ditadura militar nos anos 70, período em que o movimento estudantil foi reconstruído, seja nas lutas políticas dos anos 80, com a reconstrução democrática do país, seja nas novas formas de organização estudantil já no novo século, a figura de Che povoa camisas e cabeças dos jovens estudantes nas organizações estudantis de esquerda.

No espírito latino-americano, reproduzo as palavras de um colombiano:

Lembro que nos setenta a imagem do Che, estampada no muro de algum lugar da avenida e algo desgastada pelo sol e a chuva, me aguardava todos os dias quando me dirigia à Escola. Anos depois, ao final dos oitenta, observei a mesma imagem, quando no meio da praça que leva seu nome – Praça Che – na Universidade Nacional de Bogotá, discutíamos em um encontro estudantil sobre a necessidade de lutar pela redução do valor das matrículas, nossa oposição à guerra contra a União Patriótica e a solidariedade mais efetiva com o movimento agredido pelo paramilitarismo. De volta a nossa Universidade, surgiu a idéia de desenhar um imenso Che em um dos muros centrais da Faculdade. Com um modelo pré-desenhado o trabalho foi mais simples do que pensávamos. Demoramos cerca de três horas – entre as 22 de segunda e a primeira hora da terça-feira. À manhã seguinte o Che estava lá, eterno. Os cabelos ao vento. O olhar no futuro (ALARCÓN, 2007).

Conclusão

> *A argila fundamental de nossa obra é a juventude.*
> *Nela depositamos todas as nossas esperanças e a prepara-*
> *mos para receber idéias para moldar nosso futuro.*
> CHE

As viagens de Che, retratadas no filme *Diários de motocicleta*, retratam o desabrochar de um jovem sensível contra as injustiças sociais. Saliento que suas posições políticas futuras foram muito marcadas pelas viagens empreendidas pelo jovem Ernesto. Pois ali, nos Andes, na selva amazônica e em diversos outros lugares, o jovem Ernesto foi construindo uma visão política que não foi baseada apenas em livros, mas sim no contato direto com as populações sofridas de nossa América. Nestas viagens, ele extrapola o seu mundo argentino e torna-se um internacionalista. E é ali, que ele construirá a sua visão de mundo, baseada no marxismo, mas num marxismo feito com pessoas. E por este ideal, Ernesto Guevara se tornará guerrilheiro vitorioso em Cuba, mas que abandonará seus cargos políticos para lutar na África e ser morto na Bolívia.

Mas a sua morte transforma o jovem idealista da motocicleta e do marxismo humanista em mito, em símbolo e em esperança para jovens e adultos que acreditam que outro mundo é possível.

Referências

LÖWY, M. *O pensamento de Che Guevara*. São Paulo: Expressão Popular, 1999.

GUEVARA, E. *De moto pela América do Sul – Diário de viagem*. São Paulo: Sá, 2001

ALARCÓN, P. Che, o homem e o exemplo. *Correio da Cidadania*. Disponível em: <http://www.correiocidadania.com.br/>. Acesso em: 08 out. 2007.

Batismo de sangue
e o que é que eu tenho
a ver com isso, hoje?

Nilton Bueno Fischer

Essa pergunta poderia ser feita pelos jovens de hoje após terem assistido ao filme de Helvécio Ratton no qual a inspiração se relaciona diretamente com um episódio da história recente de nosso país, no campo político, sistematizada na forma de uma produção no campo das artes cinematográficas que é o filme *Batismo de sangue*.[1] Ao mesmo tempo, a formulação da pergunta procura trazer o leitor, de todas idades, para uma interação com esse registro que revela um dos componentes de senso comum contemporâneo no qual já está embutida uma espécie de julgamento moral da juventude brasileira a partir da transposição, que se faz ordinariamente, dos anos 60 e 70 para os tempos deste início de século, seja nos meios de comunicação de massa, seja no meio acadêmico e até no mundo da vida privada, em especial no âmbito familiar. Neste capítulo minha argumentação tem uma intencionalidade, um objetivo que é de convidar jovens e adultos para uma interação com essa representação de caráter comparativo entre gerações, quer aceitando, negando ou acrescentando elementos de suas inserções sociais, culturais e políticas.

---

[1] O título do filme é exatamente o mesmo do livro reeditado pela 14ª vez, Editora Rocco, e escrito por Frei Betto, um dos protagonistas das ações políticas da época no combate à ditadura militar (1964-1985). O livro, traduzido para o francês e o italiano, recebeu prêmio literário Jabuti, no Brasil.

A memória é uma bela ferramenta para a vida toda da gente. Tomo como fonte para essa afirmativa a densa reflexão de Ecléa Bosi (1987),[2] na qual há uma espécie de "chave de leitura" para compreendermos quais seriam os filtros que a experiência da vida produz em situações de "recordar o vivido" por todos nós. Abasteço-me da seguinte passagem:

> [...] a memória permite a relação do corpo presente com o passado e, ao mesmo tempo, interfere no processo 'atual' das representações. Pela memória, o passado não só vem à tona das águas presentes, misturando-se com as percepções imediatas, como também empurra, 'desloca' estas últimas, ocupando o espaço todo da consciência. A memória aparece com força subjetiva ao mesmo tempo profunda e ativa, latente e penetrante, oculta e invasora. (Bosi, 1987, p. 9)

Este texto revela também uma visita e uma busca na minha memória na condição de jovem na época desses acontecimentos, que representaram um período tão forte e ao mesmo tão singular em sua matriz política. Assim, espero retirar aprendizados que agora socializo, também levando em conta novas ferramentas do campo teórico e metodológico que foram se agregando tanto na minha formação como na produção científica nas áreas da educação, sociologia, antropologia, entre outras. Através da linguagem cinematográfica, esse cenário da sociedade é mostrado através das lentes do produtor e diretor, que transpõem sua criação para vários de seus atores e na sua obra. Ela condensa, em poucas horas, um tempo de quase duas décadas, e me ajuda nessa recuperação de um "tempo vivido". Assim, a pedagogia de um filme com as características do *Batismo de sangue*, fornece ricos elementos para a compreensão do passado recente da história política e social de nosso país, com o suficiente distanciamento para tentarmos um exercício comparativo que considero de grande relevância, levando em conta o que foi a contundência do período da ditadura militar.

Retomar parte das experiências e vivências desse período, retratado por essa produção do campo da imagem, das falas, da ambiência dos espaços de resistência e repressão, é um exercício instigante para a compreensão de um "outro" que é a gente mesmo em outro tempo e

---

[2] Extraio minhas palavras especialmente do excelente primeiro capítulo, mais teórico: "Memória-Sonho e Memória-Trabalho".

contexto. Esse ir e vir, como parte de um ato reflexivo, entre os anos 60 - 70 e o agora, é uma forma que encontrei para meus argumentos, tentando escapar da linearidade das sequências dos fatos e procurar a leitura de hoje sobre o passado recente com os avanços produzidos no campo do conhecimento advindos de pesquisas e das próprias mudanças no campo político e das correlações de forças em nosso país. Assim, através da estratégia de "um convite" aos leitores do campo da educação, alunos e professores, alinhavo as conexões entre os nossos tempos internos e externos como campo de possibilidades para que também sejam feitas viagens semelhantes. Alinhavo reflexões que procuram superar o "lamento" de s(t)ermos uma outra juventude neste início de século XXI.

A produção de Helvécio Ratton está visceralmente conectada com sua própria história de jovem militante dessa época, não só pela sua vinculação com as mobilizações da época como também pela sua própria condição de exilado e preso político. Essa condição é fundamental para a compreensão de como a estrutura do filme resultou da leitura de um livro com o mesmo nome no qual esse diretor se baseia, do autor Frei Betto.[3] Há uma identificação de objetivos nessas duas produções em que esses dois profissionais tentam sistematizar um intenso tempo de lutas em nome de um projeto de sociedade mais justo para todos brasileiros. No conjunto do cenário da época, essa foi uma das formas de "presença ativa" nas manifestações e lutas em torno de um projeto de sociedade em que também outros grupos de diversas categorias profissionais e de diferentes extratos da sociedade.

Das intencionalidades e do didatismo

São várias as "chaves de leitura" para a compreensão desse filme. Uma delas está concretamente relacionada com as biografias de Frei Betto e do Helvécio Ratton. De um lado, o autor do livro do mesmo nome e, de outro, o cineasta sensível, ambos diretamente envolvidos, e através de linguagens complementares, com o projeto de denúncia do

---

[3] Ao receber de presente o livro, pelas mãos de seu autor, Frei Betto, este autografa com as seguintes palavras: "a vida supera a ficção"! Estava selado o pacto entre os dois, em linguagens complementares, para denunciarem as condições da violência policial, da tortura e do sacrifício de Frei Tito. Frei Betto foi um dos cinco frades que participaram diretamente na centralidade dos acontecimentos presentes no livro e no filme.

que ocorreu naquele período. Assim se pode compreender a contundência da escrita ao denunciar as injustiças, as dores dos torturados e a truculência policial e militar que resultou, entre outros fatos, na prisão, tortura e morte do guerrilheiro Marighella[4] e, posteriormente, no suicídio de frei Tito.

Essa marca se distribui ao longo do filme como elemento estruturante de uma tomada de posição a respeito do papel da informação para a posteridade, algo como uma espécie de "missão" para revelar às novas gerações sobre o que foram, "de fato", as situações de tortura física e psíquica sofridas pelos freis dominicanos e também para denunciar as condições sociais, econômicas e políticas do Brasil e da suas populações mais pobres, dos operários, dos movimentos sindicais e sociais. Essa condição é importante ser entendida como parte da configuração da natureza do filme, pois este se constitui como um misto entre um documentário e uma ficção. Essa combinação entre esses dois gêneros fica mais evidente na passagem a seguir, nas palavras de Ratton (2007). Assim, revela-se a convivência entre registros de fatos, quase como uma pesquisa acadêmica, e estes filtrados em função de um objetivo no plano político e que se traduz na vontade do diretor do filme em mostrar a dureza que foi a tortura em presos políticos de nosso país:

> Suavizar a violência sofrida pelos dominicanos, torná-la mais palatável, seria uma traição à memória de Tito e ao testemunho daqueles que estão vivos. Já estava mais do que na hora de abordar esses acontecimentos com verdade e audácia, como fizeram nossos vizinhos. Em um debate sobre o filme, disse um estudante que achava que esses fatos haviam acontecido no Chile e na Argentina, que para ele nossa ditadura tinha sido light. O comentário desse jovem deixa claro que nossos filmes sobre o período ficaram na ante-sala. *Batismo de sangue* **desce ao inferno à procura de luz,** para escancarar com suas imagens realistas a violência impune praticada pela ditadura militar contra seus desafetos. (RATTON, 2007)

De outro lado, talvez menos conhecido que o primeiro pelo grande público está o diretor Ratton. É na condição também de diretor de cinema que ele tomou para si o desafio e levou às telas *Batismo de*

---

[4] Carlos Marighela, líder da organização que lutou contra a ditadura ALN – Aliança Libertadora Nacional –, criada por ele em 1966 por dissidência com o Partidão (PCB) frente ao golpe militar de 1964, optando pela guerrilha urbana.

sangue.[5] Em meio a tantos comentários de críticos de cinema, de páginas da Internet, de simples recomendações de amigos e amigas para assistir ao filme é que emerge a figura do seu diretor e produtor. Foi uma bela descoberta, pois tomei consciência de uma figura humana de rara sensibilidade e de escrita envolvente. Numa publicação muito cuidadosa e, ao mesmo tempo, cheia de elementos da vida e trajetória de Helvécio Ratton, é que se pode ter noção de quanto o filme *Batismo de sangue* não foi simplesmente uma produção a mais em sua carreira.[6] Baseado no livro escrito por Paulo Villaça[7] é que encontro um ator político totalmente envolvido também com os episódios do mesmo período político que o filme revela. Então, compreender este filme, para quem não vivenciou o período histórico no qual ele se contextualiza, também demanda uma busca de sentido nas trajetórias desses dois sujeitos – jovens – naquele tempo.

Outra chave de leitura desse filme, diretamente relacionada com a primeira, está na figura do Frei Tito. Inúmeras são as cenas em que ele aparece como um ser reflexivo, sensível e afetado pelas condições de injustiça e pobreza no Brasil, leitor de clássicos de forte inspiração na época para a militância juvenil, muito especialmente entre aqueles ligados ao campo das influências da Igreja Católica, como Marx e Freud, e pela explicitação de sua filiação como Frei Dominicano, através de atitudes e também leituras da Bíblia.[8]

Assim, de posse dessas duas entradas para a compreensão do filme, torna-se importante uma discussão a respeito das intencionalidades e do didatismo presentes no *Batismo de sangue*. Associo intencionalidades

---

[5] As cenas – ambientação precisa dos anos 60 – foram rodadas no Brasil e na França. Integram o elenco Caio Blat (no papel de Frei Tito), Ângelo Antônio (Frei Oswaldo), Léo Quintão (Frei Fernando), Odilon Esteves (Frei Ivo), Daniel de Oliveira (que me interpreta), Marku Ribas (Carlos Marighella), Marcélia Cartaxo (Nildes), Cássio Gabus Mendes (delegado Fleury) e outros.

[6] Os filmes dirigidos, por Ratton, entre outros, são: *Menino maluquinho, A dança dos bonecos, Amor & Cia* e Uma onda no ar.

[7] Ver o excelente livro "O cinema para além das montanhas – Helvécio Ratton". Publicação da coleção Aplausocinemabrasil. Editado em 2005 pela Cultura-Imprensa Oficial de São Paulo-SP.

[8] Aos que assistiram já ao filme ou aos que irão ter essa oportunidade, é significativa a passagem em que Frei Tito se "desencanta" e deixa de acreditar nesses seus autores referência, já como parte de sua condição de fragilidade frente ao que sofreu durante as sessões de tortura.

como a escolha feita do tema, do roteiro, dos cortes e dos elementos técnicos de som, luminosidade, falas tudo concatenado para a revelação de uma situação limite vivida por pessoas envolvidas numa ação política de luta contra a ditadura militar. Mas não só isso. Na ênfase dada nas cenas de tortura e no resgate da trajetória da curta vida de Frei Tito, os componentes "técnicos" do filme se conjugam nessa clara determinação de seu diretor. E, quase como consequência dessa opção, está o que denomino de didatismo, isto é, uma estruturação de sequência nos tempos do filme, no recurso de narrativas, no apoio em jornais de época e nas palavras dos freis fundamentadas em São Tomás de Aquino justificando o uso do recurso da luta armada.

Na procura por maiores informações a respeito de como Ratton concebeu o filme, o que serve, por analogia, para outras formas de "produção reflexiva", como nossas aulas, é que me deparo com uma combinação entre o poderia ser um "documentário", em seu sentido lato, e o que poderia ser uma ficção. Nesse caso, penso que estamos diante dessa híbrida forma a partir do que se deduz serem as intencionalidades do seu criador, seu diretor, que assim se expressa:

> Atualmente estou trabalhando no roteiro de Batismo de Sangue, adaptação do livro homônimo de Frei Betto que está sendo escrito pela paulista Dani Patarra. Quando decidi levar este dramático relato para as telas, fiz a opção de convidar um roteirista jovem, que não tivesse vivido o período da ditadura e que, portanto, fosse capaz de enxergá-lo com um distanciamento sadio e objetivo. Além disso, esta seria uma forma de certificar-me de que a história ficaria clara para os espectadores mais jovens, que, em sua maioria, desconhecem alguns detalhes mais obscuros da época. (VILLAÇA, 2005, p. 413)

Mesmo com os cuidados dessa ordem da "não contaminação" ou da "objetividade" por parte de Ratton, é possível que se encontre no filme algo que fica mais próximo ao "ensinar" algo para um outro na melhor das intenções. E, em certa proporção, isso poderia ser visto e interpretado como uma forma sequencial, etapista e sem mostrar muito o contraditório da parte dos que "sofreram" a ação repressora sob seus corpos e mentes. Embora estejam presentes no próprio filme as cenas relacionadas com a sensibilidade de Frei Tito para com a música popular brasileira, quer tocando no seu violão, quer na escuta do rádio, momentos do jovem mais ligado com a cultura brasileira, o que poderia suscitar indicadores não só da militância, direta. Vale lembrar que as músicas continham letras mais engajadas, mais conectadas com a crítica social. Mesmo assim, era um componente que talvez pudesse ser mais explorado no filme. Nas palavras de Ratton, o processo de "concepção" do filme envolveu um processo seletivo de informações que podem ter deixado de fora alguns registros dessa natureza que estamos mencionando. Assim, fica mais bem situada para o leitor a intencionalidade em mostrar aos jovens de hoje o que não foi por eles vivido:

> *Batismo de sangue* condensa uma extensa pesquisa histórica realizada em documentos oficiais, nos testemunhos de quem viveu os fatos narrados, em livros sobre o período, arquivos de fotos, noticiários de TV, jornais, revistas, filmes rodados na época e documentários. Foram camadas e camadas de informação que alimentaram o roteiro, a direção de arte, o figurino, a fotografia, o elenco. Tudo isso está no filme, mas sem exibicionismo. *Batismo de sangue* quer prender a atenção do público bem informado, capaz de perceber todos estes detalhes, **e a dos jovens**, para quem o filme se explica por si só, sem que necessitem informações de fora para compreendê-lo. Quanto à tortura, não foi o filme que a inventou. A tortura aconteceu num grau de brutalidade e sadismo muito maior do que está mostrado. (RATTON, 2007)

Se esse escorregão ocorre, penso que a combinação entre "intencionalidade" e didatismo tem uma formatação diferenciada no que poderia ser uma visão maniqueísta da parte do diretor e da própria mensagem do filme. Explico: o diretor se precaveu contra possíveis "contaminações" entre a sua visão dos fatos (e fruto de sua própria existência e trajetória), desde o que consta na citação acima e também na que segue, a respeito da "centralidade" de sua fonte, a vida e morte de Frei Tito:

> Mas o núcleo do filme dirá respeito à história do Frei Tito, que conheci no Chile, aonde ele chegou depois de ser libertado (ao lado de outros 69 presos políticos) em troca do embaixador suíço no Brasil, que fora seqüestrado pelos revolucionários. Arredio e visivelmente afetado pelo tempo que passara nos porões da repressão, o frade ficou tempo em Santiago. Mais tarde, em Paris, começou a sofrer alucinações, afirmando ver seu antigo carrasco, Fleury, nas ruas da capital francesa e mesmo em lugares privados. No filme pretendo investigar a fundo este conflito interior do frade, que me interessa bastante. (VILLAÇA, 2005, p. 415 e 146)

Alguns detalhes mais técnicos, ao vermos o filme por várias vezes e com base também nos depoimentos que estão nos "extras",[9] são relevantes para as aprendizagens que podemos retirar do filme, a partir da perspectiva, da "missão" de levar um produto que "afete" os que não vivenciaram os fatos dramáticos da época. Destaco a relevância do recurso das cores utilizadas, pois há uma intencionalidade em respeitar as imagens que serviram como fonte. Assim, as cores pretas e brancas, que predominavam nas edições dos jornais, servem para uma escolha de cores discretas nas roupas dos atores principais, dos próprios representantes da "polícia militar" e nos ambientes dos diretórios estudantis, da Alameda tal e onde ocorreu a morte de Marighella. Ao serem respeitadas[10] as cores da época ou mesmo fazendo adaptações mais discretas dos contrastes os diretores de fotografia também tiveram a intenção de mostrarem "cores tristes" do próprio filme. E o recurso do "claro – escuro" também se transformou numa ferramenta para ser demonstrada como uma sequência lógica do início do filme, com cores mais claras, como a indicar mais esperança de uma luta por justiça, de um projeto de mudança no país, de uma utopia se tornar realidade, etc. E na medida em que se acentuava o processo repressivo da tortura e do posterior suicídio de Frei Tito, as cores vão ficando mais escuras.

Frei Tito: a entrega e os seus tempos

O ideário que sustentou fortemente a escolha dos frades dominicanos pelo apoio à luta das forças políticas em oposição ao governo brasileiro e aos interesses do capital, mesmo de forma clandestina, tinha uma fonte extremamente forte e legitimada dentro do campo

---

[9] A versão em vídeo do filme está muito bem sortida de elementos para além dele mesmo. Na parte dos "extras", estão contidos depoimentos vigorosos e contemporâneos dos Freis Tito, Osvaldo, Fernando, Ivo, Betto, bem como dos próprios atores em testemunhos muito próximos do que o diretor gostaria de ouvir dos demais jovens a respeito da contundência das cenas de tortura e do engajamento de uma geração na luta pela construção democrática deste nosso país. Produção VídeoFilmes (www.vfilmes.com.br), ano 2006. O filme foi premiado no Festival de Brasília com os prêmios de Melhor Diretor e Melhor Fotografia, 2006. O Festival de Brasília concedeu-lhe os prêmios de Melhor Direção e Melhor Fotografia (Lauro Escorel). No Festival de Tiradentes, a plateia de mais mil pessoas, a maioria jovens, expressou a emoção em prolongadas palmas.

[10] O premiado diretor de fotografia Lauro Escorel apresenta esse precioso testemunho nos extras, que se pode acessar através da versão em vídeo do filme.

religioso na figura de São Tomás de Aquino. Numa passagem do filme, a pergunta é feita ao conjunto dos frades, ainda dentro do seminário dos dominicanos, a respeito desse "imiscuir-se" nas ações estratégicas de apoio aos revolucionários. A resposta dos frades foi direta, citando Aquino. A expressão é assim formulada por Frei Betto.[11]

> Havendo um tirano, em situação de tirania evidente e prolongada e não havendo outro recurso para tirá-lo do poder a não ser a luta armada então ela é lícita desde que assegurada as condições de vitória e que isso não venha a causar mais mal ao povo que a permanência do tirano.

Quando exilado em Paris, em 1971, Frei Tito, personagem principal desse filme, conversa com o Osvaldo, seu confrade agora exilado na França, num bar, e se afasta repentinamente enquanto seu interlocutor ia ao banheiro, movido por sentir-se "vigiado" pelo delegado Fleury e também por transpor-se para as sessões de tortura. Todos os detalhes dessa situação de controle sobre sua vida atendia ao que um delegado disse a ele na prisão: "vou te quebrar por dentro e pelo resto da tua vida". Mesmo assim o diálogo precioso que aparece no filme poderia servir como o argumento-chave para produzir uma reflexão mais cuidada, pensada e problematizada sobre as ações daquele tempo da ditadura em nosso país. As palavras foram mais ou menos estas:

Frei Tito: "A nossa guerra não foi uma guerra do povo"

Oswaldo: "Foi uma guerra feita em nome do povo e não do povo, o que é muito diferente".

Frei Tito: "Nós agora precisamos de um amplo movimento democrático, juntando todas as forças, sem deixar ninguém de fora".

Mesmo que tenhamos tido avanços qualitativos no processo de criação, manutenção e de aperfeiçoamento da democracia em nosso país, ainda fica um "saldo" de apreensão aos olhos nossos, de hoje: a "iniciativa" desse processo, suas metas, estratégias e concepções ainda ficavam de um lado, o lado dos intelectuais ou de uma camada dita "esclarecida" da população brasileira. Somente mais tarde é que,

---

[11] Novamente na seção dos "extras", o Frei Betto, junto com todos os demais frades da época, grava essa passagem em que os demais revelavam emocionadamente os momentos de suas ações no período das lutas, apoios e perseguições. A transcrição é feita direta do DVD.

além da criação e do leque de partidos em diferentes siglas e inserções, surgem os movimentos sociais, depois os novos movimentos e mesmo as ações coletivas como expressões concretas dessa "esperança" posta por Frei Tito em Paris, 1971. O instigante de tudo isso é que ele não se conformava com as estruturas existentes, reconhecia os equívocos das ações armadas e "sobre o povo" e por isso tentava procurar e sinalizar novas possibilidades democráticas. Talvez, se hoje estivesse vivo, poderia ter elementos comparativos e especialmente reflexões de sua própria verve no sentido de evidenciar essa sua habilidade de ter feito uma autocrítica no tempo da luta armada. Basta ver os diversos exemplos de gestão pública em nosso país que, de forma ainda insuficiente, tentam produzir uma cultura política de ordem participativa e mais "direta" nas relações entre estado e sociedade (administrações populares, orçamento participativo).

Alberto Melucci (2004) me ajuda na tentativa que faço de conectar os tempos em torno da existência densa, sensível e engajada de Frei Tito através da sua reflexão sobre os tempos internos e externos de cada um de nós. O suicídio se manifesta no limite das alucinações que a figura do delegado Fleury produziu no corpo e na mente de Tito. Talvez não tenhamos tido elementos, na época, para escutar mais e mais esse jovem e seu "planeta interno". Enquanto isso, o "tempo externo" ficava cadenciado pelos ritmos da análise objetiva da luta que superaria as condições objetivas produzidas pelas contradições do capitalismo no Brasil, especialmente nas alianças com a ditadura militar. Melucci expressa esses dois tempos dessa forma:

> O tempo social é mensurável e previsível, porque porções diversas podem ser comparadas entre si e porque o passado torna em certa medida calculável o futuro. Enfim, o tempo social é uniforme: para cada tipo de evento existe uma cadência, um ritmo certo sobre o qual se fundam as expectativas e cuja conservação garante a ordem social. [...] O tempo interno, aquele que acompanha afetos e emoções e que vive no corpo, possui características opostas. É múltiplo e descontínuo; na experiência subjetiva, tempos diversos coexistem, sucedendo-se, entrecruzando-se e sobrepondo-se. [...] A simultaneidade do tempo interno é a abolição da não contradição. (MELUCCI, 2004, p.32)

Essa nossa reflexão é datada e se produz trinta anos depois dos fatos que inspiraram a construção do filme. Seguindo na senda de contribuições de Melucci (1989), alertamos: as novas ações políticas surgem em territórios não tocados nos anos 60-70! E é isso que precisamos ter em conta na leitura deste texto, pois queremos contribuir com uma ferramenta interpretativa de uma produção que remete também para a criação de novas compreensões não só no campo das lutas, mas também nos campos conceituais. Especialmente penso que os "conflitos" novos não se ampliam pela incorporação de temas como meio ambiente, gênero, geracional, pacifistas, mas me preocupo com o modo como estamos processando as passagem do binário para o complexo ou a superação do excludente "ou" pelo interativo "e"! No *Batismo,* a gente pode achar o "e", como é o caso da aliança entre os comunistas e militantes da ALN e os frades claramente identificados com o campo religioso. Proponho, entretanto, que sejam observadas os contrastes entre os maus (estado, empresariado, militares, polícia) e os bons (os pobres, os "orgânicos" da luta em nome do povo, etc.).

Prisão: contraste entre a celebração e a tortura

Talvez, as inserções das juventudes de hoje, em suas múltiplas formas, locais e focos, não tenham experimentado a vivência dura da prisão, da tortura e, no caso dos jovens frades, na condição de "grupo segregado" e abrigado por um ideário unificador da fé cristã e dos evangelhos. Continuando com a pergunta do título deste capítulo e pelo que me instiga no filme, é destaco esse contraste entre a celebração da missa na prisão e as cenas de tortura. Assim é que trago esse item, mesmo que tecnicamente não tenha havido alguma iniciativa, do diretor do filme e de sua equipe, no sentido de produzir alguma comparação esses dois momentos, o da celebração eucarística e das sessões de tortura. Hoje, mesmo com as pastorais focais de juventude universitária, operária, etc., pouco se observa este tipo de conexão: a celebração religiosa de uma missa como parte dos instrumentos de luta, com marcas de resistência como algo mais íntimo ou até do plano da clandestinidade. Os tempos agora são outros, pois essas manifestações têm toda uma visibilidade, quer, por exemplo, em assentamentos dos trabalhadores rurais, quer em ações culturais das juventudes, como dos "motoqueiros", etc.

Nas cenas de tortura – levando em consideração a "filiação" do diretor e todo seu próprio histórico com envolvimentos diretos nas lutas da época, sem contar o fato de ter experimentado prisão e exílio –, há uma clara opção por mostrar a contundência das ações dos torturadores através de uma dimensão ampliada na durabilidade e na sonoridade dedicada para essas cenas.

Na cena da celebração da missa, com base no pão sendo substituído por bolacha Maria e o vinho sendo trocado pelo K-suco, há um outro clima, contrastante com a violência e as próprias imagens dos corpos invadidos pelos choques elétricos, os pontapés e os cigarros na pele. Na missa, além da música de fundo, está presente, nesse rito, a "aura" quase íntima que envolve as falas e os corpos em torno da busca pelo apoio aos seus ideais de luta – através da fé, da reflexão, da reza partilhada pelo deslocamento do Frei Tito no espaço interno do cárcere, distribuindo a "comunhão" entre os freis e os demais presos políticos. A cena de recusa em oferecer o mesmo para o policial militar armado evidencia, através do gesto do frei, as diferenças não só entre os "da causa" e os do outro lado. O espectador fica tocado pelo contraste entre a sonoridade dessas duas cenas e a postura dos corpos: numa estão em fragmentos, alquebrados, e noutra estão mais inteiros, pela força interior e pelo sentimento de grupo.

Para nossa compreensão, a partir do presente, com as ferramentas que temos e que estão disponíveis por meio das tecnologias da informação virtual, talvez esse "ficar" tocado pela força das imagens fique mais diluído pela excessiva produção que é socializada e acessada pelos jovens. Uma das minhas sugestões para tentar relacionar o que está posto no filme, especialmente nesse paralelo entre "celebração da missa" e "sessões de tortura", é que, antes de serem usados os filtros do presente, se tente mergulhar no sentido dado pelo diretor Ratton (2007),[12] expresso nas suas palavras a seguir:

> Suavizar a violência sofrida pelos dominicanos, torná-la mais palatável, seria uma traição à memória de Tito e ao testemunho daqueles que estão vivos. Já estava mais do que na hora de abordar esses acontecimentos com verdade e audácia, como fizeram nossos vizinhos. Em um debate sobre o

---

[12] http://cantodoinacio.blogspot.com/2007/05/batismo-de-sangue-vai-alm-da-sala.html

filme, disse um estudante que achava que esses fatos haviam acontecido no Chile e na Argentina, que para ele nossa ditadura tinha sido light. O comentário desse jovem deixa claro que nossos filmes sobre o período ficaram na ante-sala. Batismo de sangue **desce ao inferno à procura de luz**, para escancarar com suas imagens realistas a violência impune praticada pela ditadura militar contra seus desafetos.

O grifado em negrito é que serve como chamada para minha interpretação e que se associa aos alertas inicias que fizemos a respeito do "didatismo" e, ao mesmo tempo, das intenções do diretor em jogar com a importância da luz dentro da concepção de todo argumento do filme. Ao mesmo tempo, o descer ao inferno à procura da luz pode capturar o contraste que estamos propondo como "pedagógico" para a compreensão do filme, tendo também os aspectos técnicos como instrumentos de apoio: inferno e luz! O inferno da prisão, apesar da tortura, oportuniza a luz pela celebração da missa! Assim se poderia associar também luz com o som, pois as luzes das cenas da violência policial acentuam também as vozes dos torturados, enquanto que, na cena da celebração religiosa, há uma combinação entre som e luminosidade que favorece a perspectiva da revelação do ideário religioso que sustenta a fé daqueles frades, também jovens, naquela situação limite.

Daqui pra frente, tudo vai (pode) ser diferente...

Estamos vivendo, nós, da mesma geração dos frades dominicanos, e os jovens de hoje, um raro momento de "aproveitar" a colheita de toda um período da nossa história, potencializando mais e mais os aprendizados frutos das vivências que tivemos com as claras e determinadas intenções de alterar, mudar e transformar os limites da injustiça, material e cultural, da maioria da população brasileira.

A produção de conhecimento a respeito de "quem é esse outro", que tanto queremos ajudar, está cada vez mais fertilizada por uma qualificada produção de pesquisas, dissertações, teses e textos de literatura que sinalizam a mesma base classificada por Boaventura de Sousa Santos como "temas emergentes", na forma da sociologia das ausências e das emergências. Os focos e os temas que capitalizavam toda energia juvenil e também a produção intelectual, alinhavadas com a militância política, foram sendo ampliados e complexificados, e isso sem perder o "mote" da inserção social. Para tanto, é indispensável uma "captura" do tempo presente em sua plenitude possível, com registros os mais detalhados e densos, e deles extrair as complexidades inerentes, tanto na forma dos conhecimentos contraditórios, ambíguos e inovadores que se manifestam de forma combinada e pouco perceptível quanto na pressa, que indica o ponto de chegada.

O conhecimento crítico se apresenta desafiador para os campos da academia e da produção cultural. Tanto do lado da universidade e dos institutos de pesquisa como na área das artes – e, nela, a forte presença da produção cinematográfica –, estão sendo aprofundados elementos que passavam "batido" nas análises, pois o "futuro" tudo determinava. O paraíso e o socialismo se aliavam nesse ponto de chegada, que pedia "tolerância" para as demandas do cotidiano de cada um e da grande maioria dos brasileiros sem emprego, moradia, escolarização, saúde e direitos humanos mínimos.

Tomado em "perspectiva", *Batismo de sangue* ainda continua a incomodar o nosso estabelecido dia a dia quando nos deparamos com as prisões injustas, as corrupções e outras formas de "prender e isolar" as pessoas. Isso é bom! Entretanto, de posse de conhecimentos mais detalhados de como os brasileiros, os "homens simples"[13] têm muito a nos ensinar, desde o vivido imediato até as linguagens que revelam expressões incompreensíveis numa imediata interpretação de nossa parte como agentes de medicação na condição de produtores cinematográficos, educadores, representantes do estado e mesmo pesquisadores.[14]

Voltando ao filme, seria o caso de conhecermos as "internalidades" e cotidianos dos tempos dos policiais e dos frades, sem o classificatório posto *a priori* e, nesse mergulho aprofundarmos tanto os limites do que o entorno social produz (salário, moradia, direitos, o seminário,

---

[13] Vide o excelente livro escrito por um sociólogo crítico e reflexivo, José de Souza Martins: *A sociabilidade do homem simples* e também a *Aparição do demônio na fábrica*. Nos dois livros existem passagens que problematizam as primeiras impressões a respeito desse "outro" classificado como excluído, pobre, operário, etc. Tanto as fundamentações teóricas como os procedimentos metodológicos servem aos propósitos da produção de conhecimento sobre cotidiano e suas relações com os contextos sócio-históricos.

[14] Para o campo da educação, especialmente na área da pesquisa dos temas geradores e da pesquisa participante, vale a pena ler intensamente o primeiro capítulo do livro organizado por Claudia Fonseca e Jurema Brites. Claudia Fonseca, como antropóloga e autora do capítulo intitulado "Classe e a recusa etnográfica", propõe uma revisão em torno dos apressamentos dessas pesquisas realizadas em nossas periferias urbanas.

a religião, o afeto, etc.) como o que o sujeito quer e diz por sua conta e risco. Na aprendizagem que Ratton oferece, por meio da qualidade das diversas cenas do filme e também pelo sensível da escolha feita nos tons das cores, na luminosidade, podemos aprofundar o conhecimento de nosso cotidiano sem deixar a firmeza e a indignação ausentes dessa produção. O convite está feito para esta viagem no tempo do batismo e no tempo de nossas histórias, pessoais e coletivas. Daqui para frente, o diferente pode surgir dessa postura metodológica e reflexiva compreendendo o ensinamento histórico como instituinte do "emergente" que se faz pelo cotidiano problematizado.

Referências

BETTO, F. *Batismo de sangue: guerrilha e morte de Carlos Marighella.* 14. ed. rev. e ampliada. – Rio de Janeiro: Rocco, 2006.

BOSI, E. *Memória e Sociedade. Lembrança de Velhos.* São Paulo: T.A. Queiroz Editor e Edusp, 1987.

FONSECA, C.; BRITES, J. (Orgs). *Etnografias da participação.* Santa Cruz do Sul: EDUNISC, 2006.

MARTINS, J. S. *A aparição do demônio na fábrica. Origens sociais do Eu dividido no subúrbio operário.* São Paulo: Editora 34, 2008.

MARTINS, J. S. *A sociabilidade do homem simples. Cotidiano e história na modernidade anômala.* 2ª Ed. São Paulo: Contexto, 2008.

MELUCCI, A. Um objetivo para os movimentos sociais. *Lua Nova – Revista de Cultura e Política*, Centro de Estudos de Cultura Contemporânea, São Paulo, SP, n. 17, jun. 1989.

MELUCCI, A. *O jogo do eu. A mudança de si numa sociedade global.* São Leopoldo: Editora Unisinos, 2004.

RATTON, H. Disponível em: <http://cantodoinacio.blogspot.com/2007/05/batismo-de-sangue-vai-alm-da-sala.html>.

SANTOS, B. S. (Org). *Conhecimento prudente para uma vida decente. Um discurso sobre as ciências revisitado.* São Paulo: Cortez, 2004.

VILLAÇA, P. *Helvécio Ratton: o cinema além das montanhas.* São Paulo: Imprensa Oficial do Estado de São Paulo; Cultura – Fundação Padre Anchieta, 2005.

Juventude:
a rebeldia em cena ou a utopia do poder

Sandra Pereira Tosta
Thiago Pereira

Well, I ride on a mailtrain, baby
Can't buy a thrill
Bob Dylan,
"It takes a lot to laugh, it takes a train to cry"

O cinema é, sem dúvida, uma legítima fonte de pesquisa sobre a sociedade e os filmes sobre a juventude constituem-se em registro histórico tanto das épocas em que foram filmados, quantos de épocas passadas e reconstituídas pelo cinema. Muitos contêm elementos discursivos e imagéticos importantes para a compreensão das culturas e do comportamento de grupos sociais. Os jovens e o imaginário social sobre a juventude, em *Rebel without a cause* (*Juventrude transviada*, na versão brasileira), do diretor Nicholas Ray, lançado em 1955, é exemplar do gênero cinematográfico em pauta.

Um dos grandes méritos deste filme foi, sem dúvida, o de revelar para a cultura ocidental dos anos 50 do século XX para cá algo ainda pouco explicitado e discutido: a imagem da juventude como rebelde, contestadora e inconsequente. Antes disso, esse segmento jovem da população geralmente não era visto como um grupo de importância cultural e socioeconômica, com necessidades, valores e interesses próprios. Como contraponto a esta visão, o filme *Juventude transviada* foi dos primeiros a registrar a insatisfação dos jovens, particularmente dos norte-americanos, em relação a valores consagrados na cultura ocidental, como a família e a escola.

O filme se destaca, também, por outro elemento muito relevante: a criação de um ícone estético e comportamental, baseado no personagem Jim Starks, interpretado por James Dean e frequentemente confundido com a vida real, ou seja, como uma personalização exata do próprio ator. Starks ou Dean pode ser considerado um modelo inaugural para a linhagem de *bad boys* que se estabeleceria no cinema e no mundo das artes em geral, em que *slogans* como *live fast, die young* (viva rápido, morra jovem) ou *die young, stay pretty* (morra jovem, permaneça belo), representam a condição ilusória da eterna juventude, o ideal de morrer jovem mas conservado no viço e vigor da fase adolescente-adulta, foram encarnados em corpo e alma por uma legião de seguidores assumidos ou não de Dean.

O próprio nome dado ao personagem (Starks) pode sugerir uma corruptela para *star* (estrela) ou *sparks* (faíscas), palavras que servem bem ao vocabulário jovem da época. Parece sintomático dizer então que *Juventude transviada* chegou aos cinemas pouco depois da morte de James Dean, em um acidente de carro, quando se dirigia para uma corrida.

Em cena

O filme inicia: em primeiro plano um jovem bem vestido, bêbado, deitada no chão de um distrito policial na cidade de Los Angeles – EUA, brinca com uma bonequinha vestida de vermelho, cobrindo-a cuidadosamente e tentando fazê-la dormir.

Neste mesmo recinto, uma jovem de lábios bem contornados com batom vermelho, saias rodadas combinando com uma blusa que marca sua fina cintura, está sentada em um banco.

Mais ao canto um outro jovem, de roupas casuais, jaqueta e calça jeans, encontra-se no mesmo lugar acompanhado de uma senhora negra que aparenta ser sua governanta.

São três jovens, com idades próximas, 17 anos, em um mesmo local, aparentemente calmo e cortês para as imagens que temos de um distrito de polícia. Estamos nos anos 50 do século XX, mais conhecidos como "os anos de ouro", aos que se seguiriam "os anos rebeldes". Um tempo prenunciando outro? Muito provavelmente, como veremos adiante. Três jovens com os quais se tece a trama principal do filme *Juventude transviada* ou melhor, *Rebelde sem causa*, que seria a versão correta do título original.

Três jovens oriundos de família de classe média a média alta para os padrões da época, cada qual com sua queixa para justificar a passagem pela polícia: a primeira e principal personagem do filme, Jim Starks, responde irônica e tropegamente, agarrado ao seu brinquedo, por mais uma confusa bebedeira. Confusa em todos os sentidos, pelo que o álcool pode causar e por uma confusa dificuldade de se relacionar com amigos ou grupos, o que teria justificado mais uma mudança de cidade pela família do rapaz. Eles são recém-chegados em Los Angeles. Nessa dificuldade de interação, Starks recusa-se a assumir a condição de jovem?

A segunda personagem é Judy, queixosa do tratamento que o pai lhe dá, recusando seu visual composto de roupas da última moda e de forte maquiagem. Um pai que rejeita seu comportamento como filha que, por sua vez, quer continuar a ser tratada como menina com beijos, abraços e mimos do pai. Por isso mesmo, saíra sozinha pela noite afora.... Recusa-se a deixar a infância?

O outro jovem, aparentando um menino, ou melhor, uma criança abandonada por pais ausentes, de nome John Crawford, mais conhecido por Platão, teria repetido um gesto impensado para os dias de hoje: atirar em cachorros. Tem claras dificuldades de convivência com colegas que não o aceitam no grupo. Recusa-se a mudar para ser aceito pelos pares?

E, fechando esse encontro, a figura de um compreensivo policial, mais afeito a um psicólogo que dialoga calmamente com os jovens e analisa quase didaticamente seus comportamentos. Jim recebe em casa apenas um amor superficial dos seus pais e ele nunca aceitou que seu pai fosse totalmente submisso à sua mãe. Com essa mesma atitude, o comissário procura dialogar com Judy e John.

Essa é uma leitura possível do deslanchar de uma história com final triste que percorre quadros e cenas e constrói uma representação de juventude aparentemente desregrada. Um enredo de recusas que esconde, não por muito tempo, conflitos e dilemas da condição humana que parecem comuns a toda gente, bem ao gosto das "estruturas invariantes" de Lévi-Strauss. Estruturas como os mais elementares arquétipos que integram a vida de qualquer indivíduo, em qualquer tempo e lugar (Tosta, 2005a). E que, revestidas e visíveis na cultura, na nossa singular plasticidade, constituem marcadores de diferenças e pontos de vista sobre o mundo, sobre o outro; sobre nós mesmos!

Três jovens convivendo, cada qual e, logo, solitária e solidariamente, com suas recusas em aceitar um pai subserviente à mãe – fato que seria patético, se não fosse trágico, como nas cenas em que o pai de Jim aparece com um avental sobre o indefectível terno, comportando-se como uma empregada doméstica tentando agradar o filho com comidas feitas por ele. Da mocinha, Judy, que insiste em continuar sendo tratada como menina, ao mesmo tempo em que exige seu reconhecimento como jovem com autonomia para decidir sua vida. E do menino que recusa o estado de abandono em que se encontra por conta da ausência dos pais, mas também pelas dificuldades de interagir com colegas e de se sentir pertencente a um grupo.

São três histórias com muito em comum e que, ao se entrecruzarem nos encontros e desencontros de suas personagens, comporão a triste trama de rebeldes sem causa. Mas, serão eles rebeldes sem causa como a já desenhada e construída representação de toda uma geração, por se inscreverem em uma rede de desejos, fantasias e amores que os excluem duplamente: do mundo da infância e do mundo do adulto? Jovens que, ao seu modo, estão tentando se apropriar do mundo e construir nele seu espaço? Constituí-lo seus? Como em um jogo no qual é imprescindível, urgente, enfrentar e superar desafios cotidianos, construir uma imagem positiva e alcançar seu lugar próprio no mundo, "Empoderar"-se dele?[1]

É o retrato de uma juventude mergulhada em conflitos com as estruturas sociais e familiares os quais se materializam de forma mais nítida nos símbolos norte-americanos da transgressão vigentes nos anos 50– a obsessão por carros, motos e pela velocidade, a expressão

---

[1] No sentido dado por CLASTRES (1982), de que dar voz aos jovens é dar-lhes poder, pois falar é, antes de tudo, poder falar ou ter o poder de fala.

de "atitudes" através da moda e da consequente capitalização da publicidade relacionando certos bens de consumo a esta geração, como marcas de cigarros e refrigerantes.

Três jovens que, juntamente com muitos outros, entram na história como alunos de uma escola, lugar que, no filme, limita-se a ser uma espécie de moldura tênue, sem muita nitidez, indicial apenas da condição de aluno daqueles jovens. Triste escola! As sociabilidades registradas pelas câmeras ocorrem fora dela, no planetário, nas ruas, no castelo abandonado! A escola ali se enquadra em apenas mais uma categorização romântica dos jovens daquilo que não lhes serve, em que eles não cabem, espécie de prisão. Uma condição perpétua, sem saída ou esperanças. Uma cruel extensão de seus conflitos familiares.

Quem são esses jovens ou essa geração que, no vocabulário nativo, foi celebrizada como transviada? Transviado ou transviada, se formos ao dicionário Aurélio, diz-se daquele ou daquela que se desviou dos padrões éticos e sociais vigentes, transgrediu as normas. É esse o sentido original do termo que, no Brasil, dá nome ao filme mais conhecido e notabilizado do jovem ator norte-americano James Dean, estrelado em 1955 e que lança para o mundo do cinema outra jovem atriz, Natalie Wood.

Indicado ao Oscar em três categorias, *Rebel without a cause* se passa em duas noites apenas, intercaladas pelo dia, obviamente. Noites, uma curta e outra longa, que duram o tempo de uma eternidade tal a densidade e agilidade com que a história de adolescentes incompreendidos, que entram em conflito no território bem demarcado de uma "gangue", participam de um desafio em que um deles é morto. Integrante do grupo de rebeldes, este jovem morre tragicamente em um jogo pelo qual se fizera líder, o *run chicken* – um "racha" entre carros roubados e dirigidos por eles rumo a um precipício em que a garantia de sobrevivência é a agilidade de se saltar do veículo em movimento, antes que ele beirasse o penhasco, rolasse pela margem e afundasse na imensidão das águas turvas.

Aceitando o desafio, Jim vai ao encontro da "gangue" paramentado pela jaqueta vermelha com a qual cobrirá o corpo do outro jovem morto ao final do filme. Aquele menino com o qual Jim cruzara no distrito policial e que passa a venerá-lo, desde então, quem sabe, projetando nele a referência de autoridade não encontrada no pai ausente ou no irmão mais velho!

Este evento que significa claramente um ritual de iniciação que marcaria a entrada e a aceitação de Jim na referida "gangue", se expressa na morte trágica de um herói para que outro herói pudesse entrar em cena. Um jovem que, ao morrer, carrega consigo a ousadia de desafiar as regras de uma disputa a qual estava acostumado a ganhar. Carrega consigo feito segredo as causas de sua própria finitude que antecipavam algumas preocupações comuns aos jovens de hoje, como os cuidados com o corpo, a beleza e a aceitação. A partir daí, o acontecimento se estrutura e vira história![2]

Desta história, podemos considerar pelo menos três questões: Uma nos permite destacar a importância dos grupos para os jovens e como eles se formam na base de traços compartilhados de identidade que, por sua vez, se constrói também por sinais contrastantes ou diacríticos Em outros termos, identidades são relacionais e estabelecidas entre iguais e diferentes. Na interação entre o "eu" e o "outro", escolhas são feitas de modo a delinear uma identidade e um pertencimento grupal.

A outra é sobre o "racha" que podemos interpretar em um duplo sentido. Expressa e executa um ritual de passagem que indica simbólica e efetivamente a entrada e aceitação de um novo membro no grupo, o que supõe que este tenha domínio de certas regras para participar daquela cultura. Nesse caso, Jim precisava provar para os outros que podia tornar-se um deles, um membro da "gangue" e, para isso aceitou o desafio mortal do *run chicken*, inclusive como afirmação de sua masculinidade, relacionada a atos de coragem e bravura.

Mas não só! Ao mesmo tempo, o "racha" também expressa e executa outro ritual, que é a tentativa de descolamento dos jovens de sua

---

[2] *Juventude transviada* foi o segundo dos três filmes que James Dean estrelou antes de morrer tragicamente. Imitando o próprio filme, o ator na vida real, morreu em um acidente de carro. Mas, antes de Dean, também morreram tragicamente Nick Adams, de overdose em 1968 e um dos integrantes da gangue no filme e astro do seriado de TV *The Rebel*. Outros dois atores do filme também morreram: Sal Mineo foi assassinado em 1976 e Natalie Wood morreu afogada em 1981. As interpretações se inspiram na leitura de Victor Turner - O processo ritual (1974). Recordemos que o jovem morto no "racha" teve a manga de seu casaco presa à janela do veículo e, brincando com o perigo, penteava os cabelos enquanto dirigia.

parentela, especialmente pais e mães. Nesse sentido, a dinâmica identitária em questão pode ser compreendida como um mecanismo simbólico de separação e uma estratégia de realização dessa ruptura com o antigo ou o estabelecido, para dar lugar ao novo. O que não implica que isso se concretize assim, porque, o que podemos ver ao final do filme é um tipo de reestruturação da parentela em torno de Jim, Judy e Platão. Isto é, marcas culturais (laços de afetividade, comportamentos tipicamente transgressores, conflitos pessoais e grupais) típicas de uma geração, não necessariamente desaparecem para dar lugar a uma outra cultura geracional. Ampliando o foco, o tradicional e moderno, nesse caso expresso pelas figuras de pais e filhos, podem ser lidos como permanências e mudanças, continuidades e descontinuidades em um movimento que estrutura dinâmicas culturais nem sempre antagônicas ou excludentes.

E a terceira questão diz respeito a um estilo de se vestir. O vestuário acaba funcionando como um crivo muito visível de inclusão ou exclusão. Na análise do antropólogo Marshal Sahlins, esse fato diz sobre a ordem simbólica de uma sociedade que se realiza ou é expressa na dimensão do vestuário, ou seja, a roupa produz e reproduz distinções de classe, bem como significações de tempo, espaço, gênero, geração e outros múltiplos marcadores identitários. Em outros termos, aquela microssociedade – o grupo ou a "gangue", no caso – realiza-se por contrastes e oposições. Sendo assim, é possível associar a célebre jaqueta vermelha de Jim à dinâmica que minaria o *status* "estabelecido" daquele grupo e promoveria mudanças significativas, como a implosão da "gangue", podemos inferir ao final do filme (ELIAS; SCOTSON, 2000, BORGES; AZEVEDO, 2007).

No Brasil

Mas porque *Juventude transviada* no Brasil e não *Rebeldes sem causa*, a exemplo de outros países da latino-américa? O que se sabe é que o título dado ao filme incorporou uma chamada muito em voga naquela época, utilizada pela revista *O Cruzeiro,* em 1954, para cobrir e manter no noticiário o famoso caso "Aida Cury". Tratava-se de uma jovem que morrera ao cair de um edifício em Copacabana, na cidade do Rio de Janeiro, depois de ter resistido ao assédio sexual de dois jovens, *playboys,* como eram conhecidos rapazes da classe média alta que portavam uma determinada vestimenta, ouviam e dançavam *rock and roll.*

Como James Dean, participavam de movimentos que afrontavam normas e regras bem estabelecidas. Um estilo de vida retratado no repertório musical nacional em canções como "Rua Augusta", de Hervê Cordovil, *hit* na voz de Ronnie Cord. A música conta sobre jovens que, vivendo intensamente com possantes carros "envenenados", desrespeitavam as leis de trânsito e faziam qualquer coisa para impressionar as jovens gatinhas e provar a coragem de pertencer à turma moderninha ou a *gang*.[3]

"Entrei na Rua Augusta a 120 por hora" como versa a canção, dava a exata medida no país com a pretensão de entrar no circuito da modernidade, do que era ser jovem, moderno e coerente com os anos dourados tão propagados pelo cinema norte-americano, pelo então nascente *rock n´ roll*, comportamentos que se espelhavam no cabelo de James Dean, nos quadris elásticos de Elvis Presley e inauguravam uma nova linguagem na música popular ao som de *Rock around the clock*.

Suicídio, acidente ou assassinato? A verdade é que até hoje não se sabe o que de fato aconteceu, além do envolvimento direto de dois *playboys*! Mistério que tornou clássico o "caso Aida Cury", representativo de relações afetivas ainda pouco discutidas e sobre o lugar do homem e da mulher na sociedade da época.

Juventude transviada é cercado de detalhes que o particularizam em meio a outras fitas sobre jovens. Um deles é que o filme começou a ser feito em preto e branco, mas, por ser em cinemascope,[4] teve de ser refilmado desde o começo em cores. Outro detalhe é o estigma transgressor que leva a fita a ser censurada, entre outras restrições, e que acompanha a trajetória do filme por onde ele foi difundido. No Brasil, *Juventude transviada* foi classificado para maiores de 18 anos e na Espanha e Inglaterra foi proibido com a alegação de incitar os jovens à violência, pregaram os guardiões da ordem, da moral e dos bons costumes.

---

[3] Eis um trecho de "Rua Augusta" composta em 1964 que demonstra bem o que estamos afirmando: "Entrei na Rua Augusta a 120 por hora/ botei a turma toda do passeio pra fora/ fiz curvas em duas rodas sem usar buzina/ parei a quatro dedos da vitrine, legal/ hey, hey Johnny, hei, hei Alfredo, quem é da nossa gangue não tem medo...".

[4] Processo cinematográfico baseado numa lente inventada pelo físico francês Henri Chrtién (1889 - 1956) que reproduz as imagens em grandes dimensões, transmitindo ilusões de relevo.

Além desses detalhes, o filme guarda uma marca: ele é emblemático de um tempo que antecipou a década de 60 no mundo, esta sim, tida e cantada em verso e prosa, ao mesmo tempo, como o período da contestação e da contracultura, da "Juventude Paz e Amor", da juventude alternativa, do sexo, das drogas e do *rock n' roll*, entre tantas outras *etiquetagens*.[5]

Se filmes como *Easy Rider* ou *Hair* e artistas como os Beatles, Jimi Hendrix e os Rolling Stones são representações genuínas do que significou os anos 60 sobre a ótica da cultura pop, foi porque, de alguma forma, continuaram e ou romperam com referências anteriores cinematográficas, como *Rebel without a cause*, *Blackboard jungle*, ou musicais, como Elvis Presley, Buddy Holly, Little Richards e outros. A rebeldia contida nos anos 50 foi, assumidamente, substrato fundamental para a juventude da década posterior sedimentar suas lutas e conquistas, no plano político, social e cultural.

Como todo grande filme *cult* considerado imperfeito, *Juventude transviada* também não foge à regra. Uma das críticas que nos parece pertinente é o *adultocentrismo* presente na história, ou seja, o modo como os adolescentes são enfocados no filme ser notadamente do ponto de vista do adulto. Eles sabem expor seus problemas e indicar os culpados, os pais, invariavelmente, por não dar amor, atenção ou valor aos modos como seus filhos pensam e agem. Imagens e discursos que beiram ao clichê e, por isso, são repetidos indefinidamente em narrativas posteriores, haja vista outros tantos filmes que têm a pretensão de entrar no universo juvenil por essa via de explicação.

É certo que a própria produção de uma história pode exigir esse maniqueísmo entre o "bom" e o "ruim", e que talvez seja justamente essa a chave de identificação entre os jovens das plateias nas salas de cinema e o que está sendo exibido na tela – porém, aos mais críticos, *Juventude transviada* pode parecer um recorte por demais injusto e exagerado da (normalmente) tumultuada relação entre pais e filhos.

De algum modo, é como se a história reiterasse que a forma mais legítima de abordar o universo juvenil, em geral implicado

---

[5] A noção de etiquetagem é do antropólogo espanhol Carles Feixa, que a define como um tipo de galeria de modelos que a sociedade constrói para mostrar a seus próprios membros quais são as regras a serem seguidas (FEIXA, 2006).

com problemas, ou constituído por problema familiar, escolar e social, quando não policial, é a relação com os pais e não múltiplas outras relações que eles tecem ao longo de sua trajetória. No caso de jovens, especialmente, as interações grupais que demarcam seus tempos e espaços e reconfigura continuamente sua formação identitária. Relegar essas e tantas outras chaves ou *documentos* na abordagem da juventude promove um certo empobrecimento de uma temática que não nos autoriza simplificações, tamanha é a sua complexidade.

E, a exemplo de vários outros filmes que tematizam jovens (como a recente produção nacional *Meu nome não é Johnny*), *Juventude transviada* pode ser lido, também, como uma espécie de filme para didático para os pais ao pintar, de modo quase caricatural, o que pode acontecer com adolescentes em famílias desestruturadas. Há nisso uma nítida carga moral condenatória e dirigida às instâncias paternas e maternas que persiste como argumento de explicação para filhos com comportamentos supostamente desajustados.

Além disso, se *Juventude transviada* pode ser visto como um retrato fiel de uma parcela de jovens dos anos 50 – não é de todos!. Os elementos transgressores contidos no filme passam por processos usuais da produção cinematográfica: carregar as imagens, cores e movimento na fantasia, na espetacularização, na construção de personagens, de cargas intensas (positivas ou negativas), que nem sempre são afeitas e assumidas na vida real.

Isso, porém, não tira as qualidades do filme, a começar pelo inegável carisma, poder e a histórica jaqueta vermelha que celebrizou Dean, um ator dado a exageros, mas um grande ator. Que em sua meteórica passagem pelos estúdios hollydianos deixou marcas de um temperamento e de um estilo de ser jovem que alcançaria gerações posteriores.

54 anos depois: o que nos diz *Juventude transviada*?

Contrariando representações que a mídia constrói e que ganha milhares de adeptos, muitas vezes fazendo "escola", os anos 50 não foram inteiramente "dourados". A revolta e o questionamento da juventude que se tornaram marcas incontestes dos "anos rebeldes" começaram a ganhar visibilidade anos antes em filmes e músicas que delinearam comportamentos, modelos e estilos culturais. No cinema, atores como

Marlon Brando e James Dean, com suas roupas justas e um jeito rebelde de ser, encarnavam o estereótipo do delinquente juvenil, embalados por um novo gênero musical, logo identificado com os jovens: o *rock n´roll*, que teve, dentre suas estrelas, Elvis Presley, Buddy Holly e, posteriormente, Hendrix, Beatles e Rolling Stones, dentre muitos outros artistas e bandas. Essa nova linguagem, tanto no conceito quanto na imagem, inovou ao projetar publicamente reivindicações como a busca do prazer, da independência e a ruptura com uma ordem social estabelecida, incluindo nela a instituição escolar. Criou-se um conflito entre gerações com consequências, até hoje vivas e visíveis, que continuam a mobilizar analistas culturais, historiadores, antropólogos, sociólogos, educadores, dentre outros estudiosos preocupados com a temática.

Por outro lado, o filme reitera a adolescência como uma fase extremamente difícil da vida. Talvez a mais difícil. Jovens precisam se comportar como adultos e, nem sempre, dispõem de maturidade para isso. Jovens que pensam e querem ser fortes e livres quando ainda se sentem inseguros e sem tanta autonomia de voo. Eles também têm de mostrar autoconfiança em suas decisões, mesmo duvidando delas; formar juízos de valor, de preferência positivos, a respeito do mundo adulto que os espera e no qual terão que se inscrever inevitavelmente, sobre aquele que está mais próximo, a família, faltando-lhes, às vezes, vivência e o conhecimento para agenciar tal empreitada.

O filme revela uma juventude no sentido múltiplo e plural- e nunca é demais afirmar que a juventude são muitas- que se tornaram, para inúmeros estudiosos e leigos, professores e familiares, uma espécie de paradigma de como podemos olhar e compreender os jovens, estudantes ou não. Uma linhagem geracional que se torna espelho no qual projetamos imagens de jovens de outros tempos e espaços. Mas esse é um outro filme!

Referências

BORGES, A. L. M.; AZEVEDO, C. A. A mancha de lazer na Vila Olímpia. In: MAGNANI, J. G. C.; SOUZA, B; M. (Orgs.) *Jovens na metrópole.* São Paulo: Terceiro Nome, 2007

CLASTRES, P. *A sociedade contra o estado.* Rio de Janeiro: Francisco Alves, 1982.

ELIAS, N.; SCOTSON, J L. *Os estabelecidos e os outsiders.* Rio de Janeiro: Jorge Zahar, 2000.

FEIXA, C. *De jóvenes, bandas Y tribus.* 3. ed. Barcelona: Editorial Ariel, 2006.

TURNER, V. *O processo ritual – estrutura e anti- estrutura.* Petrópolis: Vozes, 1974.

TOSTA, S. P. *Pedagogia e comunicação no registro da liberdade.* Belo Horizonte: Ed. PUC Minas, 2005.

TOSTA, S. P. Sociabilidades contemporâneas – jovens em escolas. In: PEIXOTO, A. M. C.; PASSOS, M. *A escola e seus atores.* Belo Horizonte: Autêntica, 2005b.

Sites

Década de 50: Juventude Transviada: O caso ainda Cury. Disponível em : <http://www.decadade50.blogspot.com/2006/09>. Acesso em: 23 jun. 2008.

FILHO. Rubens Ewald. Resenha de Juventude Transviada. Disponível em : <http://www.cinema/uol.br>. Acesso em: 23 jun. 2008.

Juventude Transviada. Disponível em: <http:// www.65anosdecinema. pro.br>. Acesso em: 14 de nov. 2009

Rua Augusta. Disponível em: <http://www letras.terra.com.br>. Acesso em: 14 jun. 2008.

Fichas técnicas dos filmes

Os esquecidos
Título Original: Los Olvidados
Ano do lançamento: 1950
País de origem: México
Direção: Luis Buñuel
Roteiro: Luis Alcoriza e Luis Buñuel
Duração: 01 hs 17 min

Maria cheia de graça
Título Original: Maria, Llena eres de Gracia
Ano do lançamento: 2004
País de Origem: Colômbia/EUA
Direção e Roteiro: Joshua Marston
Duração: 01 hs 41 min

Albergue espanhol
Título Original: L'Aubergue Spagnole
Ano do lançamento: 2002
País de origem: França/Espanha
Direção e Roteiro: Cédric Klapish
Duração: 01 hs 55 min

Zona J

Titulo Original: Zona J
Ano do lançamento: 1998
País de Origem: Portugal
Direção: Leonel Vieira
Roteiro: Rui Cardoso Martins
Duração: 01 hs 36 min.

Proibido proibir

Titulo Original: Proibido Proibir
Ano do lançamento: 2006
País de Origem: Brasil/ Chile
Direção: Jorge Duran
Roteiro: Jorge Durán,/Dani Patarra/ Gustavo Bohrer / Eduardo Durán
Duração:01 hs 40 min

Delicada atração

Título Original: Beautiful Thing
Ano do lançamento: 1996
País de origem: Reino Unido
Direção: Hettie MacDonald
Roteiro: Jonathan Harvey
Duração: 01hs 30min

O elefante

Título Original: Elephant
Ano do lançamento: 2003
País de origem: EUA
Direção e Roteiro: Gus Van Sant
Duração: 01 hs 21 min

Antes da revolução

Título Original: Prima Della Rivoluzione
Ano do lançamento: 1964
País de origem: Itália
Direção: Bernardo Bertolucci.
Roteiro: Bernardo Bertolucci / Gianni Ami
Duração: 1 hs 55 min

Edukators

Título Original: Die Fetten Jahre Sind Vorbei
Ano do lançamento: 2004
País de origem: Alemanha
Direção: Hans Weingartner
Roteiro: Katharina Held /Hans Weintgartner
Duração: 02 hs 06 min

Diários de motocicleta

Título Original: The Motorcycle Diaries
Ano do lançamento: 2004
País de origem: Brasil/EUA
Direção: Walter Salles
Roteiro: Jose Rivera
Duração: 02 hs 08 min

Batismo de sangue

Título Original: Batismo de Sangue
Ano do lançamento: 2007
País de origem: Brasil / França
Direção: Helvécio Ratton
Roteiro: Dani Patarra /Helvécio Ratton,
Duração: 01 hs 50 min:

Juventude transviada

Título Original: Rebel Without a Cause

Ano do lançamento: 1995

País de Origem: EUA

Direção: Nicholas Ray

Roteiro: Stewart Stern

Duração: 01 hs 51 min

Os autores e as autoras

Antonio Julio de Menezes Neto

É sociólogo, doutor em Educação e professor na Faculdade de Educação da UFMG.

Carles Feixa

É doutor em Antropologia Social pela Universidade de Barcelona e doutor *honoris causa* pela Universidade de Manizales (Colômbia). Atualmente é professor titular na Universidade de Lleida.

Carlos André Teixeira Gomes

Bacharel e licenciado em Ciências Sociais pela UFMG. Mestre em Ciências Sociais pela PUC Minas. Professor de Sociologia do Colégio Loyola (Belo Horizonte-MG)

Geraldo Leão

Doutor em Educação pela Universidade de São Paulo, professor da Faculdade de Educação da UFMG e membro do Observatório da Juventude da UFMG.

Gisela Ramos Rosa

Licenciada em Relações Internacionais e mestre em Relações Interculturais. É perita em documentos no Laboratório de Polícia Científica da Polícia Judiciária Portuguesa. Dedica-se também à poesia, tendo publicado o livro Vasos Comunicantes em coautoria com o poeta António Ramos Rosa.

Glória Diógenes

Professora doutora do Programa de Pós-Graduação em Sociologia da Universidade Federal do Ceará.

Inês Assunção de Castro Teixeira

Doutora em Educação pela UFMG. Pós-doutora em Educação pela Universidade de Barcelona. Professora da Faculdade de Educação da UFMG (Graduação e Pós-Graduação). Pesquisadora do Grupo de Pesquisas sobre Condição e Formação Docente (PRODOC/FAE/UFMG). Co-organizadora da Coleção Educação, Cultura e Sociedade (Ed. Autêntica) e da Seção Educar o Olhar (*Revista Presença Pedagógica*). Pesquisadora do CNPq. Pesquisa e publica no campo da Sociologia da Educação, dos estudos sobre professores e de Educação e Cinema.

José de Sousa Miguel Lopes

Graduado em Pedagogia pela UFMG (1992), mestrado em Educação pela UFMG (1995) e doutorado em História e Filosofia da Educação pela PUC-SP (2000). Atualmente é professor no Mestrado em Educação na Universidade do Estado de Minas Gerais (UEMG) e na Universidade Eduardo Mondlane (UEM), de Moçambique. Tem experiência na área de Educação, com ênfase em História da Educação, atuando principalmente nos seguintes temas: Moçambique, educação, letramento, formação de professores, cinema, antropologia cultural. Membro da Comissão Editorial da Coleção Cinema e Educação do CINEAD- LISE-FE (Universidade Federal do Rio de Janeiro) desde 2008.

José Machado Pais

Doutorado em Sociologia, é investigador coordenador do Instituto de Ciências Sociais da Universidade de Lisboa. Em Portugal coordena o Observatório da Juventude. No Brasil publicou o livro: *Vida Cotidiana: Enigmas e Revelações* (Cortez, São Paulo).

Juarez Dayrell

Possui graduação em Ciencias Sociais pela UFMG (1983), mestrado em Educação pela UFMG (1989) e doutorado em Educação pela USP(2001). Em 2006 realizou o pós-doutorado no Instituto de Ciências Sociais da Universidade de Lisboa. Atualmente é professor adjunto da UFMG, coordenador do Observatório da Juventude da UFMG e integrante do Programa Ações Afirmativas na UFMG. Está integrado à Pós Graduação da Faculdade de Educação na linha de pesquisa: Educação, cultura, movimentos sociais e ações coletivas, desenvolvendo pesquisas em torno da temática Juventude, Educação e Cultura.

Karla Cunha Pádua

Mestre e doutora em Educação pela Faculdade de Educação da UFMG e professora de Sociologia na Faculdade de Educação da Universidade do Estado de Minas Gerais.

Nilton Bueno Fischer

Doutorado em Stanford e pós-doutorado em Illinois (Urbana-Champaign), com produção centrada na área da Educação Popular, em especial na Educação em Periferias Urbanas junto a projetos de Educação de Jovens e Adultos. Tem atuação também em projetos de Educação Ambiental e Economia Popular e Solidária entre homens e mulheres recicladores que sobrevivem pela geração de renda em galpões de reciclagem na periferia de Porto Alegre. Docência na área da Educação Popular, Escola Possível, Ações Coletivas, Movimentos Sociais, Juventude e Educação Ambiental.

Paulo Carrano

Professor do Programa de Pós-Graduação em Educação da Universidade Federal Fluminense. Doutor em Educação pela UFF (1999). Coordena o Grupo de Pesquisa Observatório Jovem/UFF. Autor dos livros *Juventudes e cidades educadoras* (Vozes, 2003) e *Os jovens e a cidade* (Relume Dumará/Faperj, 2002).

Paulo Henrique de Queiroz Nogueira

Mestre e doutor em educação pela UFMG onde leciona na Faculdade de Educação e integra o Observatório da Juventude. Dedica-se ao estudo da sociabilidade juvenil em sua interface com o clima escolar em que as questões de gênero se revelam um vetor explicativo de como se dão as interações juvenis.

Rodrigo Ednilson

Sociólogo, mestre em Sociologia, doutorando no Programa de Pós-Graduação da Faculdade de Educação da UFMG e membro do Observatório da Juventude da UFMG.

Sandra de Fátima Pereira Tosta

Graduada em Comunicação Social, mestre em Educação e doutora em Antropologia Social. Professora e pesquisadora da Faculdade de Comunicação e Artes, Departamento de Educação e Programa de Pós- graduação em Educação da PUC Minas. Coordenadora do Grupo de Pesquisa Educação e Culturas (EDUC).

Thiago Pereira

Jornalista, crítico de cultura, produtor e repórter do programa *Altofalante* da Rede Minas de Televisão e colunista do jornal *Estado de Minas*. É pós-graduado em Produção e Crítica Cultural.

QUALQUER LIVRO DO NOSSO CATÁLOGO NÃO ENCONTRADO NAS LIVRARIAS PODE SER PEDIDO POR CARTA, FAX, TELEFONE OU PELA INTERNET.

Rua Aimorés, 981, 8º andar – Funcionários
Belo Horizonte-MG – CEP 30140-071

Tel: (31) 3222 6819
Fax: (31) 3224 6087
Televendas (gratuito): 0800 2831322

vendas@autenticaeditora.com.br
www.autenticaeditora.com.br

ESTE LIVRO FOI COMPOSTO COM TIPOGRAFIA OPTIMA E IMPRESSO EM PAPEL OFF SET 75 G NA LABEL ARTES GRÁFICAS.